陽明故里
The Hometown Of Yangming

2021
阳明学研究报告

中共余姚市委宣传部　主办
张宏敏　编著

浙江工商大学出版社
ZHEJIANG GONGSHANG UNIVERSITY PRESS
·杭州·

图书在版编目(CIP)数据

2021 阳明学研究报告 / 张宏敏编著 . — 杭州 : 浙
江工商大学出版社，2022.10

ISBN 978-7-5178-5106-6

Ⅰ . ① 2… Ⅱ . ① 张… Ⅲ . ① 王守仁（1472—1528）—
哲学思想—研究报告 Ⅳ . ① B248.25

中国版本图书馆 CIP 数据核字（2022）第 159871 号

中共余姚市委宣传部　主办

2021 阳明学研究报告
2021 YANGMING XUE YANJIU BAOGAO

张宏敏　编著

责任编辑	张晶晶
责任校对	张春琴
封面设计	朱嘉怡
责任印制	包建辉
出版发行	浙江工商大学出版社
	（杭州市教工路 198 号　邮政编码310012）
	（E-mail:zjgsupress@163.com）
	（网址:http://www.zjgsupress.com）
	电话:0571-88904980,88831806（传真）
排　　版	杭州朝曦图文设计有限公司
印　　刷	杭州宏雅印刷有限公司
开　　本	710 mm × 1000 mm　1/16
印　　张	22.5
字　　数	324 千
版 印 次	2022 年 10 月第 1 版　2022 年 10 月第 1 次印刷
书　　号	ISBN 978-7-5178-5106-6
定　　价	89.00 元

谨以此书纪念阳明先生诞辰550周年

（1472—2022）

阳明先生画像

"纪念王阳明诞辰549周年礼贤典礼暨2021宁波（余姚）阳明文化周开幕式"现场

2021中天阁论道："知行合一、明理力行"——阳明文化成果转化案例分享会

编辑指导委员会

本书系国家社科基金项目"清代阳明学文献整理与思想演变研究"（20BZX070）阶段性成果。

目　录

当代中国"阳明学热"的十大标志

　　王阳明（1472—1529），名守仁，字伯安，是中国明朝伟大的哲学家、思想家、军事家、政治家，也是杰出的教育家和书法家。他生于浙江余姚，卒于江西南安，葬于浙江山阴洪溪乡（今绍兴市柯桥区兰亭街道花街村鲜虾山）。生前获封新建伯，官至南京兵部尚书兼都察院左都御史，后遭人诬陷，被削夺伯爵。卒后三十八年即明隆庆元年（1567），被追赠为新建侯，谥"文成"。明万历十二年（1584）获准从祀孔庙。王阳明曾修道于会稽山阳明洞天，自号阳明子、阳明山人，故学者尊称他为阳明先生。

　　由于王阳明是中国历史上公认的立德、立功、立言"真三不朽"者，有明一代即"门徒遍天下，流传逾百年"，"嘉、隆而后，笃信程朱，不迁异说者，无复几人矣"（《明史·儒林传》）；其思想不仅在明代中后期的学术界占据核心地位，而且在后世更是"风行天下，传遍中国，走向世界"（杜维明语），故而王阳明的生平事功与学术思想，一向受到学术界的重视与研究。近年来，出于对"文化自信"的提倡以及视传统文化为一种"独特战略资源"，尤其党和国家领导人对阳明语录及阳明学核心命题的关注与阐述，王阳明与阳明心学已经获得广大干部、专家学者及社会各界的普遍重视，并成为中华传统文化中的一大"显学"。[①]

　　本书"导言"拟通过对十大标志性学术事件的回顾，呈现当代中国阳

明学研究状况，进而对当下"阳明学热"中出现的若干问题进行反思。十大标志性学术事件包括：（1）中国国家领导人在不同场合对阳明学语录的引述与阳明学核心命题的阐释；（2）存有王阳明遗迹的各省、市、县、区加大了对阳明学遗迹的保护与修缮力度；（3）王阳明纪念馆、阳明文化广场、阳明文化公园的修建与王阳明铜像雕像的竖立；（4）《传习录》《王阳明全集》在数十家出版社陆续出版与不断印刷；（5）上百家出版社推出近千种王阳明与阳明学研究专著；（6）阳明学研究论文的大量发表与阳明学研究辑刊的不断创办；（7）《百家讲坛》、阳明学公开课与各种阳明学讲堂、阳明学专题讲座的开设；（8）全国各地各类阳明学会议、阳明学论坛、阳明文化节、阳明文化周的不断举行；（9）国家社科基金、省市哲学社会科学规划等各种级别的阳明学研究课题的立项与推出；（10）高校科研院所的阳明学研究机构与社会团体性质的王阳明研究会陆续成立。

一、中国国家领导人在不同场合对阳明学语录的引述与阳明学核心命题的阐释

基于弘扬传统文化、提倡文化自信，习近平同志一贯重视对王阳明与阳明心学核心命题"知行合一""立志"论的研究与阐释。

2004年6月30日，时任浙江省委记记习近平同志在浙江省社科联、省社科院调研时讲话中对"阳明学派"的历史学术地位予以揭示："浙江自古以来就是人文荟萃、人才辈出的地方，文化底蕴十分深厚。在中国思想史上，浙江曾经出现过独树一帜的浙东事功学派，影响传布海外的阳明学派等。"①

2006年2月5日，习近平同志在《与时俱进的浙江精神》一文中对"王阳明的批判、自觉"精神予以阐释，指出："……无论是王充、王阳明

---

① 习近平：《努力繁荣发展具有时代特征中国特色浙江特点的哲学社会科学：在省社科联、省社科院调研时的讲话》，载《浙办通报》第95期（浙江省委办公厅编），2004年7月2日。

的批判、自觉，还是龚自珍、蔡元培的开明、开放，都给浙江精神奠定了深厚的文化底蕴。"①习近平还在《与时俱进的浙江精神》一文中引用了王阳明的"知行合一"概念："按照学在深处、谋在新处、干在实处的要求，学以立德，学以致用，知行合一，大力推进'三个代表'重要思想和科学发展观在浙江的实践，做到'真学、真懂、真信、真用'，从而使理论转化为思路，转化为效果，转化为全省广大干部群众认识和改造世界的强大精神动力。"②

2006年2月9日，习近平同志在接受"人民网"记者专访时对"以创始人王守仁为名的阳明学派"在中国文化史上的地位予以阐述："浙江在历史上有许多著名的学派，如以吕祖谦为代表的金华学派，以陈亮为代表的永康学派，以叶适为代表的永嘉学派，以创始人王守仁为名的阳明学派等；……这些学派和人物在中国文化史上独树一帜，有较高的地位，他们的思想、观点已经成为浙江的文化基因，形成了浙江特有的人文优势。"③

2006年2月17日，习近平同志在《浙江日报·之江新语》上发表的《多读书，修政德》一文中也引述了王阳明"知行合一"的命题："要修炼道德操守，提升从政道德境界，最好的途径就是加强学习，读书修德，并知行合一，付诸实践。"④

2007年3月25日，习近平同志在《"书呆子"现象要不得》一文中再次引用"知行合一"语："要充分考虑生动的实际生活和现实的确切真实，注重研究新情况，认真分析新问题，积极寻求新对策，努力做到知行合一，理论联系实际，实实在在地做事情，尽心尽力地干工作，而不是热衷于追求热闹，只摆花架不种花，只摆谱架不弹琴。"⑤

---

① 习近平：《与时俱进的浙江精神》，《浙江日报》2006年2月5日。
② 习近平：《与时俱进的浙江精神》，《浙江日报》2006年2月5日。
③ 董少鹏：《"八八战略"从头越：专访中共浙江省委书记习近平》，《国际金融报》2006年2月9日。
④ 习近平：《之江新语》，浙江人民出版社2007年版，第175页。
⑤ 《之江新语》，第271页。

2011年5月9日，时任国家副主席习近平同志到贵州调研，在贵州大学中国文化书院与师生座谈时的讲话中高度评价了王阳明。他说："我也很敬仰王阳明先生，'龙场悟道'就在此地。不仅中国人敬仰他、学习他，阳明心学也影响到东亚、东北亚地区，像日韩等。我们贵州的文化传承，对他的学习更应该有深刻的心得。王阳明的一生真正做到了知行合一，既是一个伟大的哲学家、思想家，又是一个伟大的军事家、政治家。"[①]并结合王阳明《教条示龙场诸生》一文[②]，指出："王阳明在龙场讲学时向学生提了'立志、勤学、改过、责善'四点基本要求，首要的是立志。他说'志不立，天下无可成之事'。对于今天的学生来说，要成才，必先立志。就是要善养浩然之气，要砥砺、磨练自己的志向。……希望大家在学校的时候就树立远大、正确、崇高的理想信念，并在实践中去考验、去磨练，做到'虽九死而不悔'，这样才能有真正的坚定方向，今后才能有大的作为。"[③]这些语重心长的话，表明党和国家领导人对青年一代寄予了殷切的期望，也对王阳明的教育思想做出了高度评价与现代诠释。

党的十八大以来，习近平总书记又在多次讲话中提到王阳明，强调与阐释了阳明心学，特别论述了"知行合一""志不立，天下无可成之事"的内涵与当代启示。兹举其要者。

2014年1月20日，习近平总书记在党的群众路线教育实践活动第一批总结暨第二批部署会议上结合马克思主义的群众观阐释了"知行合一"的内涵以及"知""行"各自的作用："群众观点是马克思主义观点的重大观点，群众路线是党的生命线和根本工作路线，贯彻党的群众路线，知是基础、是

---

① 转引自《习主席参加我们"溪山论道"读书会——习近平与大学生朋友（四十二）》，《中国青年报》2022年4月22日。

② [明]王守仁撰，吴光等编：《王阳明全集》（简体版，下引版本同），上海古籍出版社2012年版，第804—805页。

③ 上述引文见《习近平考察贵州：勉励学子立志做大事》，载《贵州日报》2011年5月12日第1版；《习近平论阳明文化》，载《当代贵州》2015年第46期。《当代贵州》杂志编辑按语："中华优秀传统文化是习近平总书记十八大以来治国理念的重要来源。作为优秀传统文化的重要组成部分，阳明文化堪称精粹。近年来，习近平多次在不同场合提到王阳明或引用王阳明学说，为阳明文化赋予了新的时代意义。"

前提，行是重点、是关键，必须以知促行、以行促知，做到知行合一。"①

2014年3月7日，习近平总书记在参加十二届全国人大二次会议贵州代表团审议时指出："我们要坚持道路自信、理论自信、制度自信，最根本的还有一个文化自信。只要把我们的优秀文化传承好，核心价值观建设好，就一定能把我们的国家建设成为社会主义强国。明朝时，王守仁（王阳明）曾在贵州参学悟道，贵州在弘扬传统文化方面有独特优势，希望继续深入探索、深入挖掘，创造出新的经验。"②

2014年3月25日，习近平主席在法国《费加罗报》发表署名文章，指出："中国人讲'知行合一'，法国人讲'打铁方能成铁匠'，都强调要把思想转化成为行动。"③

2014年5月4日，习近平总书记在考察北京大学时，就培育和践行社会主义核心价值观对广大青年提出要求："道不可坐论，德不能空谈。于实处用力，从知行合一上下工夫，核心价值观才能内化为人们的精神追求，外化为人们的自觉行动。"④

2014年9月24日，习近平主席在纪念孔子诞辰2565周年国际学术研讨会暨国际儒学联合会第五届会员大会开幕式上的讲话中，把"经世致用、知行合一、躬行实践的思想"⑤作为中国优秀传统文化对解决当代人类面临的难题的重要启示之一。

2014年10月8日，习近平总书记在党的群众路线教育实践活动总结大会上的讲话中指出："实践证明，集中教育活动只有坚持知行合一，不断

---

① 中央文献研究室、中央教育实践活动办公室编：《习近平关于党的群众路线教育实践活动论述摘编》，党建读物出版社、中央文献出版社2014年版，第39—40页。

② 转引自《阳明文化学术研讨会举行，彰显贵州独特优势弘扬优秀传统文化》，金黔在线，2014年4月13日；《习近平关注贵阳孔学堂》，金黔在线，2014年3月7日。

③ 习近平：《特殊的朋友，共赢的伙伴》，《费加罗报》2014年3月25日；又见《习近平在法国〈费加罗报〉发表署名文章》，《人民日版》2014年3月26日。

④ 习近平：《习近平谈治国理政（第一卷）》，外文出版社2018年版，第173页。

⑤ 习近平：《在纪念孔子诞辰2565周年国际学术研讨会暨国际儒学联合会第五届会员大会开幕会的讲话》，《人民日报》2014年9月25日。

让思想自觉引导行动自觉、让行动自觉深化思想自觉，才能抓得实、做得深、走得远。"①

2015年11月19日，习近平主席在亚太经合组织第二十三次领导人非正式会议第一阶段会议上的讲话中，援引了王阳明《教条示龙场诸生》中的一句名言："中国古代先贤说：'志不立，天下无可成之事。'②人不能没有理想，合作不能缺少方向。亚太合作要面向未来、引领未来，谋划大手笔、塑造大格局。"③

2015年12月11日，习近平总书记在全国党校工作会议上的讲话中引用了王阳明《传习录》中的讲学语录："'种树者必培其根，种德者必养其心。'④党性教育是共产党人修身养性的必修课，也是共产党人的'心学'。"⑤从而明确提出了"共产党人的心学"的新命题。

2016年1月12日，习近平总书记在第十八届中央纪律检查委员会第六次全体会议上的讲话中，引用了《传习录》中的阳明语录："全面从严治党，既要注重规范惩戒、严明纪律底线，更要引导人向善向上，发挥理想信念和道德情操引领作用。'身之主宰便是心'⑥；'不能胜寸心，安能胜苍穹'。'本'在人心，内心净化、志向高远便力量无穷。对共产党人来讲，动摇了信仰，背离了党性，丢掉了宗旨，就可能在'围猎'中被人捕获。只有在立根固本上下工夫，才能防止歪风邪气近身附体。"⑦

2016年6月24日，习近平主席在上海合作组织成员国元首理事会第十六次会议上的讲话中指出："'知者行之始，行者知之成。'实践证明，

① 习近平：《在党的群众路线教育实践活动总结大会上的讲话》，《人民日报》2014年10月9日。
② 《王阳明全集》，第804页。
③ 习近平：《深化伙伴关系，共促亚太繁荣：在亚太经合组织第二十三次领导人非正式会议第一阶段会议上的讲话》，新华网，2015年11月19日。
④ 《王阳明全集》，第29页。
⑤ 习近平：《在全国党校工作会议上的讲话》，《求是》2016年第9期。
⑥ 《王阳明全集》，第5页。
⑦ 习近平：《在第十八届中央纪律检查委员会第六次全体会议上的讲话》，《人民日报》2016年5月3日。

'上海精神'催生了强大凝聚力，激发了积极的合作意愿，是上海合作组织成功发展的重要思想基础和指导原则。"① "知者行之始，行者知之成"即出自《传习录》中陆澄的记载："知者行之始，行者知之成。圣学只一个工夫，知、行不可分作两事。"②

2016年7月1日，习近平同志在庆祝中国共产党成立95周年大会上的讲话中，再次援引王阳明"志不立，天下无可成之事"语，进而指出："理想信念动摇是最危险的动摇，理想信念滑坡是最危险的滑坡。一个政党的衰落，往往从理想信念的丧失或缺失开始。我们党是否坚强有力，既要看全党在理想信念上是否坚定不移，更要看每一位党员在理想信念上是否坚定不移。"③

2016年9月4日，习近平主席出席二十国集团领导人杭州峰会并致开幕辞，在开幕辞中引用了"知行合一"语，认为承载着世界各国期待的二十国集团，要："知行合一，采取务实行动。我们应该让二十国集团成为行动队，而不是清谈馆。"④

2018年5月2日，习近平总书记在北京大学师生座谈会上的讲话中三次引用王阳明的语句：（1）"坚持办学正确政治方向"引用了《礼记·大学》中的"大学之道，在明明德，在亲民，在止于至善"。"在亲民"即是王阳明倡导的《古本大学》的"在亲民"⑤，而不是朱熹《四书章句集注》中的"在新民"⑥。（2）"给广大青年提几点希望"，希望之二是"要励志，立鸿鹄志，做奋斗者"，这里就引用了王阳明说的"志不立，天下无可成之事"。（3）"给广大青年提几点希望"，希望之四是："要力行，知

---

① 习近平：《在上海合作组织成员国元首理事会第十六次会议上的讲话》，新华社，2016年6月24日。

② 《王阳明全集》，第12页。

③ 习近平：《在庆祝中国共产党成立95周年大会上的讲话》，《人民日报》2016年7月2日。

④ 习近平：《构建创新、活力、联动、包容的世界经济：在二十国集团领导人杭州峰会上的开幕辞》，新华网，2016年9月4日。

⑤ 《王阳明全集》，第1页。

⑥ [宋]朱熹：《四书章句集注》，中华书局1983年版，第3页。

行合一，做实干家。……学到的东西，不能停留在书本上，不能只装在脑袋里，而应该落实到行动上，做到知行合一、以知促行、以行求知，正所谓'知者行之始，行者知之成'。每一项事业，不论大小，都是靠脚踏实地、一点一滴干出来的。"

2019年3月1日，习近平总书记在2019年春季学期中央党校（国家行政学院）中青年干部培训班开班式上的重要讲话中，强调并要求广大干部特别是年轻干部"在常学常新中加强理论修养"，"在知行合一中主动担当作为"①。

2019年4月30日，习近平总书记在纪念五四运动100周年大会上的讲话中，引述了王阳明《教条示龙场诸生》中的"立志而圣则圣矣，立志而贤则贤矣"②，鼓励青年学子志存高远，激发奋进潜力。③

2021年3月1日，习近平总书记在2021年春季学期中央党校（国家行政学院）中青年干部培训班开班式上的讲话中，强调年轻干部必须立志做党的光荣传统和优良作风的忠实传人，"对党忠诚，必须一心一意、一以贯之，必须表里如一、知行合一，任何时候任何情况下都不改其心、不移其志、不毁其节"④。

2021年9月1日，习近平总书记在2021年秋季学期中央党校（国家行政学院）中青年干部培训班开班式上的讲话中指出："我常说要修炼共产党人的'心学'，坚持学思用贯通、知信行统一，其中一个重要目的就是要求党员干部坚定理想信念、增强党性。形成坚定理想信念，既不是一蹴而就的，也不是一劳永逸的，也不是自己认为坚定就坚定的，而是要在斗争实践中不断砥砺、经受考验，而且这种考验是长期的，很多时候也是严酷

---

① 《习近平在中央党校（国家行政学院）中青年干部培训班开班式上发表重要讲话》，新华社，2019年3月1日。
② 《王阳明全集》，第804页。
③ 习近平：《在纪念五四运动100周年大会上的讲话》，《人民日报》2019年5月1日。
④ 《习近平在中央党校（国家行政学院）中青年干部培训班开班式上发表重要讲话》，新华网，2021年3月1日。

的，是要终其一生的。"①

2022年3月1日，习近平总书记在2021年春季学期中央党校（国家行政学院）中青年干部培训班开班式上的讲话中强调："坚定理想信念，必先知之而后信之，信之而后行之。坚定理想信念不是一阵子而是一辈子的事，要常修常炼、常悟常进，无论顺境逆境都坚贞不渝，经得起大浪淘沙的考验。……年轻干部必须牢记清廉是福、贪欲是祸的道理，经常对照党的理论和路线方针政策、对照党章党规党纪、对照初心使命，看清一些事情该不该做、能不能干，时刻自重自省，严守纪法规矩。守住拒腐防变防线，最紧要的是守住内心，从小事小节上守起，正心明道、怀德自重，勤掸'思想尘'、多思'贪欲害'、常破'心中贼'，以内无妄思保证外无妄动。"②

这一系列重要讲话中的"用典"即引用阳明语录、阳明学核心命题，体现了习近平总书记对阳明心学的内涵及其当代意义的深刻理解，也是对中华优秀传统文化进行的创造性转化和创新性发展，更揭示了阳明心学在当今实现中华民族伟大复兴实践中的理论价值与深远意义，值得我们认真学习并付诸实践。

二、存有王阳明遗迹的各省、市、县、区加大了对阳明学遗迹的保护与修缮力度

近年来，存有王阳明遗迹的省份及相关的地市、县区、乡镇，诸如浙江省宁波市（余姚市）、绍兴市（越城区、柯桥区），贵州省修文县（龙场镇）、贵阳市，江西省赣州市（崇义县、大余县、龙南县）、吉安市青原区，广东省和平县，福建省平和县，安徽省滁州市，广西壮族自治区南宁市等地，纷纷加大人力、物力、财力、智力投入，修缮保护王阳明遗迹。

---

① 习近平：《努力成为可堪大用能担重任的栋梁之才》，《求是》2022年第3期。
② 《习近平在中央党校（国家行政学院）中青年干部培训班开班式上发表重要讲话》，新华网，2022年3月1日。

浙江省余姚市一直致力于推动全国重点文物保护单位"王阳明故居"的修缮与功能拓展，龙泉山"中天阁王阳明先生讲学处""余姚四先贤故里碑"也得到了保护。2019年4月9日，余姚申请的"阳明故里"和"阳明故居"商标，获得国家知识产权局审核通过。绍兴市柯桥区以"王阳明墓"为中心，建设"阳明文化园"；越城区西小河边王衙弄的绍兴王阳明伯府（故居）遗址考古发掘进展顺利，观星台、饮酒亭已经修缮，伯府第、碧霞池、大埠头、船舫弄、假山弄、王衙弄的复建工程正在推进；位于会稽山景区宛委山的阳明洞天完成保护。杭州凤凰山万松书院在复建过程中添置了王阳明塑像，玉皇山南的天真书院（精舍）遗迹已经发掘。

贵州省修文县维护修缮"三人坟""阳明洞""玩易窝""龙冈书院"等王阳明遗迹，贵阳市扶风山"阳明祠"的文物修缮和展陈提升工程也顺利完成。福建省平和县尊称阳明先生为"平和县父"，加大了九峰镇"王文成公祠"的保护力度。安徽省滁州市复建明朝的太仆寺，修缮了龙潭、来远亭、梧桐冈等王阳明当年讲学地。广西南宁市也加大了对敷文书院、青秀山"阳明先生过化之地"等阳明遗迹的宣传力度。河南浚县大伾山的王阳明诗文碑刻、阳明洞、阳明书院遗址也得到妥善保护。

江西省赣州市崇义县在思顺乡齐云山村桶江（桶冈）王阳明书"平茶寮碑"处，修建了阳明文化主题公园，使得阳明文化在当地得到很好的展示。位于赣州城西北通天岩风景名胜区的阳明学遗迹，诸如通天岩、观心岩、忘归岩上的王阳明摩崖石刻与讲学场景已经得到妥善保护与复原，郁孤台历史文化街区内的赣州阳明书院也对外开放。大余县围绕青龙铺"阳明先生落星亭"，打造阳明文化游学旅游基地。龙南县玉石岩的"阳明小洞天"，已经完成了修缮工作。吉安市青原区为打造心学文化体验区，复建了青原山阳明书院。

三、王阳明纪念馆、阳明文化广场、阳明文化公园的修建与王阳明铜像雕像的竖立

为了让"真三不朽圣人"王阳明以直观、立体形象走进普罗大众的视野，同时方便社会各界人士礼敬王阳明、学习王阳明，余姚、绍兴、杭州、贵阳、修文、赣州、南昌、崇义、龙南、和平、平和等"阳明先生过化地"，均辟有王阳明纪念馆、阳明文化广场、阳明文化公园，同时还立有阳明先生的铜像、塑像、雕像等。

浙江余姚的王阳明故居实则是阳明先生纪念馆，对王阳明的生平学行以视频、图文、蜡像的形式进行宣传、展示；同时，王阳明故居广场竖立有香港孔教学院院长汤恩佳博士捐赠的一尊阳明先生铜像。王阳明祖居地余姚市大岚镇阴地龙潭村也有王阳明先生铜像，并建有"王阳明祖居地纪念馆"。余姚阳明中学建有阳明亭，立有阳明先生石雕像，供求学少年瞻仰。基于王阳明生于余姚、葬在绍兴，宁波至绍兴的城际列车以"阳明号"命名。绍兴阳明小学置有阳明先生讲学铜像，鼓励少年学子立志求学；位于绍兴的浙江工业职业技术学院内，也有王阳明铸铜艺术雕塑。因王阳明撰《万松书院记》，杭州万松书院在复建之时，立有王阳明教书、童生听讲的塑像。

贵州省修文县龙场镇围绕"阳明洞天"，以"心学圣地、王学之源"为定位，塑王阳明在龙冈书院同黔籍弟子门人讲学塑像；拓建"王阳明纪念馆"，修建"中国阳明文化园"，复建"龙冈书院"，进而传承"知行合一"的阳明学真精神。阳明洞王文成公祠中有日本友人捐赠的阳明先生铜像，其纪念意义非同寻常。贵阳市扶风山的"阳明祠"，其正殿中央立有汉白玉雕刻成的"王阳明雕像"。

江西省崇义县是王阳明生前奏设，而今全县上下致力于打造阳明文化品牌，新建阳明山、阳明湖、阳明路、知行公园、阳明书院、良知楼、阳明展览馆，处处弥漫着阳明文化的气息。赣州市通天岩立有阳明先生铜像，以及王阳明与邹守益、陈明水等弟子讲授良知学的塑像。南昌市建阳

明公园，塑"旷世大儒：王阳明"像，并设刻有王阳明生平事迹的黄岗岩浮雕；为使"阳明一生精神，俱在江右"①得以充分展示，2020年7月，南昌市委宣传部启动了江西（南昌）王阳明纪念馆的筹建工作。

广东省和平县为宣传阳明文化，在阳明镇建"王阳明纪念馆"，塑阳明先生铜像。福建省平和县亦系王阳明生前奏设，在建县500周年之际，建阳明公园，塑阳明先生像，以纪念和缅怀阳明先生的丰功伟绩。广西南宁市博物馆中有王阳明在敷文书院讲学场景塑像，隆安县隆安中学既有王阳明塑像，又有王阳明石刻画像碑。甘肃兰州王氏后人为缅怀阳明先生，筹资修建王阳明纪念馆，塑王阳明汉白玉朝服像。山东青岛黄海学院因以"知行合一"为校训，校园内塑有王阳明雕像。台北阳明山辟有阳明公园、阳明书屋，也有王阳明先生造像，供游人瞻仰。

四、《传习录》《王阳明全集》在百余家出版社陆续出版与不断印刷

由于"阳明学热"的持续升温以及普罗大众对王阳明了解、专家学者对阳明学研究的需要，据不完全统计，已经有100余家出版社推出了各种版本的《传习录》，50余家出版社出版了不同版本的《王阳明全集》（《王阳明集》《王文成公全书》）。兹择要介绍。

（一）各种版本的《传习录》

《传习录》是研习阳明心学的基本文献，王阳明生前已经刊刻。钱穆认为《传习录》是"中国人所必读的书"。梁启超《传统文化入门书要目及其读法》认为："读此（《传习录》）可知'王学'梗概。"近20年来，各种版本的《传习录》不断走向市场，与读者见面。兹举其要者。

---

① 沈善洪主编、吴光执行主编：《黄宗羲全集》第7册《明儒学案》，浙江古籍出版社2005年版，第377页。

2000年12月，上海古籍出版社推出"杨国荣导读"的《阳明传习录》。2001年6月，凤凰出版社出版"阎韬注评"的《传习录》。2003年11月，云南大学出版社出版"胡兴文等译"的《传习录》。2004年1月，岳麓书社出版"张怀承注译"的《传习录》。2007年12月，蓝天出版社出版《传习录》。2008年1月，中州古籍出版社推出"于自力、孔薇、杨骅骁译"的《传习录》。2009年3月，贵州人民出版社出版"于民雄注、顾久译"的《〈传习录〉全译》。2009年11月，华东师范大学出版社发行"陈荣捷著"的《王阳明〈传习录〉详注集评》①。

2010年，9月，广陵书社出版《传习录》；11月，复旦大学出版社出版"吴震著"的《〈传习录〉精读》。2012年，4月，岳麓书社出版"萧无陂著"的《〈传习录〉校释》，中国画报出版社推出《传习录》；5月，复旦大学出版社出版"吴震著"的《〈传习录〉一百句》；12月，上海古籍出版社出版"邓艾民注疏"的《〈传习录〉注疏》②。

2013年，5月，凤凰出版社推出"插图版"《传习录》；10月，中国华侨出版社出版"陆东风编"的《传习录》。2014年，1月，中国华侨出版社出版"彩图全解版"《传习录》；6月，武汉大学出版社出版"李问渠编译"的《传习录》；7月，北京时代华文书局出版"叶圣陶点校版"《传习录》；8月，人民出版社出版"李德峰著"的《评说王阳明与〈传习录〉》。2015年，5月，九州出版社出版"梁启超点校"的《传习录集评》；7月，江苏凤凰文艺出版社推出"张靖杰译注"的《传习录》，长江文艺出版社出版"萧无陂注"的《传习录》；11月，重庆出版社出版《王阳明〈传习录〉全鉴》。2016年，1月，哈尔滨出版社出版"钱明、孙佳立注"的《传习录》，江西人民出版社推出"慢读系列"的《传习录》；2月，中信出版社出版"吴震、孙钦香译注"的《传习录》；5月，中华书局出版线装本《传习录》，作家出版社推出"高高注"的《传习录》；

---

① 1983年12月，《王阳明〈传习录〉详注集评》先是在中国台湾学生书局出版。
② 2000年11月，《〈传习录〉注疏》先是在中国台湾法严出版社出版。

7月，孔学堂书局出版"何善蒙编著"的《传习录十讲》。

2017年，4月，台海出版社出版《传习录》；5月，辽海出版社出版"肖卫译注"的《传习录》；12月，上海古籍出版社出版"佐藤一斋撰、黎业明整理"的《〈传习录〉栏外书》，北京联合出版公司出版"叶圣陶校"的《传习录》。2018年，1月，金城出版社出版"马祝恺编、罗海燕校"的《传习录》；3月，中华书局出版"王晓昕译注"的《〈传习录〉译注》；4月，国家行政学院出版社出版"高静注译"的《王阳明先生〈传习录〉》；6月，文化发展出版社出版"鲍希福点校"的《传习录》；8月，三秦出版社出版"费勇译"的《传习录》，中国华侨出版社出版"朱孟彩编译"的《〈传习录〉全解》；9月，中国致公出版社、九州出版社均出版"叶圣陶点校"的《传习录》，江苏凤凰科学技术出版社出版"王学典编译"的《传习录》；11月，武汉出版社出版"李文渠编译"的《传习录》；12月，国家图书馆出版社推出"吴震解读"的《传习录》。2019年，1月，北京时代华文书局出版"温彩凤编著"的《传习录》，崇文书局（原湖北辞书出版社）出版"董子竹编著"的《王阳明〈传习录〉再传习》；4月，三晋出版社出版"叶圣陶点校"的《传习录》；5月，北京联合出版公司出版"姚彦汝译"的《传习录》。2020年，4月，石油工业出版社出版"叶圣陶后人亲笔授权"的《传习录》；5月，上海古籍出版社重版"杨国荣导读"的《阳明〈传习录〉》；7月，台海出版社出版"张权译注"的《传习录》。2021年6月，上海古籍出版社出版"黎业明译注"的《传习录》。

在这上百种"注疏""译注"本《传习录》中，具备严肃性、学术性的不过数种，主要有陈荣捷的《王阳明〈传习录〉详注集评》、邓艾民的《〈传习录〉注疏》、佐藤一斋的《〈传习录〉栏外书》，还有吴震的《〈传习录〉精读》《〈传习录〉解读》。

（二）不同版本的《王阳明全集》

1992年12月，上海古籍出版社最早推出署名"吴光、钱明、董平、姚延福编校"的《王阳明全集》；2011年10月，推出修订版的《王阳明全集》；为方便普通大众阅读，2012年12月，推出了简体横排版，并不断重印。2012年12月，上海古籍出版社出版"束景南编撰"的《阳明佚文辑考编年》；2015年4月，又增订再版；2016年7月，推出署名"束景南、查明昊辑编"的《王阳明全集补编》；2021年3月，推出《王阳明全集补编》的增订版。2018年3月，合并"吴光、钱明、董平、姚延福编校"的《王阳明全集》与"束景南、查明昊辑编"的《王阳明全集补编》，汇编成"繁体升级版"的《王阳明全集》，称为"王阳明存世作品'大全集'"。

1996年11月，红旗出版社出版"张立文整理"的《王阳明全集》。1997年8月，北京燕山出版社推出《王阳明全集全译本》。2008年10月，中华书局出版署名"王晓昕、赵平略点校"的《阳明先生集要》。2010年12月，浙江古籍出版社推出署名"吴光、钱明、董平、姚延福编校"的《王阳明全集（新编本）》，列入"浙江文丛"，此后数次印刷发行。2013年12月，人民文学出版社出版《王阳明全集》。

2014年，1月，中国书店出版社出版《王阳明全集》；2月，中国画报出版社推出《王阳明全集》；8月，黄山书社、中国文史出版社分别推出《王阳明全集》《王文成公全集》；11月，线装书局、团结出版社分别出版《王阳明集》，民主与建设出版社也出版《王阳明全集》。2015年，1月，辽海出版社出版《王阳明全集》；5月，天津社会科学院出版社推出《王阳明全集》；6月，中华书局出版署名"王晓昕、赵平略点校"的《王文成公全书》。

2016年，3月，中华书局将《王文成公全书》易名为《王阳明集》，作为"中华传统文化文库"之一种出版；5月，天津古籍出版社出版《王阳明全集》；9月，中州古籍出版社出版《王阳明全集》；10月，华中科技大学出版社推出"简体注释版"《王阳明全集》。2017年，1月，中国文联出版社推出《王阳明全集》；3月，天津古籍出版社推出《王阳明集》；4月，北京燕山出版社出版《王阳明全集》，吉林文史出版社出版《王阳明全集》；10月，中国华侨出版社出版《王阳明集》。2018年，3月，中央编译出版社推出《王阳明全集》；11 月，北京大学出版社出版《儒藏》本《王文成公全书》。2020 年，8 月，凤凰出版社出版"全民阅读版"《王阳明集》；9 月，团结出版社出版"文白对照"《王阳明全集》①。

目前已经出版的 50 余种《王阳明全集》中，我们还是推荐上海古籍出版社出版的"吴光、钱明、董平、姚延福编校""束景南、查明昊辑编"的《王阳明全集》，再辅以浙江古籍出版社的《王阳明全集（新编本）》。

再有，继"四库全书系列"大型文献汇编出版后，阳明后学文献也陆续编校整理：2007 年，浙江省社会科学院策划的《阳明后学文献丛书》（7 种 10 册）由凤凰出版社出版；2013—2017 年，上海古籍出版社推出《阳明后学文献丛书》（7 种 10 册）；2015 年，四川大学出版社影印出版《阳明文献汇刊》（54 册）；2018 年，西泠印社出版社影印出版《阳明先生珍稀文献二种》；2018 年，社会科学文献出版社影印出版《王阳明珍本文献丛刊》（15 册）；2019 年，北京燕山出版社影印出版《阳明文献汇刊二编》（60 册），广陵书社影印出版《王阳明文献集成》（141 册），巴蜀书社影印出版《阳明学文献大系》（208 册）；2020 年，广陵书社影印出版《域外刊刻阳明先生文献》（15 册）、《王文成公全书（郭朝宾本）》，孔学堂书局影印出版《新刊阳明先生文录续编》；2021 年，北京燕山出版社影印出版《日本阳明学文献汇编》（55 册），广陵书社影印出版《王阳明稀见版本辑存》（82 册），北京燕山出版社影印出版《王阳明家族关系家谱》（65 册），巴蜀书社影印出版《美国普林斯顿大学图书馆藏王文成公全书（郭朝宾本）》（12 册）。

此外，不同版本的"王阳明书法集"也得以出版：1996 年 7 月，西泠印社出版社出版"计文渊编"的《王阳明法书集》；2008 年 1 月，台大出版中心出版"杨儒宾、马渊昌也编"的《中日阳明学者墨迹：纪念王阳明龙场之悟五百年暨中江藤树诞生四百年》；2015 年 1 月，中国美术学院出

① 2020 年 9 月 19 日，由中国文化书院、中国阳明心学高峰论坛组委会、团结出版社联合主办的"为天地立心"——心文化研讨会暨《文白对照王阳明全集》《读懂王阳明：阳明心学入门》新书发布会在北京举办。

版社出版"计文渊编著"的《王阳明法书研究》；2015年8月，上海辞书出版社出版"孙宝文编"的《王阳明书何陋轩记》；2016年10月，贵州大学出版社出版"杨德俊编"的《王阳明龙场遗墨》；2017年10月，故宫出版社出版故宫博物院、绍兴博物馆、王阳明研究院编的《王阳明书法作品全集》。

五、上百家出版社推出近千种王阳明与阳明学研究专著

据不完全统计，近30年来，上百家出版社推出了近千种以"王阳明传记""阳明心学研究""阳明后学研究"为主题的书籍，其中既有严肃的学术专著，还有大量带有历史、文学传奇色彩的畅销书，诸如《明朝那些事儿》《知行合一王阳明》《明朝一哥王阳明》等。

其中，我们认为学术研究性质的王阳明传记、王阳明与阳明后学研究的专著（兹按在中国大陆的出版时间排序）主要有20余种。

（1）《阳明学通论：从王阳明到熊十力》，杨国荣著，上海三联书店1990年版，华东师范大学出版社2003年版、2009年版。（2）《有无之境：王阳明哲学的精神》，陈来著，人民出版社1991年版，北京大学出版社2006年版，生活·读书·新知三联书店2009年版。（3）《陆王学述》，徐梵澄著，上海远东出版社1994年版，崇文书局2017年版。（4）《心学之思：王阳明哲学的阐释》，杨国荣著，生活·读书·新知三联书店1997年版、2015年版，中国人民大学出版社2009年版。（5）《王阳明与明末儒学》（中译本），〔日本〕冈田武彦著，吴光、钱明、屠承先译，上海古籍出版社2000年版，重庆出版社2016年版。（6）《明代哲学史》，张学智著，北京大学出版社2000年版；中国人民大学出版社2012年修订版。（7）《阳明后学研究》，吴震著，上海人民出版社2003年版、2016年增订版。（8）《良知学的展开：王龙溪与中晚明的阳明学》，彭国翔著，生活·读书·新知三联书店2005年版、2015年增订版。（9）《阳明学研究丛书》（11册），吴光主编，董平、钱明、吴震、陈永革、朱晓鹏、何俊等

著，中国人民大学出版社2009年版。（10）《传奇王阳明》，董平著，商务印书馆2010年版、2018年修订版。（11）《阳明学述要》，钱穆著，九州出版社2010年版。（12）《王阳明》，〔加拿大〕秦家懿著，生活·读书·新知三联书店2011年版。（13）《青年王阳明（1472—1509）：行动中的儒家思想》，〔美国〕杜维明著，生活·读书·新知三联书店2013年版。（14）《阳明精粹》第一卷《哲思探微》，张新民著，孔学堂书局2014年版。（15）《王阳明大传》（中译本），〔日本〕冈田武彦著，重庆出版社2015年版，2018年修订版。（16）《人生第一等事：王阳明及其后学论"致良知"》，〔瑞士〕耿宁著，倪梁康译，商务印书馆2014年版。（17）《觉世之道：王阳明良知说的形成》，杨正显著，北京师范大学出版社2015年版。（18）《由凡至圣：阳明心学工夫散论》，张卫红著，生活·读书·新知三联书店2016年版。（19）《王阳明年谱长编》，束景南撰，上海古籍出版社2017年版。（20）《王阳明的人生智慧》，吴光等著，中国方正出版社2017年版。（21）《吾心自有光明月：王阳明思想原论》，汪学群著，中国社会科学出版社2017年版。（22）《王阳明"万物一体"论》（修订本），陈立胜著，北京燕山出版社2018年版。（23）《入圣之机：王阳明致良知工夫论研究》，陈立胜著，生活·读书·新知三联书店2019年版。（24）《日本阳明学研究名著译丛》（8种），邓红、欧阳祯人主编，〔日本〕高濑武次郎、井上哲次郎等著，焦堃、连凡、陈晓杰等译，山东人民出版社2019年版。（25）《阳明大传："心"的救赎之路》，束景南著，复旦大学出版社2020年版。（26）《王阳明："心"的救赎之路》，束景南著，复旦大学出版社2021年版。（27）《王阳明身心哲学研究：基于身心整体的生命养成》，李洪卫著，上海三联书店2021年版。（28）《王阳明传：十五、十六世纪中国政治史、思想史的聚焦点》，李庆著，上海古籍出版社2021年版。

六、阳明学研究论文的大量发表与阳明学研究辑刊的不断创办

（一）阳明学研究论文的大量发表

通过"中国知网""万方数据库"，以"王阳明"为关键词，进行文献检索，我们可以发现：

1949—1978年，中国境内报刊中"王阳明"主题的论文数量颇少：1957年1篇，1959年2篇，1962年3篇，1963年2篇，1964年3篇，1972年1篇，1974年2篇，1975年4篇，1978年1篇。这是因为在这30年间中国境内处于社会主义革命与社会主义建设时期，还包括"文化大革命"的特殊历史阶段，"主观唯心主义集大成者"王阳明及其心学具有"反动性"，王阳明是镇压农民起义、少数民族起义的"刽子手"，还是"封建地主阶级的代言人"。所以，学术界对王阳明的研究颇少，即便是关注王阳明，也是批判王阳明其人的"反人民性"及其学的"反动、落后、腐朽性"。

1979—2008年，中国奉行改革开放的基本国策，随着政治、经济、文化领域的"拨乱反正"，学术研究开始正常化、逐渐理性化，以"王阳明"为主题的论文发表以及硕博士学位论文的撰写数量逐渐增加，由个位数递增到十位、百位数：1979年5篇，1980年8篇，1981年17篇，1982年21篇，1983年6篇，1984年12篇，1985年15篇，1986年19篇，1987年30篇，1988年43篇，1989年71篇，1990年52篇，1991年47篇，1992年55篇，1993年45篇，1994年55篇，1995年64篇，1996年75篇，1997年84篇，1998年90篇，1999年72篇，2000年102篇，2001年69篇，2002年126篇，2003年133篇，2004年162篇，2005年200篇，2006年238篇，2007年249篇，2008年243篇。数据基本呈现逐年递增的趋势，主要与高校哲学学科（中国哲学专业）硕、博士学位点数量的设置以及硕、博士研究生的招生数量成正比。

2009—2012年，这5年的"王阳明"研究论文数量基本保持稳定：2009年354篇，2010年421篇，2011年369篇，2012年461篇。从2013年开始，"王阳明"研究论文数量呈现井喷趋势：2013年502篇，2014年507篇，2015年707篇，2016年749篇，2017年992篇，2018年886篇，2019年868篇，2020年734篇，2021年613篇。这足以说明近9年（2013—2021年）来出现的"阳明学热"，就学术层面而言还在持续升温；2020年以来，因新冠肺炎疫情，线下召开阳明学学术研讨会受影响，阳明学研究论文发表数量也呈现下降趋势。

随着2013年兴起的这波"阳明学热"，不少报纸也加大了对王阳明研究文章的发表力度，国家一级报纸如《人民日报》"理论版"、《光明日报》"国学版""史学版"、《中国纪检监察报》"思想"栏目、《中国社会科学报》"哲学版"，省一级报纸如《贵州日报》"理论周刊"、《浙江日报》"思想者"栏目，刊文频率较高。而地市一级报纸，围绕"王阳明"的新闻报道数量则是居高不下，以《绍兴日报》《宁波日报》《余姚日报》《贵阳日报》《贵阳晚报》为主，每报每年刊登的新闻稿多达数十篇。

（二）学术期刊"阳明学研究专栏"的开设

为了突出王阳明学术研究的重要性，加大阳明学的宣传力度，贵州、浙江、江西等省高等院校主办的人文社科版学报、社科机构主办的学术期刊也纷纷设置"王阳明研究""阳明学与地域文化研究"等特色栏目。

比如：在浙江省，《浙江学刊》每年固定有1期开设"阳明学研究"专栏；《浙江社会科学》每年12期固定设置的"浙学研究"专栏中，大多刊发阳明学研究论文；宁波日报报业集团主管的《宁波通讯》，几乎每期刊发1篇宁波学者撰写的阳明学研究论文；《中共宁波市委党校学报》"浙东学术与中国哲学"专栏、《宁波大学学报》"浙东文化研究"专栏，也刊发一定数量的阳明学论文。在贵州省，《贵州大学学报》《贵州师范大学学报》《贵阳学院学报》的"社会科学版"以及《贵州文史丛刊》《当代贵州》《孔学堂》《贵阳文史》等期刊，纷纷聘请省内外有一定知名度的阳明学专家作为学术顾问或栏目特约主持人开设"阳明学研究"专栏；特别是《贵阳学院学报》的"阳明学研究"专栏，自2015年设置以来，截止到2021年底已连续刊发了239篇阳明学研究论文。[①]在江西，《赣南师范大学学报》开设了"王阳明与地域文化研究"专栏，《江西师范大学学报》也开设了"王阳明研究"专栏。2020年以来，《名作欣赏》刊物推出了百余篇由绍兴文理学院在校大学生撰写（卓光平指导）的王阳明诗文名篇赏析、大型原创历史话剧《千古一圣王阳明》评述、当代《阳明传》评论的文稿。

（三）阳明学研究辑刊的不断创办

不少高校科研机构创办了阳明学研究辑刊，比如：贵州大学中国文化书院主办的《阳明学刊》（贵州人民出版社、巴蜀书社、贵州大学出版社出版），贵州省阳明学学会主办的《王学研究》（内刊），余姚国际阳明学研究中心主办的《国际阳明学研究》（上海古籍出版社出版），武汉大学阳明学研究中心与中国阳明文化研究园、孔学堂合办的《阳明学研究》（人民出版社、中华书局出版）。贵阳学院则主办有两种"阳明学论集"，一种是《贵阳学院学报》编辑部主办的《阳明学研究新论》（江西教育出版社、中国社会科学出版社出版），一种是阳明学与黔学研究院主办的《王学研究》（西南交通大学出版社、社会科学文献出版社出版）。浙江省稽山王阳明研究院、中华孔子学会阳明学研究会主办的《中国心学》（商务印书馆出版）。中国东方文化研究会阳明文化委员会创办会刊《阳明文化研究》（内刊）。中国明史学会王阳明研究分会、赣南师范大学王阳明研究中心、赣州市社会科学界联合会共同主办的《阳明文化研究》。域外，日本二松学舍大学王阳明研究所主办的《王阳明》，一年一期；韩国阳明学会主办的

[①] 此数据根据"中国知网"显示的以"王阳明"为主题的"文献来源"之《贵阳学院学报》（社会科学版）的统计而得。2019年11月25日，全国高等学校文科学报研究会评定《贵阳学院学报》"阳明学研究"专栏为"全国高校社科期刊特色栏目"。

《阳明学》，一年四期，实现了出版常态化。

经过数据对比分析，我们可以发现：近9年（2013—2021年）来"阳明学热"中阳明学研究论文数量的激增，也与这些阳明学研究学术辑刊的创办、人文社科类学报期刊中"阳明学研究"栏目的常年开设有直接关系。

七、"百家讲坛"阳明学公开课与各种阳明学讲堂、阳明学专题讲座的开设

为了满足广大民众对王阳明生平事迹与阳明心学基本常识的了解需要，在专家学者和百姓之间架起一座知识桥梁的中央电视台科教频道《百家讲坛》栏目，先后邀请来自哲学、文学、历史等不同学科领域的阳明学专家，开讲"传奇王阳明""五百年来王阳明""王阳明"。

2010年12月10日至23日的《百家讲坛》，邀请浙江大学哲学系教授董平主讲"传奇王阳明"，共14讲，演讲稿结集成《传奇王阳明》一书出版。[1]此后，董平教授还在浙江大学开设"王阳明心学"视频公开课，共9讲。2017年4月，南京师范大学文学院教授郦波受邀《百家讲坛》栏目，主讲"五百年来王阳明"，共26讲，并结集出版同名著作《五百年来王阳明》[2]。为纪念王阳明去世490周年，2019年2月20日—3月3日，江西师范大学历史系教授方志远在《百家讲坛》主讲"王阳明"，视频整理稿以《王阳明：心学的力量》为题出版。[3]"王阳明"连续3次进入《百家讲坛》栏目，这足以说明"王阳明"在新闻媒体与当代社会民众心目中的地位。在2014年1月7日，于丹、董平、方志远3位教授联袂开讲"百家讲坛特别节目·另类圣人王阳明"，围绕王阳明的成长经历、军事奇才的秘密、"知行合一"的观点进行阐述。

---

① 董平：《传奇王阳明》，商务印书馆2010年版、2018年修订版。
② 郦波：《五百年来王阳明》，上海人民出版社2017年版。
③ 方志远：《王阳明：心学的力量》，商务印书馆2019年版。

　　2016年，由中国社会科学院监制的大型纪录片《中国通史·王阳明心学》在中央电视台电影频道播出。

　　2021年3月22日—26日，作为国内首部系统梳理王阳明传奇人生和心学思想的纪录片——《王阳明》（5集）在中央电视台科教频道播出。该片由国家广播电视总局宣传管理司指导，为国家广播电视总局、中共浙江省委宣传部重点纪录片项目。该片采用真实再现历史人物的创作手法，以今人视角梳理王阳明的人生历程，阐释心学思想的演变历程、核心要义，通过人物故事体察阳明先生"知行合一""致良知""明德亲民"等思想精髓。5集纪录片，依次按"溺""困""悟""功""明"5个主题切入。

　　2021年10月10日，《典籍里的中国·传习录》在中央电视台播出。这期节目围绕集中体现王阳明哲学思想的语录体著作《传习录》展开，通过讲述书中最富有特色的"知行合一"思想，传承注重实践、实干兴邦的重要理念，并从王阳明波澜壮阔的人生命运中，感悟"知是行之始，行是知之成"的先贤智慧。

　　与中央电视台科教频道《百家讲坛》《王阳明》的音频演讲、纪录片相配合，高校科研单位、企业、社会团体以及与王阳明行迹有关的地方政府，所举办的阳明学演讲、报告会更是数不胜数。比如，2017年山东省尼山书院承办了山东省委宣传部、山东省文化厅主办的"阳明学公开课"，《光明日报》"国学版"全程关注报道。[①]贵阳孔学堂依托贵州的独特优势，深入挖掘"知行合一"的阳明精神，创办"王阳明大讲堂""阳明心学与当代社会心态研究院"，开展阳明文化系列讲座。修文县在阳明洞现场教学基地设置了"重德修文"大讲堂，并与孔学堂合作开展了一系列的"孔学堂·阳明洞会讲"。

　　在王阳明的故乡，余姚市委市政府大力实施阳明文化传播弘扬工程，创设"余姚阳明讲堂"和"余姚人文大讲堂"，邀请吴光、陈来、成中英、陈卫平、杜保瑞等阳明学研究专家，面向机关干部、普通市民、学校学生

---

① 《阳明学公开课课程预告》，《光明日报》2017年4月30日。

和企业员工，开展"王阳明心学思想的当世价值""王阳明的思想精髓"等专题讲座。同时，余姚市委宣传部组建阳明文化宣讲团，开展阳明文化宣讲"五进"活动，截至2021年12月，已宣讲670余场次，让阳明文化在王阳明的家乡大地上熠熠生辉。绍兴市委市政府从加强文化自信建设的高度出发，对绍兴阳明文化的传承保护进行整体设计，搭建"绍兴王阳明研究院""浙江省稽山王阳明研究院"等学术传播平台。

此外，浙江图书馆与浙江省儒学学会合作举办"王阳明公开课"，宁波"甬上传习社"举办《传习录》读书会，福建平和县创办"阳明传习堂"，赣州阳明书院与赣南师范大学、中国明史学会王阳明研究分会合作举办了一系列阳明学公益讲座。这里，我们特别介绍一下，2019年6月，华东师范大学哲学系与冯契学术成就陈列室联合举办的"阳明学与世界文明青年哲学研修营"。其通过杨国荣、潘小慧、吴震、黄勇、陈立胜、董平等阳明学研究专家的专题讲座、问答研讨、团队探究等形式，为参加研修营的青年学者呈上了一场阳明学的学术盛宴，取得了不错的学术反响。[①]

八、全国各地各类阳明学会议、阳明学论坛、阳明文化节、阳明文化活动周的不断举行

为了宣传王阳明、弘扬阳明学、促进阳明文化与旅游产业的结合，王阳明的出生地宁波余姚，归葬地绍兴柯桥，悟道地贵阳修文龙场，良知教揭示地赣州、南昌，王阳明生前奏设的平和、和平、崇义3县，不断举办"阳明学国际学术研讨会""阳明学高峰论坛""阳明文化节""阳明文化活动周"等系列活动。

改革开放40多年来，浙江省社会科学院一直有整理阳明学文献、研究阳明学的优良学统，先后协助余姚、绍兴策划了一系列阳明学国际学术研讨会：1989年4月在余姚举办了"首届国际阳明学研讨会"，1999年3月

---

① 详见"华东师范大学哲学系"网站（http://www.philo.ecnu.edu.cn/）的相关报道。

在绍兴召开了"纪念王阳明逝世470周年暨国际学术研讨会",2007年4月在余姚举办了"王阳明故居开放暨中国(余姚)王阳明国际文化活动周",2009年11月在杭州召开了"纪念王阳明逝世480周年暨阳明学派国际学术研讨会",2012年11月在绍兴召开了"纪念王阳明诞辰540周年·阳明心学暨蕺山学派国际学术研讨会",2014年1月在绍兴举办了"纪念王阳明逝世485周年学术研讨会"。

为进一步推动阳明学研究国际化,2011年8月,余姚市人民政府与中国社会科学院联合组建"余姚国际阳明学研究中心",并在2011年10月31日举办了"2011中国·余姚国际阳明学研讨会",此后在2012年、2014年的10月31日举办了第二、三届"国际阳明学研讨会",并出版会议论文集《国际阳明学研究》。2017年,在宁波市委市政府的指导下,每年10月31日(王阳明诞辰日)定期举办的"余姚阳明文化活动日"升格为10月31日—11月6日举办的"宁波(余姚)阳明文化活动周",且固定于10月31日上午在王阳明出生地瑞云楼前的王阳明故居广场举行"纪念王阳明先生诞辰礼贤典礼",先后举办了以"走进新时代的阳明心学""阳明心学与变革中国""阳明心学与良知善治""阳明故里·明理力行"等为主题的"中天阁论道"。绍兴则在2017年10月举办了"中国绍兴'阳明文化周'"系列活动之"纪念王阳明诞辰545周年学术研讨会""越文化·阳明学·东亚文明高峰论坛""全国首届阳明研究机构联席会议"等,又于2018年6月承办了"第二届中国阳明心学高峰论坛绍兴闭幕论坛",2019年5月主办了"第三届中国阳明心学高峰论坛",2020年10月召开"2020阳明心学大会",2021年10月召开"2021阳明心学大会"。2016年以来,浙江工商大学也连续举办了4届"阳明学与浙江文化学术论坛"。

贵阳市修文县先后于1999年、2002年、2005年、2009年、2016年、2018年①连续举办了6届"国际阳明文化节",使得修文县成为当代阳明心

---

① 拟定2020年举办的第七届"国际阳明文化节"因新冠肺炎疫情影响推迟举行。

学研究和传播中心之一。2014年以来，贵州省文史研究馆、浙江省文史研究馆以阳明学研究为交集点，合作搭建"黔浙文化合作论坛"，成立"阳明学研究中心"，还举办了以"文化中国：时代的使命与学者的承担""阳明学的当代价值与传承创新""知行合一：新农村文化建设探讨暨阳明学的理论与实践研讨"为主题的学术研讨会。①贵阳学院自2012年以来，先后与修文县、贵阳孔学堂、贵州省儒学研究会、韩国阳明学会合作，举办以阳明学研究为宗旨的"知行论坛"，截至2018年6月，已举办了6届，会议论文结集成《王学研究》公开出版。

此外，浙江大学、清华大学、复旦大学、中山大学、贵州师范大学以及江西的南昌、赣州、崇义、大余、龙南、青原、南安，福建的漳州市、平和县、福州市，广东的河源市、平和县，广西的南宁市、梧州市、武宣县也举办有各种形式、规模不等的"王阳明与阳明学研讨会"。

九、国家社科基金、省市哲学社会科学规划等各种级别的阳明学研究课题的立项与推出

为了繁荣发展哲学社会科学，鼓励高校教科研人员积极投入基础领域的学术研究，全国哲学社会科学工作办公室、教育部社科司以及各省市的社科规划（工作）办立项、推出了一大批以"阳明学"为选题的科研项目。

根据"全国哲学社会科学工作办公室官网"提供的信息，1992年以来立项的国家社科基金重大、重点、一般、青年、西部、后期资助项目中与"阳明学"有关的课题有：1992年立项课题中的"王阳明及哲学与贵州文化"，1994年立项课题中的"王阳明与明代后期文学"，2002年立项课题中的"王阳明与阳明学派系列研究"，2003年立项课题中的"阳明心学美学：从本体工夫论切入"，2007年立项课题中的"文化整合与社区和

---

① 贵州省文史研究馆、黔浙文化合作论坛阳明学研究中心编：《心学思想世界的新开展："黔浙文化合作论坛"阳明学研究论文集》，贵州人民出版社2018年版。

026

谐——兼析王阳明南赣社区治理及意义""明清时期贵州阳明学地域学派研究",2011年立项课题中的"阳明佚文辑考编年""融合和发展——阳明心学之研究",2012年立项课题中的"王阳明道德哲学与儒学人文信仰的建构",2013年立项课题中的"阳明年谱长编""明代天主教与阳明心学关系研究",2014年立项课题中的"阳明文化与现代国家治理研究""阳明心学与明中后期词新变研究",2015年立项课题中的"阳明后学文献整理与研究""日本阳明学家经典著作译注与研究""阳明学与明代内阁政治研究""阳明心学美学与禅宗美学思想的比较研究""王阳明身心哲学研究""阳明学发展的困境及出路""王阳明道德哲学的现象学诠释""阳明学:儒道融合的心学建构",2016年立项课题中的"明代阳明学派诗学思想研究""阳明心学与关学融合汇通问题研究""阳明学在朝鲜半岛的传播及其影响研究""阳明学与近代中国变革研究",2017年立项课题中的"阳明大传:'心'的救赎之路""阳明学诠释史研究""王阳明传习录校笺""阳明学派与中晚明的知识学",2018年立项课题中的"阳明后学思想互动与中晚明学术共同体建构研究""王阳明思想在西方的翻译、传播与影响研究""阳明心学与中晚明剧坛嬗变及戏曲文化生态研究""阳明学与朱子学的互动研究""中晚明阳明心学民间道德教化与传播研究""王阳明濒危军事著作校注",2019年立项课题中的"王阳明心学与浙东思想文化研究""现象学视域中的阳明心学研究""以吉安地区为中心的阳明学与地方社会研究""道德哲学视域下的王阳明思想及其现代意义研究""《传习录》与王阳明其他单刻本稀见孤本文献全国调研、影印出版与总汇总校""阳明学派'以内在证超越'之路径研究""王阳明思想在英语世界的译介与阐释研究""王阳明心学美学思想研究",2020年立项课题中的"清代阳明学文献整理与思想演变研究""晚清民国阳明学文献收集整理与研究(1840—1949)""王阳明'四句教'诠释史研究""阳明心学著作的翻译与西传研究""工夫论视域下阳明心学《论语》诠释研究""阳明后学的'接引'工夫研究""王阳明的情感与心性哲学研究",2021年立项课题中的"阳明诗赋编年笺证""阳明学知识论问题研究""阳明后学心性论分化与统合的逻辑发展研究"。①

此外，2016年，武汉大学欧阳祯人主持了教育部人文社科重点研究基地重大攻关项目"阳明心学的历史渊源及其近代转型研究"。

2016年以来，为了推进贵州省的传统文化与阳明学研究，贵州省社科规划办与贵阳孔学堂合作推出了资助力度特大的"传统文化单列课题"，其中，阳明心学研究课题占了重头。如：2016年立项课题中的"东亚阳明学与阳明文化研究""阳明心学与马克思哲学在中国的早期传播""阳明学文献整理与研究""日本阳明学研究名著译丛""阳明心学与当代中国的社会发展研究""王阳明诗集编年校注"，2017年立项课题中的"阳明学与中国各地域文化系列研究""阳明心学与当代社会心理学研究""近代中国阳明学的学术史研究""关中王学研究"，2018年立项课题中的"王阳明心态思想研究""阳明学与中国现代性问题""二曲学派对阳明学的多维发展"，2019年立项课题中的"阳明心学对先秦儒家思想的传承与发展""良知学的工夫历程与工夫谱系研究""王阳明'良知易'哲学体系研究"，2020年立项课题中的"阳明心学与黔地茶文化的意义建构""王阳明及其后学的礼学思想研究""陆王心学与当代国人的人文信仰建构研究""认知科学与阳明心学的实证研究""浙中王门四书学研究"，2021年立项课题中的"阳明心学的海外传播和世界影响研究""中国共产党人的'心学'对中华优秀传统文化的继承与发展研究""韩国汉籍中阳明学资料的收集、整理与研究""新时代阳明文化传播路径研究""近溪学脉交游考述与明末王学分流、转向研究"。此外，贵阳学院阳明学与黔学研究院也有贵州省高校社科基地年度招标课题。

为了推动阳明学的综合研究，绍兴、宁波、余姚也推出了一系列的阳明学研究招标课题。2017年，绍兴王阳明研究院发布的阳明学公开招标研究课题中有"阳明学通史""越地文化与阳明学""王阳明的政治思

---

① 上述国家社科基金重大、重点、一般、青年、西部、后期资助项目信息，均来自"全国哲学社会科学工作办公室网站"（http://www.npopss-cn.gov.cn/）。

想与社会治理"等项目。2018年，宁波市社科联推出"阳明心学研究系列重大招标课题"，其中有"王阳明大辞典""阳明心学的当代价值与世界意义研究""阳明心学与文化自信研究""王阳明行踪遗迹研究"等。2019年5月，"中国阳明心学高峰论坛"推出"阳明心学研究"招标课题，有"阳明心学与中国传统文化"等。2020年12月，以浙江省稽山王阳明研究院名义推出的"2020阳明心学研究"招标课题，有"王阳明心学对现代新儒学的影响""阳明学与民间社会建设研究"。

十、高校科研院所的阳明学研究机构与社会团体性质的王阳明研究会陆续成立

（一）实体性质的阳明学（王阳明）研究所、研究中心、研究院

1992年，浙江省社会科学院成立了中国第一家学术研究实体性质的"浙江国际阳明学研究中心"，主要从事阳明学、阳明学派以及中国儒学的研究。

1996年，贵州师范大学阳明学研究中心成立；2015年1月16日，贵州师范大学牵头成立了"贵州阳明文化研究院"，该院是贵州省阳明文化研究的最高机构。

2002年12月，贵州大学中国文化书院成立，2003年增设贵州大学阳明学研究所，2013年又增设阳明文化研究院。

2005年12月，贵阳学院王阳明研究所成立，2007年易名为贵阳学院阳明学与地方文化研究中心，2016年更名为贵阳学院阳明学与黔学研究院。

2009年5月，滁州市王阳明研究会成立。

2010年10月，修文县阳明文化研究发展中心成立。

2011年8月26日，余姚市人民政府和中国社会科学院历史研究所合作共建"（余姚）国际阳明学研究中心"。

2012年11月，绍兴国际阳明学研究中心在蕺山书院成立。

2013年12月9日，浙江万里学院成立王阳明研究院。

2014年8月，武汉大学阳明学研究中心成立。

2015年3月25日，赣南师范大学王阳明与地域文化研究中心成立。

2015年10月，贵阳市成立阳明文化（贵阳）国际文献研究中心[1]。

2015年12月23日，黔浙（浙黔）文化合作论坛阳明学研究中心成立。

2015年12月，北京知行合一阳明教育研究院（"致良知四合院"）与清华大学心理学系联合成立"清华大学心学与心理学研究中心"；同时，还与北京大学哲学系联合发起成立"北京大学阳明学研究中心"。

2016年4月10日，贵阳孔学堂挂牌成立"阳明心学与当代社会心态研究院"。

2016年11月18日，绍兴王阳明研究院在绍兴文理学院成立。

2017年7月11日，贵州财经大学阳明廉政思想与制度研究中心成立。

2017年10月17日，临沂大学阳明学研究中心成立。

2018年3月16日，宁波财经学院阳明文化研究所成立。

2018年11月6日，宁波市王阳明研究院成立[2]。

2018年11月3日，慈溪市阳明文化研究中心成立。

2018年11月17日，浙江省稽山王阳明研究院在绍兴成立。

2019年4月11日，浙江工业职业技术学院阳明实学研究院筹建。

2019年4月16日，江西理工大学与崇义县人民政府合作共建的"阳明文化研究与传播中心"成立。

2019年4月23日，江西吉安市青原区"青原山阳明文化研究传播中心"成立。

2019年7月，贵州大学阳明学研究中心成立。

---

① 阳明文化（贵阳）国际文献研究中心主办大型网站——"数字王阳明资源库全球共享平台"（https://www.e-yangming.com/index.html），值得关注。

② 2021年1月8日，宁波市王阳明研究院挂牌于浙江万里学院。相关信息见《宁波市王阳明研究院在我校挂牌》，浙江万里学院新闻网，2021年1月8日。

2019年11月25日，福建江夏学院阳明学研究院成立。

2019年12月25日，中国传媒大学阳明书院成立。

2020年6月18日，漳州职业技术学院王阳明（文化）研究中心成立。

2020年8月，浙江工商大学东亚阳明研究院成立。

2020年9月25日，绍兴文理学院王阳明研究中心成立。

2020年11月7日，中国东方文化研究会阳明文化委员会广西阳明文化研究团队成立。

2020年11月12日，浙大宁波理工学院阳明文化创造性转化与传播基地成立。

2021年1月12日，贵州龙场王阳明研究院成立。

2021年10月，河北省社会科学院阳明学与现代儒学发展研究中心成立。

2021年11月28日，贵阳信息科技学院阳明书院成立。

2021年12月1日，龙南市王阳明研究会成立。

此外，宁波大学、贵州大学、绍兴职业技术学院先后设有通识教育性质的"阳明学院"。浙大宁波理工学院办有"阳明学堂"，宁波财经学院设有"阳明讲堂"。

（二）民间组织、社会团体性质的"王阳明研究会""王阳明研究专业委员会"

按照成立时间顺序，梳理如下：1994年成立的贵阳市王阳明研究会；1995年成立的修文县王阳明研究会；2000年成立的余姚市王阳明学术思想研究会；2012年成立的余姚阳明中学王阳明研究会，贵州省阳明学学会，甘肃省兰州市王阳明文化研究会；2013年成立的江西王阳明文化遗产保护基金会，江西阳明研究中心；2014年成立的广东省和平县王阳明研究会，广东省岭南心学研究会；2016年成立的江西省王阳明研究会，福建省漳州市平和县王阳明研究会，中华孔子学会阳明学研究会；2017年成立的中国明史学会王阳明研究分会，宁波市王阳明文化研究促进会，绍兴市王阳明研究会，陕西省文化传播协会阳明心学研究会，广东省阳明心学研究会；

2018 年成立的河南省儒学文化促进会王阳明专业委员会；2019 年成立的中国朱子学会阳明学专业委员会，中国东方文化研究会阳明文化专业委员会；2020 年成立的杭州学习生活促进会阳明学院。

还有，2017 年设立的"全国阳明研究机构联席会议""全国阳明史迹保护研究联盟""阳明教育联盟"。

域外的阳明学会、阳明学研究所，主要有：1995 年成立的韩国阳明学会，主办会刊《阳明学》；2000 年成立的日本阳明学会，创办会刊《姚江》。此外，日本二松学舍大学设有阳明学研究所，主办《阳明学》期刊。

（三）民间书院性质的阳明书院

据不完全统计，民间书院性质的阳明书院主要有：2001 年建成的贵阳"阳明精舍"；2012 年成立的"青原区阳明书院""致良知四合院"；2017 年成立的"赣州阳明书院""甬上阳明传习社""山东省尼山书院阳明学实修研究中心"；2018 年成立的台北"阳明书院"等。余姚市阳明街道阳明社区也成立有"阳明历史文化研究小组"，每年定期编印《阳明史脉》辑刊。据悉，日本京都也建有民间讲学性质的"阳明书院"。

总之，改革开放以来，尤其是近 9 年（2013—2021 年）来，在政界、学界、企业界、民间社会组织的积极推动之下，在中国浙江、贵州、江西、广东、广西、河南，包括北京、上海等省区市的有关政府机关、高校科研院所、企业家及社会民间人士的多方参与下，王阳明与阳明心学"热"了起来、"火"了起来。我们称王阳明与阳明心学为当下中华传统文化研究的一大"显学"，也是名副其实。

十一、对当下"阳明学热"的几点反思

包括"阳明学"在内的中华传统文化代表着中华民族独特的精神标志，当下的"阳明学热"有助于唤醒我们对中华传统文化的热爱和对中华民族精神家园的回归。但是，伴随着这波"阳明学热"而来的问题也不

少。比如，学者在对阳明良知心学的解读上至少有以下几方面问题，需要引起我们的警惕与反思。

第一种倾向是把王阳明神格化、神秘化、教主化，将之说成一位高高在上、遥不可及的 "三不朽圣人"，实则王阳明也是一个有血有肉活在现实生活世界中的人。他首先是一个真性情的人，他是一位儒者，一位教书先生，更是一位传统意义上的儒家士大夫。其实，王阳明是一个悲剧性的历史人物，我们不妨读读他在广西写给京城友人的书信、写给皇帝的奏疏，就不难理解暮年王阳明有家不能回、有病不能医的凄凉处境。将心比心，把王阳明还原为一个普普通通的读书人、儒家君子、传统儒家士大夫，如此理解王阳明其人其事其学，也是可以、可行的吧？阳明学，本质上就是儒学，他是孔孟儒家道统一系的学术传人。就好像孙悟空始终跳不出如来佛的手掌心，实则阳明先生终其一生也没有逾越孔孟儒学的基本精神，他正是一位向先秦孔孟（经典）儒学回归的 "真儒"。

第二种倾向是阳明心学解读玄学化、形而上化，有对阳明学做过度诠释之嫌，把 "心即理" "知行合一" "致良知" "四句教" 解读得天花乱坠，让人摸不着头脑。实则阳明先生的语录、文录、诗歌，都是围绕儒家 "四书五经" 而展开的经学诠释。阳明学是在与孔孟儒学、程朱理学的对话语境中形成并展开的，既不是一种知识论性质的学问，也不是宗教化、高深莫测的神秘体验，而是一种如何做人、做君子的道德仁学。

第三种倾向是在解读王阳明与阳明学过程中，出现了小说化、庸俗化、媚俗化的倾向。一些王阳明的传记文学，大多根据《阳明先生年谱》以及冯梦龙的《阳明先生出身靖乱录》，泛泛而谈；甚者还有猎奇化的倾向，探讨分析王阳明的个人生活隐私。还有，把阳明心学视作 "心灵鸡汤" 以贩卖知识的行为，也有必要进行反思。

第四种倾向是王阳明学术研究的主观情绪化、意识形态化。一个说法是 "中国有三个人可以称为圣人：孔子、王阳明、曾国藩"，还有人说王阳明是 "一个让毛泽东和蒋介石都崇拜的人"。有人在宣讲王阳明与阳明学时，动辄说阳明学是推动日本明治维新的 "原动力"。对于这些主观情绪化、激进式的提法，应予以理性甄别与学术考量。对此，许全兴、吴震、邓红、李承贵教授都有专文予以回应与澄清①。兹不赘言。

阳明先生有云："（士农工商）四民异业而同道，其尽心焉，一也。"②时至今日，我们的政府官员、专家学者、商人企业家和普通民众作为阳明学的爱好者、"阳明学热"的推动者，基于一个共同的目标，在学习、研究、传播阳明良知心学之"道"的过程中，宜"尽心"坚守道德底线，心存敬畏意识、良知意识、感恩意识，学习王阳明、尊敬王阳明，努力做到"个个人心有阳明"。

知识分子是社会良知的标杆。作为一个有良知的当代学者，应该"守初心、担使命"，学习阳明先生的"致良知"之教、弘扬阳明先生"知行合一"的真精神、践行阳明先生"天地万物一体之仁"的大情怀，对王阳明其人其事其学，做出符合历史真相而又通俗易懂的研究与阐释。"时代是思想之母，实践是理论之源"。进一步说，如果当代的阳明学研究者能够对在16—17世纪"门徒遍天下，流传逾百年"（《明史·儒林传》）的阳明心学做出创造性的转化和创新性的发展，以开创出适应新时代的"新心学"，则真是"为天地立心，为生民立命，为往圣继绝学"了！

---

① 许全兴：《请别拉毛泽东为"王阳明热"抬轿》，《湖南科技大学学报》2018年第6期；吴震：《漫谈阳明学与阳明后学的研究》，载《阳明学研究》（第二辑），中华书局2016年版，第1—12页；邓红：《日本的阳明学与中国研究》，广西师范大学出版社2018年版；李承贵：《迈向新时代的阳明学研究》，《贵阳学院学报》2018年第1期。
② 《王阳明全集》，第776页。

上篇

王阳明与阳明心学研究

　　王阳明的一生，文治武功著称于世。其卓著者，一是平定了明朝中期赣、粤、闽、湘四省交界地区的连年匪乱，并奏请朝廷同意设立了福建平和、广东和平、江西崇义三县，促进了当地经济、社会、文教事业的发展；二是平定了宗室宁王朱宸濠的阴谋叛乱，稳定了中央政权；三是安抚了广西瑶族土司的反乱，平定了八寨、断藤峡的匪乱，稳定了西南边疆地区，建议朝廷设立广西隆安县。①因其功勋卓著，生前被朝廷封为新建伯，死后追封新建侯，谥文成。

　　王阳明的学说，简称"阳明学"或曰"阳明心学"，其学远承孟子，近继象山，并自成一家，影响超越明代而及于后世，风靡海内而传播中外。所谓"阳明学"，就是由王阳明所奠定、其弟子后学传承与发展，以"良知"为德性本体，以"致良知"为修养方法，以"知行合一"为实践工夫，以"明德亲民"为政治应用，②以"天地万物一体之仁"为境界追求的良知心学，可谓儒家真正意义上的"内圣外王"之学。详而言之：

　　王阳明虽然在少年时期立下"读书学做圣贤"的大志，但在青年时期，因感"圣贤难做"，故长期浸淫于词章、佛老之学。弘治十二年（1499），王阳明28岁时中进士。次年六月，被授以刑部云南清吏司主事。直到弘治十八年（1505）34岁时，才真正归本"圣人之学"即传统儒学。阳明35岁时，因上疏谏言请诛太监刘瑾等"八虎"，被贬为贵州龙场驿驿丞。龙场的艰苦环境，磨炼了他的意志，使他悟得了"圣人之道，吾性自足"而"不假外求"的道理，又在与时任贵州提学副使席书的切磋与

---

① 吴光：《吾心自有光明月：王阳明的生平事功与思想学说介绍》，载《王阳明全集》（简体版）卷前，第9—26页。

② 吴光：《王阳明的人生与学问》，《光明日报》2017年4月30日。

体悟中，揭示了"知行合一"之旨。这就是著名的"龙场悟道"。之后，他在庐陵县令任上实践其"亲民"学说与"为政不事威刑，惟以开导人心为本"①基层治理理论；在平定赣、粤、闽、湘四省交界地区的匪乱，继而平定宁王朱宸濠的宗室叛乱（"宸濠之乱"）并经历"忠泰之变"的煎熬与"事上磨练"后，正德十五年（1520）秋在赣州通天岩讲学之时正式提出"致良知"学说，继而在南昌讲学时阐发之；晚年在家乡绍兴讲学宣讲"致良知"之教时，又提出了"天地万物一体之仁"说与"四句教"理论，从而最终完成了其"良知心学"的理论体系建构。

　　兹围绕王阳明生平事迹研究、王阳明学术思想研究、王阳明的比较研究、王阳明与地域文化研究、王阳明著作文献的整理与研究等五个方面，对2021年学术界关于"王阳明与阳明心学研究"的最新进展予以综述。

---

① 《王阳明全集》，第 1008 页。

一、王阳明生平事迹研究

我们认为，王阳明的传奇人生，可析分为16段经历：瑞云降世、少年志向、亭前格竹、科场得失、弹劾权奸、龙场悟道、庐陵治理、京师讲学、滁州讲学、南都讲学、南赣平乱、南昌平叛、忠泰之变、天泉证道、思田平乱、南安尽瘁。关于王阳明波澜壮阔的人生经历研究，第一手的文献史料是弟子、门人撰著的行状、年谱，即黄绾的《阳明先生行状》①、钱德洪的《阳明先生年谱》②；日本阳明学家冈田武彦先生的《王阳明大传》③，今人束景南教授新编的《王阳明年谱长编》④《阳明大传》⑤，也值得参阅。

2021年的阳明学界，主要围绕其生平事迹、人物交游两个方面，继续对王阳明的传奇人生予以关注。

（一）王阳明生平事迹的综合研究

束景南《王阳明："心"的救赎之路》（复旦大学出版社2021年3月版）一书，是其本人阳明学研究的集大成之作《阳明大传："心"的救赎之路》（复旦大学出版社2020年2月版）的缩编本。一方面，删去原书中比较多的王阳明原文资料，以求上下的连贯性和阅读的紧凑性；另一方面，删

---

① [明]黄绾著，张宏敏编校：《黄绾集》，上海古籍出版社2014年版，第456—484页。
② 《王阳明全集》，第1000—1093页。
③ 〔日〕冈田武彦：《王阳明大传》（中译本），重庆出版社2015年初版、2018年修订版。
④ 束景南：《王阳明年谱长编》，上海古籍出版社2017年版。
⑤ 束景南：《阳明大传："心"的救赎之路》，复旦大学出版社2020年版。

除个别过于深度的思想解读的章节，以及一些过于琐碎的细节和外围的论述文字。整体上主要保留作者的重大学术发现与研究成果精华，注重语言的生动性和通俗性，增强可读性。

李庆《王阳明传：十五、十六世纪中国政治史、思想史的聚焦点》（上海古籍出版社2021年12月版）一书，系作者多年从事明代政治史、思想文化史和王阳明研究的成果。该书建立在对国内外所见王阳明生平资料的网罗和系统研究的基础之上，对与王阳明有关的一系列问题做了认真的考证，从独特的视角进行了探讨，勾画出比较真实的王阳明生平脉络。

李衍柱编著《文艺复兴时代的王阳明》（人民出版社2021年10月版）一书，以王阳明的文艺活动为中心、以时间为顺序，全方位、多侧面展示王阳明的艺术人生历程，进而可以使读者更全面地认识王阳明：他不仅是中国明代一位伟大的思想家、哲学家、军事家、教育家，也是一位知行合一而又多才多艺的文艺家。该书选入和辑录的内容包括：与艺术家的宇宙观、价值观、美学观和方法论直接相关的阳明心学体系的有关论述；关于创作主体艺术家的思想修养、立志、学习、戒傲、养气、立诚、自得等的论述；书中还选入了经过束景南教授等业内专业人士考辨所保留下来的诗作（诗、赋、散文、散曲等）783首。

张校军、释净芳总纂《山阴光相桥王氏宗谱》（广陵书社2021年10月版），记载了王阳明的父亲王华在明成化十七年（1481）中进士以后，子子孙孙在绍兴繁衍生息的基本信息。

邹建锋主编《王阳明家族关系家谱》（65册，北京燕山出版社2021年4月版）一书，辑录了与王阳明家族有密切关系的家谱文献20余种，家谱选目参考了束景南、连玉明等先生的有关著述。所收各谱，包括阳明本支、余姚王氏（阳明同族）、阳明祖母岑氏、阳明母郑氏家族，以及部分姻亲如谢氏、胡氏等家族的族谱。"总目录"为：（1）《达溪虹桥王氏宗谱》，清道光二十九年齐寿堂木活字本；（2）《达溪虹桥王氏宗谱》，清光绪十六年齐寿堂刻本；（3）《蛟川王氏宗谱清》，清光绪七年三槐堂木活字本；（4）《姚江开元王氏宗谱》，清光绪二十九年存本堂木活字本；（5）《镇海五里牌王氏重修族谱》，清光绪三十二年仰德堂木活字本；（6）《姚江王氏宗谱》，清德逸堂钞本；（7）《余姚三山王氏族谱》，清钞本；（8）《王氏宗谱》，民国十三年三槐堂活字本；（9）《余姚上塘王氏宗谱》，民国二十三年余姚王氏嗣槐堂木活字本；（10）《达溪王氏宗谱》，民国二十二年淮泽堂木活字本；（11）《余姚岑氏章庆堂宗谱》，清章庆堂木活字本；（12）《姚江烛溪郑氏家谱》，清道光十九年锡类堂木活字本；（13）《姚江烛溪郑氏宗谱》，民国三十七年锡类堂木活字本；（14）《诸氏宗谱》，清道光三年伦叙堂钞本；（15）《姚北诸氏宗谱》，民国间宗本堂木活字本；（16）《姚江诸氏宗谱》，民国十二年伦叙堂木活字本；（17）《余姚闻人氏宗谱》，清光绪末袭桂堂木活字本；（18）《姚江历山张氏宗谱》，清光绪十年敦伦堂活字本；（19）《四门谢氏二房谱》，民国七年阁老第排印本；（20）《四门谢氏二房谱》，民国七年稿本；（21）《嵊县谢氏宗谱》，清光绪间余庆堂木活字本；（22）《慈东骆驼桥翁氏宁永堂支谱》，民国十二年宁永堂木活字本；（23）《余姚柏山胡氏重修宗谱》，民国三年惇裕堂木活字本。

周月亮、程林评析《王阳明家书》（长江文艺出版社2021年8月版），收录有王阳明写给父亲、太叔、弟弟、儿子、从弟等人的家书及亲戚间往来的部分诗文。家书中提到了大量王阳明对后辈在人际交往、择友、学习、人生追求等方面的建议和诀窍。一代圣贤的经验之谈，将阳明心学的精髓应用于日常生活之中。

龙辉《王阳明赴任庐陵知县始末》（《文史天地》2021年第11期）一文指出，王阳明35岁那年，被贬谪到贵州龙场做驿丞，随后起用赴任庐陵知县。他在庐陵任知县仅7个月，时间短、官阶低，在他精彩的传奇人生中，似乎只是一段微不足道的履历。然而，正是这段忽起忽离的县官经历，充分反映了当时朝廷波谲云诡的政治斗争，同时又是王阳明"明德亲民"思想的生动实践。

袁田田、罗春洪《从鬼神司疫到祛除疫鬼：王阳明庐陵抗疫思想的四个维度》（《南昌师范学院学报》2021年第1期）一文指出，正德五年

（1510）春，王阳明自贵州龙场迁任江右庐陵，时庐陵疫病流行。为保民性命，阳明采取了多种举措。我们从调息静坐、未病先防的身体向度，万物一体、疾病相扶的道德教化，酌补顾虚、疏民逐秽的医疗救治，疫后蠲免、恒产恒心的社会治理等四个视域，总结阳明未病先防、既病防染的抗疫思想与破解鬼神司疫以定民心的内在理路。其中，王阳明创造性地从恒产恒心的角度，注意到抗疫标本兼治的症结所在，庐陵抗疫布医施粮而非直接发放钱银，加强了社会抵御疫情之抗压性，避免了赈济政策异化、对象错位的运行悖论，是一种能裨益于今日应对新冠等传染病的重要经验。

路磊《从王阳明为子取名看其学术思想与政治诉求》（《上饶师范学院学报》2021年第4期）一文指出，王阳明晚年得子，取名"正聪"，二字寓有深意，与王阳明追求的"圣人之道"以及坚守的"为臣之道"密切相关。"聪"字犯嘉靖帝（朱厚熜）名讳，显示了王阳明对于传统礼仪"桀骜不驯"的态度，这种态度是其礼仪思想的外在流露。王阳明督抚两广期间，突袭断藤峡、八寨，不俟命竟归，是这种礼仪思想与政治诉求的现实表达。然而，这些行为与嘉靖帝塑造皇位合法性的追求背道而驰，于是王阳明死后遭到嘉靖帝严厉的制裁。

路磊《王阳明精神气质新探》（《理论观察》2021年第10期）一文指出，王阳明的精神气质历来受研究者重视，以往研究者多发掘其早年的豪迈不羁与其晚年的狂者胸次一脉相承之处，而较少注意二者之间的实质差别，前者是活跃性格的自然流露，后者则是有学术思想支撑的有意为之。学界对于王阳明早年的苦闷与彷徨、中年时的"乡愿"、晚年的"狂者胸次"在督抚两广活动中的体现，缺乏足够的关注与史实性的对比分析。王阳明早年豪迈与拘困相互交织，中年时委曲求全，晚年时完全依照"良知"行事，在督抚两广的活动中惹怒嘉靖帝，致使学术遭禁、爵位停袭。

萧伟光、徐佳希《王阳明与王氏家风》[《公民与法》（综合版）2021年第3期]一文指出，王阳明是中华文明的标杆性人物之一。王阳明家风，包括王阳明父祖辈对他的影响，也包括王阳明自身对子弟们的影响，强调"以圣贤自期"、重视知行合一，是中华家风史上的一道亮丽风景。王阳明讲学授徒、开宗立派，百世师范；平定叛乱、安邦定国，彪炳青史，被公认为有明一代"第一流人物，立德、立功、立言，皆居绝顶"。

邓国元、王大印《王阳明"临终遗言"献疑与辨证——兼论〈阳明先生年谱〉嘉靖本与全书本的差异》（《现代哲学》2021年第2期）一文指出，文本的差异要求我们思考阳明"临终遗言"，全书本《年谱》所载的"此心光明"，还是黄绾《行状》中的"为可恨耳"？与《哀感》《当道书》的论述相"矛盾"，表明周积问阳明遗言的情形是绪山编著《年谱》过程中的人为设计。嘉靖本《年谱》既有黄绾《行状》的"为可恨耳"，也有全书本《年谱》"此心光明"的记载。自黄绾《行状》到嘉靖本《年谱》，再到《年谱》全书本，呈现出从增加到删减的关系，证明《行状》所载"为可恨耳"方为阳明临终遗言的实际，"此心光明"是绪山编写《年谱》的杜撰。嘉靖本与全书本《年谱》内容上存在差异。阳明从祀孔庙、对阳明思想的理解以及对后学中新思想动向的反省，是绪山将嘉靖本《年谱》编入《全书》，形成全书本《年谱》中进行增改删减的原因。

赵秀丽、宋发娥《王阳明功业评价与促成因素分析》（《长江师范学院学报》2021年第2期）一文指出，王阳明是明朝以军功封伯爵的三大文臣之一。王阳明同时期的人对其功业评价大不相同，反对者怀疑王阳明军事功绩的真实性和心学作用，而赞赏者称赞王阳明的三大军事功绩、学术教育与高洁品质。从军事、政治功业与心学三个方面科学评价王阳明的功业。明代中期政治时局并不利于文臣施展抱负，但王阳明得到了来自中央朝廷和基层社会官员的支持，赢得了军中将士的拥护，军事行动屡创佳绩，广施仁政收获民心。王阳明个人才华出众，能够审时度势，归功众人，减少皇帝疑忌，赢得官员支持，将"圣人之志"与"知行合一"结合起来，从而实现了"学术"与"事功"的完美结合。王阳明文治与武功并举，成就了不朽功业，使心学思想成为社会主流思潮，社会推崇"文武双全"。然而，明末以袁崇焕为代表的文官将领在重大军事战役中收效甚微，两相比较，进一步凸显了王阳明"学术"对其"事功"的正面积极影响。

（二）王阳明"龙场悟道"的研究

杜国华《王阳明早期思想的转向探寻——从"二氏之学"到"龙场悟道"》（《西部学刊》2021年第7期）一文指出，青年时的王阳明在"成圣之路"上不断求索，"陷溺佛老"达20年之久。经历了"阳明洞证悟"，他开始认识到佛老之学违人情、遗物理的理论缺陷，对佛老之学产生了怀疑，从而转向儒家思想探索成圣之法。但王阳明仍然对佛老"二氏之学"且信且疑，至"龙场彻悟"，方解决了对佛老之学的困惑，完成了从理本论到心本论的转向，找到了一条完全内求于心的成圣进路，实现了形上本体与形下日用的贯通，达到了在情感和伦理生活中超越的精神境界，这为他建立融合儒、释、道三家学说的心学体系奠定了基础。

赵平略《王阳明在贵阳的悟道踪迹》（《贵阳文史》2021年第5期）一文指出，明正德三年（1508）王阳明来到贵州龙场，就任龙场驿驿丞，在贵阳生活了两年多的时间。王阳明在修文期间，修房子，种庄稼，游山探水，与修文人民结下了深厚的友谊，在修文的山水之中留下了自己的足迹。

王世利《致良知 强省会》（《贵阳文史》2021年第5期）一文指出，1508年，王阳明在贵阳修文龙场悟道，大彻格物致知之旨，创建龙冈书院讲学，首倡"知行合一"思想，开创"阳明心学"学派。

徐圻《先贤的足迹——王阳明留给贵阳的精神遗产》（《贵阳文史》2021年第5期）一文指出，在今天的贵州特别是贵阳，对"王阳明"这个名字，对"知行合一"这个词，对"龙场悟道"这个故事，很多人都应该有所了解。至于王阳明先生500年前是如何在贵州修文龙场的山洞里悟出"知行合一"这个"大道理"和"真境界"的，知之者恐怕就比较少了。

李小龙《王阳明诗文中的贵阳》（《贵阳文史》2021年第5期）一文指出，明正德三年（1508）三月，被贬贵州龙场驿任驿丞的王阳明来到龙场，开始他的谪居生活。在龙场，他在语言不通的情况下，很快与当地少数民族人民融为一体。在缺吃少穿、居山洞枕岩石之际，当地人给予他最大的关心与帮助，让他感受到了人间的温暖。

王嘉宏、卓光平《论新世纪王阳明题材戏剧中的"龙场悟道"书写》（《戏剧文学》2021年第5期）一文指出，伴随着21世纪以来的"阳明热"，戏剧舞台上涌现出一批以王阳明生平为题材的戏剧作品。在对王阳明的人生传奇进行戏剧演绎的过程中，王阳明的被贬龙场以及龙场悟道的经历成为许多"阳明戏"浓墨重彩的部分。在内容上，这些"龙场戏"要么凸显了被贬龙场是王阳明人生的重要转折点，要么彰显了王阳明在龙场的积极作为和人格精神。在表现形式上，这些"龙场戏"设置了许多不同层面的戏剧冲突，让作品充满了艺术张力，其中王阳明在被贬龙场之后遭遇来自生活环境、人际关系和个人心理等三方面的不同压力，这些构成了"龙场戏"由浅到深的三重戏剧矛盾。

（三）王阳明的人物交游研究

张艺昊《从杨一清与王守仁交游考看明代君子之交》（《对联》2021年第2期）一文指出，明代士人多追逐名利，世风日下，杨一清与王守仁却在乱流之中秉持初心，以君子之道交往。虽然史料记载两人交恶，但在宸濠之变、王守仁死后削爵等事件中，杨一清对王守仁的支持是王守仁仕途和心学发展保持稳定的重要保障，交恶传言不过是心学弟子们的误会。

王学伟、杨德俊《王阳明〈卧马冢记〉"怀来王公"考》（《贵州文史丛刊》2021年第1期）一文指出，王阳明在贵阳作有《卧马冢记》一文，其中所载"都宪怀来王公实"是时任贵州巡抚王质。王阳明初到贵州，与王质发生一场冲突，经提学副使毛科调停，王阳明与王质冰释前嫌。王阳明受王质所托撰写《卧马冢记》。王氏主政贵州期间，曾条奏贵州乡试不宜远赴云南，为士林称赞。明正德四年（1509）五月致仕之后，返回宣府镇，并于正德四年至正德五年（1510）参与宣府镇八蜡庙的重修事宜，并撰写《重修八蜡庙记》。嘉靖《宣府镇志》为王质作传时，将王阳明《卧马冢记》全文抄录。

廖明飞《王阳明〈答陈文鸣〉私考》（《中国典籍与文化论丛》辑

刊，2021年卷）一文认为，在王阳明《答陈文鸣》中登场的诸人及收信人陈凤梧，尝同官京师，后再聚于湖广。郑岳先于弘治十四年（1501）擢湖广按察司佥事，吴世忠继于弘治十七年正月升湖广布政司左参议，同年四月徐守诚升湖广按察司佥事，九月凤梧升湖广按察司提学佥事，唯凤梧到任在弘治十八年四月。弘治十八年十月，郑岳因公赴京，阳明作此答书，托即将返回湖广的郑岳递呈凤梧。此书前半言及凤梧督学教条，后半自述近况，对考察二人早年的思想与行动有重要价值。

姜永帅、赵恒杰《明郭诩江夏交游考及其〈江夏四景图〉》（《美术学报》2021年第3期）一文指出，明代画家郭诩生前广泛汲取不同面貌的绘画风格而受到时人赞誉，但在其身后短短几十年间便遭受吴派文士严苛的批评。因此后世画坛多将其归为"浙派末流"画家而疏于关注，即使在艺术史家高居翰名著《江岸送别》中也将其归为南京"逸格"画家，并认为他的作品缺乏独创性。因此，对郭诩艺术史形象的再认识十分必要。在郭诩画风发生转变之际，与鲁铎、王阳明的交游有着千丝万缕的联系。

刘利平、姚锦鸿《明代袁州府推官陈辂墓表墓志考释》（《历史档案》2021年第2期）一文指出，新出土明代袁州府推官陈辂墓表、墓志分别由著名文学家田汝成、理学家林希元撰写，但均未被现存田、林二人别集收录，亦未见于其他史籍，属新出文献。该文献详载王阳明平定"宁王之乱"后陈辂押解朱宸濠的具体路线、过程和朱宸濠被擒后之状态及被处死细节等重要信息，还涉及明中叶十多位重要官员的事迹，可补正史之缺，纠史籍之误，亦可与史、志互证，对研究明中叶历史，特别是"宁王之乱"及陈氏家族史具有重要价值。

杜颖超《程敏政〈心经附注〉思想研究》（南昌大学硕士学位论文，2021年5月）一文对王阳明与程敏政之间的关系有涉及。

杨学娟、郭婉莹《明代昆山"二方先生"家世考》（《宁夏师范学院学报》2021年第12期）一文指出，明代昆山方鹏、方凤两兄弟的文化活动，在明朝正德、嘉靖年间影响较大，且有丰富的著述流传至今，而当今学术界尚未对方氏两兄弟进行深入的研究。该文依据方氏兄弟及其友人著作中的相关文献材料，考证梳理"二方先生"的家世谱系，并梳理方氏兄弟的家世图及其与王阳明之间的关系。

郭敏《从王阳明葬娄妃观宸濠之变中的士人关系》（《上饶师范学院学报》2021年第1期）一文指出，明代士人之间存在广泛且复杂的人际关系，这些关系基于姻亲、师门、同年等，关系网络的相互作用对明代政治产生了深刻影响。"宸濠之变"中涉及的上饶娄氏、宁王府、铅山费氏、余姚王氏正好涵盖这些基本关系并结成紧密的关系网。事变之后，王阳明出于师生、同年情谊安葬了宁王妃娄氏，与上饶娄氏有姻亲关系的铅山费氏则借助修纂《武宗实录》对娄妃的历史形象进行塑造。明廷对上饶娄氏的处置有限，可能也是关系网络运作的结果。"宸濠之变"后，以娄妃为连接点的士人关系网络对个人、家族，乃至明廷权力更迭都产生了深远影响。

陈立胜《王阳明"四民异业而同道"新解——兼论〈节庵方公墓表〉问世的一段因缘》（《哲学研究》2021年第3期）一文指出，王阳明《节庵方公墓表》因提供了所谓"弃儒就贾"的典型以及"四民异业而同道"论而被视为"新儒家社会思想史上一篇划时代的文献"，然而《节庵方公墓表》实则是一"乌龙"之作，墓表主人公"未尝一日从商"。《节庵方公墓表》的写作时间既非传统所系的嘉靖四年（1525），亦非当今学者认定的正德五年（1510），而是正德十一年（1516），故称其为"晚年定见"并不确切。实际上，斥许衡"学者以治生为先"之说为"误人"，这是阳明一以贯之的立场。阳明"四民异业而同道"论固然是以儒学宗师身份对商人社会价值给予了明确肯定，却未放弃"士阶层"的精英意识，他对纵欲逐利与攀比嫉妒现象的批判未尝不是对"工商精神气质"（所谓"资本主义人之心性"）蔓延化现象的不满。要之，以"生人之道"贞定工商文化是《节庵方公墓表》的宗旨所在。

二、王阳明学术思想研究

阳明学界围绕王阳明学术思想的研究，主要涉及阳明学研究的方法论、阳明学的学术定位、阳明心学的理论特质及王阳明的哲学、政治、军事、教育、文学、美学、伦理、经学、史学、佛教、道教、书法等思想，以及对王阳明的历史评价、阳明学的当代意义研究与阐释等。兹对2021年相关研究成果进行概述、评论。

（一）阳明学研究的方法论问题

方尔加《软知识——认识阳明心学的密钥》（《贵州社会主义学院学报》2021年第4期）一文指出，理解王阳明心学，"良知"二字是关键；理解"良知"，区分硬知识和软知识是关键。弄清楚硬知识和软知识的概念，"知行合一""心外无理""心外无物"就不难理解了。

李承贵《心理学视域中的王阳明心学研究》（《学术界》2021年第6期）一文指出，王阳明心学能否从心理学角度展开研究？学界向来十分谨慎。检索相关文献发现，阳明心学的心理学性质、内容、特点与价值得到了部分学者的密切关注，并推出了系列令人爽心悦目的成果！以往成果主要表现在以下几个方面：一是对阳明心学中隐含的心理学理论内容进行了发掘和分析；二是揭示了阳明心学（概念或命题）的心理学性质；三是较为深入地发掘、研究了阳明心学中的心理治疗方法；四是对阳明心学的心理学教育理论和方法进行了发掘和评论。这些成果不仅为阳明心学心理学思想研究开辟了新的研究领域，而且在研究内容、研究路径、研究旨趣上都表现出对当下阳明心学研究的极大启示性。

李辉、王亚波《阳明心学中的喻象考察》(《云南社会科学》2021年第2期)一文指出,经典的价值和意义的彰显在创造性的诠释中得到深化,经典的意义和价值只有落实到人自身的存在中并关注人自身的问题才能更好地为人提供启迪。阳明心学中"植物""身体""镜子"三种喻象,在与"根""本""仁"相互关联的过程中,在对"身体"本身的超越过程中和对镜喻的体证过程中展现出独特的意蕴,通过这些喻象所形成的簇群分析来看,其喻象所揭示的喻底最终都指向"良知"二字,同时在工夫层面落实为"致良知",这些喻象互相映照勾连形成了极富特色的心学世界,这些喻象的使用超越了主客二元化思维,也终止了逻辑性的概念思维方式,从而把人拉回到自身。通过这些喻象,使得人对于自身的存在之思变得更加灵动和富有原创性与生生性。

钟纯《论王阳明心学思想中的"贵族性"——以"诚"与"圣贤"为中心》[《贵阳学院学报》(社会科学版)2021年第2期]一文指出,王阳明心学思想的"贵族性"具有双重属性。相比于程朱理学重"格致"说而言,阳明心学重"诚意"说,因而可以视"诚"为其思想的内在贵族性。而"诚"多维度的展开构成了阳明心学主体价值、精神境界的"贵族性"主线,是"诚"之内在道德的超越。在政治思想领域,阳明在继承先秦儒家礼乐等级制度的基础上,将"圣贤"之贵族性拓展于外王事功,以"才力"的标准对"圣人"进行了区分,这实际上是以儒家礼乐等级制作为评判圭臬。可见,王阳明心学思想的"贵族性"内在属性是以"体诚"为道德实践来通往人之内在的精神品格,以及塑造个性人格;而外在属性是以等级"礼制"为中心,设计出区别于一般德治的"尚贤"理念,并依此理念将"圣贤之治"实践于社会,从而使得阳明政治思想中的"贵族性"在"贤能政治"中有所展现。阳明心学思想的"贵族性"的双重性,是切入阳明学研究的一个独特视角。

(二)阳明心学的学术定位与理论特质研究

2021年10月9日,"中华孔子学会2021年年会暨'中国心学的现代转型'学术研讨会"在贵阳孔学堂召开。此次与会嘉宾包括来自北京大学、中国社会科学院、北京师范大学、首都师范大学、复旦大学、华东师范大学、陕西师范大学、武汉大学、中山大学、南昌大学、湖南大学、暨南大学、南开大学、贵州大学、贵州师范大学、尼山世界儒学中心等70多所高校、科研和文化机构的120余位专家、学者。他们围绕"中国心学"在当下的创造性发展和创新性转换，就心学的思想资源、各个时代心学的特点以及心学的时代价值等议题做了学术讨论，尤其关注了阳明心学的学术定位与理论特质。

浙江省稽山王阳明研究院、中华孔子学会阳明学研究会编《中国心学》（第1辑，商务印书馆2021年4月版）一书，以阳明心学研究为主题，集中展示当前学术界关于阳明心学的最新研究成果。同时，关注中国哲学史上与心学相关的人物、思想、问题研究，心学与国外哲学思想的比较研究等。

黄明同、黄时华《重读阳明心学》（上海辞书出版社2021年11月版）一书，是在现代视域下对阳明心学进行解读，对其心学理论进行历史的、全面的审视与剖析。该书共8章，分别从本体论、实践论、道德观、平等观、一体观、启蒙性等方面剖析阳明心学的理论特质与当代价值，与我们当下社会所面临的种种问题相结合，讨论并探索阳明心学的现代性。

杨国荣《心学的多重向度及其理论意蕴》（《船山学刊》2021年第2期）一文指出，王阳明的心学包含多重方面：在形而上之维，心学提出了"意之所在便是物"，其中蕴含通过人自身与对象的相互作用以形成意义世界的理论取向。这一进路既不同于对超验存在的思辨观照，也有别于对外在世界的抽象构造，其主要特点在于联系人自身的存在以理解现实世界。心学的视域不仅体现于心与物之关系，而且展开于本体与工夫之辩。一方面，本体从本然走向明觉，离不开后天的工夫；另一方面，工夫不能从无开始，其展开过程需要从内在根据出发，后者即表现为本体。和本体与工夫的讨论相联系的，是王阳明对"事"的注重。

蔡曙山《阳明心学就是中国的认知科学》（《贵州社会科学》2021年

第1期）一文指出，阳明心学不仅包含哲学的本体论（心即理）、认识论（格物致知）和实践观（知行合一），还包含了从行为主义心理学到认知心理学相当完整的理论体系，涉及从神经认知、心理认知、语言认知、思维认知和文化认知等人类认知的所有五个层级。可以说，阳明心学与当代认知科学目标一致、理论契合。阳明心学就是中国古代的认知科学。我们可以从人类认知五层级理论和人类认知五层级研究方法两个方面将阳明心学问题转变为当代认知科学的重大问题，并且用当代认知科学的方法研究阳明心学，进而把握认知科学的经验转向机遇，以阳明心学建立中国的文化自信，重建中华文化辉煌。

吴震《王阳明的良知学系统建构》（《学术月刊》2021年第1期）一文指出，阳明心学在某种意义上可称为阳明良知学。这一理论自成一套严密的系统，其中由层层良知概念环环相扣、彼此印证，如良知独知、良知自知、良知自觉、良知一念、良知无知等有关良知问题的论述构成有机的联系。对这些概念的丰富而又独特的内涵进行思想分析，可以发现，阳明良知学的理论建构凸显了良知自知理论在良知本体现实展现过程中的重要性；而良知自知等观念论述表明，良知不只是一种道德规范、判断标准，其本身作为道德反省意识更具有自反性、内在性、根源性等特质，从而使得阳明良知学极大地丰富了儒家心学传统及其修身传统的思想内涵。

宁新昌《王阳明的生命存在论阐释》（《贵州社会主义学院学报》2021年第4期）一文指出，王阳明的学问是他的人生阅历，也是他的人格精神。世界是人的一世之界，人存在于世界当中，人和世界本无间隔。人是"天地之心""心只是一个灵明"，人是世界的诠释者，"心"是意义的发现者。人生活于"人情事变"中，"人情事变"即人的生活世界。在"人情事变"中人由"慎独"确证自己的存在，"心"是无执的，"无善无恶心之体"；"性"是圆满的，"吾性自足"；"良知是心之本体"。"心""性""良知"是绝对的存在，"物"只是相对的。人的自由首先在于"静"与"定"，"静"是"精一"，不是无念，"定者，心之本体"。人总是在面向未来中敞开自己，"乐是心之本体""诚是心之本体""洒落为吾心之体"。人因"致良知"活出"真己"存在，在"致良知"中"昭明"世界的意义。"良知"体现一个人的生命存在，也是人的精神境界。

陈来《王阳明晚年思想的感应论》（《现代儒学》辑刊，2021年卷）一文认为，王阳明晚年居越（绍兴）6年，这是他思想最成熟的时期，也是他集中精力讲学最长久的一段时期。在这一时期，他的思想不断发展、不断变化，这些发展变化包含不同的内容，主要体现为"感应论"。

胡水君《儒家学脉中的王阳明》（《学术界》2021年第3期）一文指出，理解王阳明这个人物，关键不在于其世俗功业，而在于其人对道的觉悟，以及其学说对道体的阐释。阳明学，重新开启孔孟学说的心性要旨，在根本上是关于道体的学问，其内容皆可从孔孟和儒家经典那里找到渊源，称得上地道的儒学。王阳明从道或圣的角度看待孔孟，也从道的角度理解和阐释儒家经典，将儒学归结为关于道体并让人觉知"道体"的学问。基于道的立场审视，可看到从尧舜，到周文，到孔孟，到周程，再到陆王的传承以及由此形成的道的系统。处在这样一个道的系统中的王阳明，可谓中国历史上罕有的实见道体之人，也是道的实践者和传承者。21世纪，只有这样一种道的文明在中国，在亚洲，在东方，乃至在全球重新兴起，才可以说"王阳明的世纪"真正到来。

胡水君《阳明学中的道体》（《学术探索》2021年第3期）一文指出，道体是阳明学的核心。王阳明的著述对道体作了前所未有的充分阐述。从道体角度，王阳明将孔子、孟子、颜回视为明得道体的圣人，也将儒学理解为关于道体以及让人觉察道体的学问。道体作为心之本体，人皆具备，不同于人的意识，始终普遍存在，但在现代知识论中受到忽视。将阳明学中的道体置于现代语境中审视，现代哲学有待重建本体论，现代社会世俗体系的构建也需补充道体这一知识论前提，由此形成"道体—德性/理性—自由/民主/市场/法治/道德体系"的复合知识和实践结构。这一结构的意义在于，人在自由和物质供给受到现代政治、经济和法治体系充分保障的同时，有更好的条件和更大的可能去觉知践履道体，展开道德实践。

吴震主编《宋明理学新视野》（商务印书馆2021年4月版）一书，其

第三篇"心学世界与思想转型"中收录阳明学论文若干篇。比如,吴震的《作为良知伦理学的"知行合一"论——以"一念动处便是知亦便是行"为中心》、曾亦德的《论王阳明对朱子学说的批评及其流弊——以〈大学〉"至善"概念的诠释为中心》、陈晓杰的《王阳明良知说的道德动力问题》、程海霞的《阳明龙场悟道的"来龙"与"去脉"》、邓国元的《王阳明"后定见"辨证——兼论四句教与致良知之间的关系》等。

王胜军《阳明学概论》(贵州大学出版社2021年11月版)一书,系面向大学本科生以及社会各界"阳明学"广大爱好者进行通识性、普及性知识教育的教材。主体内容分为五条线索进行撰写:一是在大儒学"问题"视域之下组织本书基本构架,主要突出儒学自身特别关心的问题,如道统、文统、夷夏关系、经典诠释、心传等与"阳明学"的关系;二是将王阳明生平与学术有机结合在一起进行撰述,以体现其实践之学、生命之学特征,以王阳明本人的"心学"为主体,将"阳明后学"等附带说明以免枝蔓不清;三是尽可能将王阳明所撰名篇佳作融入章节,加深大学生对知识、对文本的基本了解;四是特别突出"阳明学"与贵州文化的关系;五是约略揭示"阳明学"对当下社会文化秩序建构的作用和意义,回答与大学生精神世界最相关的一些文化和心理问题。

张宏敏编著《2020阳明学研究报告》(浙江工商大学出版社2021年10月版)一书,系对2020年阳明学界关于阳明学研究论著、学术活动的全面梳理与总结,梳理出当代中国"阳明学热"的十大标志,对当代阳明学研究状况进行概述。本书主体部分,设上、中、下三篇介绍2020年度"王阳明与阳明心学研究""阳明后学研究""海外阳明学研究"的学术成果。该书让读者可以及时、全面、准确地了解2020年度业界的阳明学研究最新动态。

鸿飞扬《知行合一:王阳明心学的人生精进之道》(岳麓书社2021年3月版)一书,从王阳明的心学典籍中精选经典语录165条,分为立志、良知、教育、用兵、修行、处友、政治、为学、修心九个部分,用通俗易懂的语言对其进行了全面而深入的阐述。

李旭《心之德业：阳明心学的本体学研究》（上海文艺出版社2021年10月版）一书，融合了阳明心学与西方现象学的成果，从本体学进入阳明心学的哲理核心，探究知与行的内在关联，体察阳明心学的精义，追求心之朗现的良知良能，从而对中国儒学经典进行了析理与解读。

（三）王阳明的哲学思想与哲学范畴研究

王阳明是"明代最伟大的哲学家"的判定，是无可置疑的。围绕王阳明哲学性质的判定以及阳明哲学思想所涉核心范畴的解读，诸如"心即理""良知即天理""知行合一""致良知""天地万物一体之仁""立志""诚意""本体与工夫""四句教"等，2021年，学界同仁开展了有意义的学术研究与理论阐释，并取得了丰硕的理论成果。

1. 王阳明哲学的综合研究

李洪卫《王阳明身心哲学研究：基于身心整体的生命养成》（上海三联书店2021年9月版）一书，论证了阳明心学凸显"心"的内涵及其引导性、规范性和修证层面的指向意义，强调了从"身心一体""身心整体"等向度的展开，其目的在于揭示阳明心学所倡导的"知行合一"的身心层面的根据，说明"知行合一"和阳明所指示的"自由"是在具有直接行动力层面上的论说。这个"行动力"是身心一体和身心整体的，否则便不具有行动的能动性，或仅具有思维的能动性而不具有身体行为的能动性，或只具有动机性但无法具体实践或无法完全践履。这个论述同样体现在阳明关于人格修养和生命完善的叙述中。他在对儿童教育和成人之为圣贤的修养维度上仍然强调这种身心一体的圆融，个体修养一旦达到彼种境界（良知致），而身心一体性和整体性则会呈现。由身心一体和身心整体讨论触及的除了个体道德行为的能力，还有境界问题，如"生之谓性""四无说"等，该书就学界观点做了相应讨论。该书对由身心境界产生的"感应"或"感应之几"、关于感官感知与内在心灵感知的统一性、整体性与佛家唯识学的关联以及一些相关的现象学阐释也做了一定讨论。该书通过身心一体、身心整体的探讨，指出个体道德意志之现实化的可能性，试图就这个问题的哲学思考提供传统儒者在理论思考和体证、实证层面的一些智慧。该书还对传统西方哲学和当代西方哲学关于自由意志问题的思考做了一定梳理，就阳明学在这方面的潜力做了相应的提示，还就身心关系中凸显的晚近认识论方面的一些观点做了简略的探讨。总之，该书系近年来关于阳明哲学阐释少有的一部力作，值得推荐并关注。

郭齐勇主编、欧阳祯人执行主编《阳明学研究》（第五辑，人民出版社2021年10月版）一书，从先秦儒家心性思想研究、阳明事迹、文本辑佚与考证、心学探寻、阳明后学研究、清代心学研究、东亚阳明学研究等专题，较为系统地研究以思想为中心的中国传统心学，深入挖掘了阳明心学的思想资源和当代价值，密切关注世界各地相关的研究成果，充分展示当代学人的思想智慧。

郭齐勇主编、欧阳祯人执行主编《阳明学研究》（第六辑，人民出版社2021年10月版）一书，从先秦儒道心性论、孔子心性论、思孟心性思想、宋明时期的心性论、明清之际的心性论、文本解读与问题探究等专题，深入研究王阳明与阳明后学各派各家的思想宗旨、学说特色、历史作用及其现代价值，深入研究阳明学与明清儒学、近现代新儒学及当代儒学发展的思想联系，对于系统整理中国哲学遗产有较高的学术价值。

郑宗义主编《中国哲学与文化（第十九辑）：王阳明哲学》（上海古籍出版社2021年版）一书，收录阳明学研究新论，分别是陈立胜的《从"天下"到"世界"：阳明学视界的近代转换及其反思》，陈志强的《明清恶论探析：王阳明"习"的概念起源与发展》，赖柯助的《良知、立志与知行合一：再论阳明如何回应道德之恶》，黄敏浩的《耿宁的良知三义——以〈人生第一等事〉为中心的检讨》，陈亮的《圆满之知——从德性知识论的角度看王阳明"知行合一"》，以及郑宗义的编后记《王阳明哲学》。

张明娜《浅析王阳明哲学思想及其现代价值》（《佳木斯职业学院学报》2021年第7期）一文指出，正是王阳明蕴含智慧的哲学思想及其重要的现代价值，使王阳明历经五百年仍备受关注。"心即理""良知与致良知"是阳明学的主要哲学命题，"知行合一"则是其哲学思想的重要特色。王阳明哲学的现代价值充分体现在其注重实践的哲学精神、自我超越的生命境界以及"万物一体"的普世价值中。

徐仪明《试论王阳明的中医哲学思想》[《贵阳学院学报》(社会科学版)2021年第5期]一文指出,王阳明一生罹患多种顽疾,饱受疾患煎熬。他的功业和著述正是在与疾病的顽强抗争中实现的。因此,王阳明对生命真谛的体认不能不与中医养生学密切关联。当然作为一代大儒,王阳明始终把道德生命看得比自然生命更为重要,强调养德、养身本为一体,甚至认为提升道德境界有助于自然生命的康复。但是,在现实生活中他不仅精研医道,其养生术更是达到了炉火纯青的地步。由此可见,他深知健康的自然生命是建功立业的物质基础。尽管在王阳明的著述之中,尚未发现有关诊病立方的记载,但是阳明在其授徒讲学的过程中,常以议论医药的方式作为比喻,阐发自己的见解,读者从中既可以略窥其医药学思想,更能甚为清晰地洞悉其心学思想的医学底蕴。

2."心、意、知、物(格物)"关系的研究

2021年1月22日,由上海财经大学人文学院哲学系和国际儒商高等研究院联合主办的"阳明学'心意知物'问题研究工作坊"举行,来自上海财经大学、上海社会科学院、同济大学、中山大学、清华大学、武汉大学、苏州大学、华南师范大学、上海师范大学等高校机构的20多位学者与会,集中专题讨论阳明学中的"心、意、知、物"问题,[①]这在学术界尚属首次。

邵风《论"意"在王阳明哲学中发挥的作用》(《攀枝花学院学报》2021年第6期)一文指出,王阳明非常重视《大学》中的"诚意",将"格物"与"致知"都归结于"诚意"。在"心外无物"说中,"意"作为心之发动,是贯通"心"与"物"的核心一环。在"知行合一"说中,一念发动即是"行",而一念发动也就是"意","意"让"知之始"与"行之始"成

---

① 信息来源于《上海财大阳明学"心意知物"问题研究工作坊纪要》(撰文:由美子),儒家网,2021年1月24日。

为一体。不过，如果过分强调"意"对于"知行本来合一"的作用，那么"知行合一"就成为一种固有的、事实意义上的心理状态，而失去了"真知"与"真行"在本体上合一这一需要克己工夫的规范意义上的内涵。

吴益生《物不孤起与心相即——对王阳明心物观中"物"的探讨》（《中共宁波市委党校学报》2021年第6期）一文指出，心物关系以及对物的界定是王阳明"格物"理论的基础性问题，其格物工夫的意向性摄取，即建立在"意之所在即为物"与"明觉之感应谓之物"两种对"物"的经典解释上。二者有层次之别，但都把"物"纳入了与心、知、意等与主体活动密切相关的视域，使"物"不再是与主体隔离的纯粹对象化的孤立实在，而成为境域之中显发出来的活物，具有直接的可意会和可体验性，从而使"物"与"心"呈现为一价值结构。这突破了传统的物即事物双指的主流界定，其格物工夫也由此与朱子学明显地区别开来。王阳明正是通过对"物"的独特体认才得以夯实其心学体系的哲学基座。由此可见，对"物"的认识在阳明心学系统的建构中扮演着不可忽视的角色。

姜波《阳明心物关系解读的三重视野——以"岩中花树"章为中心》[《淮北师范大学学报》（哲学社会科学版）2021年第6期]一文指出，心外无物思想是阳明心学的基础之一，尤其是《传习录》"岩中花树"章所阐释的心物关系，集中体现了他与程朱思想的差异。在阳明学中，理解心物关系的关键在于破除现代哲学思潮中将物看成独立于人的客观实在，应把物看成是与人相关的意向性的存在，而任何离开人心关照之物，其意义都得不到确证。在阳明后学中，无论是胡直的"心造天地万物"，还是王时槐的"物乃本心之影"，都认为人的认识活动必然渗入了主体的觉解，除此之外的事物并不是心学的聚焦点。在与"存在即是被感知"思想比较之后，可以发现，阳明并不否定自在之物的存在，也不如贝克莱一样，以意识（观念）确证外物的存在，其最终指向的是万物一体的精神境界。

邓国元《行为主体与存有本体——王阳明"心外无物"研究》（《哲学研究》2021年第4期）一文指出，以"物"为"事"，阳明"心外无物"在于揭示"行为物"不能离开行为主体存在，强调行为主体在实践中的自足性与主宰性。"山中观花"章涉及的问题与讨论，不仅表明阳明"心外无物"需要面对自在物的问题，更说明当"物"为自在物时，该命题需要"新"的阐释。"草木瓦石俱有良知"和"万物一体"的观点，证明在阳明哲学中，良知是自在物的存有本体。相应于"感应之几"的由"用"证"体"，"山中观花"章中阳明是通过"看花"论证花树以良知为存有本体，其"心外无物"在"物"为自在物时的意涵是"物"不"外"良知本体，"外"良知本体"无物"存有。关联着行为物与自在物，行为主体与存有本体是考察阳明"心外无物"的双重向度，对正确理解这一思想有重要意义。

汪学群《王阳明的格物说》（《人文论丛》辑刊，2021年卷）一文认为，王阳明的格物说，从源流看，体现《大学》与孟子的结合，准确地说是以孟子心学来诠释《大学》格物；直接而言，则来自对朱熹格物说的批评，或者是在直接反对朱熹格物过程中确立的。另外，王阳明对格物的理解也是在与同时代学者湛若水、罗钦顺、顾璘等论辩中进一步发展完善的，主要包括格物的基本内涵，释格为正、物为事；格物与心即理，表明格物建立在"心即理"基础之上；格物与内外，格物无内外，体现本体与工夫的统一等。总之，王阳明以心为轴，多角度分析格物，深化了对格物的认识，建构与朱熹不同的格物说。

侯会会《王阳明物论思想研究》（湖南师范大学硕士学位论文，2021年5月）一文对王阳明的"物论"思想予以系统阐述。

田雨可、文碧方《从"诚意格物"到"致良知"：王阳明工夫论的困境与突破》（《山东青年政治学院学报》2021年第3期）一文指出，在"致良知"提出前，王阳明以"诚意格物"为学问宗旨。"诚意格物"是针对意念的工夫，而对意念用功必须先分清意念的善恶，否则便无法存善念去恶（私）念；要分清善恶，就要先体认天理，否则善恶就失去了绝对性；要体认天理，还须先去除私欲，否则就可能认欲为理。要去除私欲，又须先分清意念的善恶，否则便无法去恶（私）。这样的话，阳明的工夫论就陷入了一个死循环。正德十五年（1520），王阳明所揭示的"致良知"学说通过严格区分良知与意念，才解除了这个困境。

3. "知行合一"的研究

郑泽绵《从朱熹的"诚意"难题到王阳明的"知行合一"——重构从理学到心学的哲学史叙事》（《哲学动态》2021年第2期）一文指出，对于从朱子学向阳明学的哲学史转化，传统叙事常以阳明的"格竹子"故事为核心，围绕朱子与阳明的"格物"训释之别展开。这个"格物叙事"容易引起误解。而以"诚意"为中心来考察，以意念真诚的达成途径、自欺的发生机制等论题为核心，可以揭示朱子晚年修改《大学》"诚意章"注的哲学史意义。王阳明的"知行合一"是对朱子"诚意"问题的回应，其"致良知"是对该问题的最终解决。这种新的"诚意叙事"揭示了从朱子到王阳明之哲学史过渡的内在逻辑，它既能兼容传统的"格物叙事"，又能凸显朱子与王阳明的核心关切，更具有解释效力。

万百安、吴万伟、陈进花《如好好色：中国哲学中的知与行》（《国际儒学》2021年第4期）一文指出，"好好色"并不是指我们喜欢某种漂亮颜色，也不是指我们喜爱某种美貌，而是指对美人的性欲望。"如好好色"与"如恶恶臭"的比喻的实质性内容，是我们对善的爱和对恶的恨应该在认知和情感上同时存在。对于《大学》"如好好色"和"如恶恶臭"这一比喻，朱熹解释为对我们每个人都追求的最终目标的描述。王阳明则认为这一比喻描述的并不是经过多年的努力后道德知识与道德动机完全结合为一体的修身目标，而是描述了真正的道德知识自始即是的模样。用西方伦理学的术语来说，王阳明是"动机内在论者"，主张知善在本质上就意味着有动机去追求善。

王金凤《"知行合一"的两种语境及其互通——基于马克思主义中国化与中国哲学的探讨》[《贵阳学院学报》（社会科学版）2021年第5期] 一文指出，知行关系是中国哲学研究的重要命题，也是马克思主义中国化历程中的关键问题。面对传统文化，马克思主义中国化与中国哲学给出"批判地继承"与"同情之了解"两种价值预设，相应地形成诠释进路的差异。以王阳明的"知行合一"为例，其在马克思主义中国化语境下被解读为与实践论密切相关的范畴，在中国哲学语境中则涉及道德知识何以可能与如何转化为道德行动的儒家认识论与道德哲学。两种语境下的诠释差异存在"互通"的可能，但其前提是进行认真的文本和历史研究。在马克思主义中国化语境下诠释中国传统思想，需要尊重传统文化的根源性预设，才能真正体现中国特征、讲好中国话语。

何云岩、刘林燃、方海《王阳明"知行合一"思想研究》（《理论观察》2021年第12期）一文指出，王阳明是明代心学一派的代表，他继承并发展了"心即理"的核心思想，以此为继承，发挥了传统的"知易行难"思想，批判了程朱理学"知先行后"的观点，创造性地提出了"知行合一"说。"知行合一"强调知与行是一回事，二者"合一并进"、相互渗透，包含知行本体、知行互成、真知为行和为善去恶四方面内涵。王阳明的本意是反对割裂知与行的关系，把知而不行看作"未知"，而实际上却以知代行，"销行以归知"，这依然是一种"先行"。"知行合一"在后世的传承中，引起了阳明后学对知与行的不同偏向，并受到明末清初大儒王夫之的深刻批判。

李承贵《王阳明"知行合一"论五种旨趣》（《天津社会科学》2021年第1期）一文指出，王阳明提出"知行合一"是为了解决"知行二分"。其欲解决的"知行二分"凡有五种："外心求理"之"知行二分"，"沉湎经书"之"知行二分"，"言行不一"之"知行二分"，"轻忽念头"之"知行二分"，"冥行虚知"之"知行二分"。如此，王阳明"知行合一"便表现为五大旨趣。五大旨趣的生成正将"知行合一"推向"本体"，而作为本体的"知行合一"是王阳明处理"知行关系"的根本原则，并由此显示其丰富的理论意蕴和强烈的现实关怀。

张萍、唐倩《王阳明"知行合一"思想语言研究》（《汉字文化》2021年第11期）一文，通过对"知行合一"的立言宗旨进行探究，阐述"知行合一"的思想内涵，在此基础上对"知行合一"的思想语言进行解读。

黄仕坤《王阳明"知行合一"新论——基于心物一体存在视域的分析》［《河北大学学报》（哲学社会科学版）2021年第3期］一文指出，王阳明之"知行合一"基于"心外无物"的存在，而此存在的分裂则是造成知行二分的原因。就知行本体言，"知"是作为万物本体之良知明觉的发见，并且因心物一体之故，良知明觉之发见亦即存在之开显；"行"包括人之意念与身行，但因意念、身行与万物之存在一体不分，故"行"实指向良知之开显或存在之开显。因此，"知"与"行"皆为良知在时间中的开显，是同一存在的不同面向。就工夫言，"知"指体知良知，"行"指开显良知。因为良知非存在又与存在不分，且心物一体之真实存在没有主客之分，故知良知即开显良知为一体性的存在而抵达良知。因此，"知行"是一个致良知工夫的两个方面，二者皆指开显良知为真实的存在，即一体性地"存—在"是知行合一工夫的本然。

颜圣麟《"体"与"时"——王阳明"知行合一"的现象学解读》（山东大学硕士学位论文，2021年5月）一文认为，近人对王阳明"知行合一"的解读主要涉及两个最根本的问题：第一，杨国荣、陈来提出来的"本体与工夫之辩"，也就是天赋"良知"与"知行合一"的矛盾问题，因为"良知"兼具"本体"与"知"的双重身份，作为一个"本体"，是否必然会导致"知先行后"？第二，正如"知孝"不见得"行孝"，其中有一个动力、意志的问题，或者说西方伦理学中"是"与"应当"的问题、"意志无力"的问题，也就是"知"如何得以落实（"行"）的问题。此外，该文其实也涉及另一个很重要的问题，即"知行合一"是否既能说明知识又能说明道德。对于第一个问题，该文首先考察了朱子与阳明"知""行"概念的区别，表明阳明知行观的核心乃在"当下"，并进而点出"良知"不是一个预设的实体，它要随着境遇开显出来，"知行合一"即意味着"（良）知"在其本有的"行"中的"自身实现"。所谓"自身实现"，从知识的角度来说，"良知"在"行"中获得了它的"知识"；从道德的角度来说，这是"良知"自己实现自身、呈现自身的过程；也就是说，"良知"非"致"而不成其为"良知"。第二个问题在阳明那里其实根本不成为问题。"知行合一"的基础乃是阳明的"一体"观，合"心即理""身心一体""万物一体"便构成了"一体"观的全部内涵，其本质乃"感—应"之"体"。结合现象学与身体哲学的视角，这"一体"之身"当下"的"即感即应"的能力将为我们揭示出，上至圣贤君子，下至小人愚夫，"知"与"行"莫不是"合一"的。只不过小人愚夫的"知行合一"是"障蔽"过的"良知"与"行"的"合一"，即"冥知"与"冥行"的"合一"，就像"不知孝"而"不行孝"的人也可以"知仪节"而"行仪节"一样。是以，"知行合一"所要揭示的是，在"当下"的情境中，"知"与"行"的一种原发的"合一"。而阳明"合一"之教的真切用意，本不在于"知"与"行"是否"合一"，因为两者必然"合一"。其用意乃在于，我们如何能够摆脱"冥知冥行"而返回到"良知"本然所要求的"真知真行"上来，这就是"工夫"所在、"入圣之机"。这将为我们引入对"当下""一念"时间的考察。

霍娟娟《马克思实践论视野下的王阳明"知行合一"解析》（《产业与科技论坛》2021年第12期）一文指出，有关"知"与"行"两者之间关系的讨论，在中国哲学史上从未停止过，哲学家、思想家对此各自提出了见解，其中王阳明"知行合一"的观点值得深思与讨论。早在马克思实践论中，关于"知""行"的研究就已提出两者是辩证统一的关系，且随着时代的发展，马克思实践论也在进行更新，不难发现马克思实践论和王阳明"知行合一"之间有很多相似之处。因此基于马克思实践论视野下对王阳明"知行合一"观点进行探究具有重要意义。

霍娟娟《王阳明"知行合一"与"致良知"学说的演进解析》（《产业与科技论坛》2021年第11期）一文指出，从时间来看，王阳明的"知行合一"思想与"致良知"思想的提出相差五年，两种思想的提出背景也不相同，不过思想内容实质区别不大。王阳明提出"知行合一""致良知"的目标是引导人们能够学会正确看待自己的内心，然后根据自己的内心想法行事。不过，在"致良知"理论提出之后，王阳明对"知行合一"思想的提及次数就逐渐减少，但是这并不意味着"知行合一"会被"致良知"完全取代，"知行合一"仍然具有其自身存在的价值。

张黎《王阳明"知行合一"思想及其价值研究》（南昌大学硕士学位论文，2021年5月）一文，对王阳明"知行合一"说的理论来源、思想主旨等予以系统研究。

4.“心即理”与“良知即天理”的研究

李承贵《“心即理”的奥义》（《社会科学战线》2021年第10期）一文指出，“心即理”是王阳明对主体与善体关系的深刻觉悟。这种觉悟一方面表现为将“心”“理”的复杂关系以结构形态多向度地加以呈现；另一方面表现为对具有善性的主体（心）之力量的全面开发，认为只有“心”才能真正疏通“心”“理”的关系而实现“心即理”。在“心纯乎理”的过程中，“心”通过各种工夫清除私欲的遮蔽，重新与“理”融为一体。因此，“心即理”的过程，本质上是人超越自我回归本我的过程。但这种超越与回归的实现，全靠“心”的主宰和运行。此即“心即理”的奥义。

李承贵《“心即理”的效应——兼及“心即理”的意识形态特性》（《社会科学研究》2021年第3期）一文指出，在王阳明心学中，“心即理”是“知行合一”“致良知”“万物一体”等观念的逻辑起点。不过除此之外，“心即理”亦规定着王阳明对其他学思、事为的判断和处理，从而表现出在心学系统中的全面而绝对主宰力。这里，就解经之方法、工夫之圆成、才学之成就、能力之神化四个方面考察“心即理”的效应，并特别关注此“效应”的意识形态特性。“心即理”的意识形态特性进一步证明了其在阳明心学体系中的绝对核心地位，同时亦为检讨中国传统哲学的意识形态现象给我们以启发，从而深化我们对中国传统哲学特质的认知。

王海鹏《王阳明“心即理”哲学内涵及文化价值》（《今古文创》2021年第2期）一文指出，“心即理”是王阳明哲学思想体系的基础，也是“致良知”和“知行合一”能够达成的框架性前提。“心即理”这一学说的提出，不仅使王阳明的心学对于传统的程朱理学提出了颠覆性的挑战，并且对于明朝中后期的思想走向和哲学体系的形成，产生了极为深刻的影响。从学术人文以及政治合理性、合法性的角度，对于王阳明的“心即理”学说的内涵和含义进行研究，对当下具有指导性意义。

严飞《在整体的视域下论王阳明的“心学”思想》（《汉字文化》2021年第2期）一文指出，“心即理”这一命题始初起源于陆九渊，然其在王阳明这里得到深化和外延成了"心学"思想的基础,在《传习录》(卷上)中提到的"无心外之理"以及"无心外之物"等,从片面表层的语义上,又使得王阳明常常被后人误解为其是主观唯心主义者。以"心即理"为核心,继而提出的"知行合一"和"致良知"等命题使得其哲学并不是孤立的片段,这些向外扩展的维度构成了王阳明整个的心学思想框架。唯心和唯物都是以二元论的视角割裂我们的世界,但王阳明思想的主体与客体、心与物恰巧是一个整体的视域框架,不存在脱离的任意一方,"意"所关涉的必及事物,而事物无意识的参与便是隐而未显,"意"与事物是相互关联的而非脱离。

李禹阶《论阳明心学的"心即理"与"心"非"理"——基于认识论的"心""理"关系再思考》[《重庆师范大学学报》(社会科学版)2021年第4期]一文指出,阳明心学"心即理"及"心外无理""心外无物"命题,并不是将"心"上升到与"理"为一的本体论高度,而仍是在认识论范围内探讨"心""理"关系,其目的是希望通过将"心"的认知能力分离为能上达"天理"之善源与下至普通人"日用之知"的路径,强调对"天理"认知的简明性。它是阳明心学通过吸取禅宗"直指本心"的认识论方法,而以"心即理"命题,将"悟"道主体与被"悟"对象更好地联系在一起,使士、农、工、商能够更加简捷地"明道""悟理",由此从另一角度开启儒家由"未发"到"已发"的上达"圣贤"的修养路径,本质上是从道德修养及儒学传播角度对朱熹理学"格物致知"认识论"支离破碎"弊病的修正。可以说,阳明学说是典型的中国伦理型文化语境及儒学"资治"理念的特有产物,只有把它置于中国文化、中国哲学的特有语境下,方能诠释王阳明心学的内在意蕴。

王修寰《王阳明"心即理"哲学内涵及文化价值》(《文化创新比较研究》2021年第34期)一文指出,王阳明的哲学体系在我国哲学史中占据了重要地位,其中"心即理"的有关哲学理念是王阳明哲学体系的基础性概念,同时也是"致良知"与"知行合一"理论体系化结构的重要理论前提。"心即理"这个哲学概念的提出具有较大的颠覆性,本质上是对程朱理学哲学思想的一种挑战，具有很大的哲学意义和现实价值，对于明朝中后期哲学思想的形成以及发展有着重要的作用，对于我国后期哲学体系的完善也发挥着重要的作用，对社会产生了深刻的影响。

龚晓康、王斯诗《理欲的对立与统合——基于阳明心学的考察》（《贵州社会科学》2021年第6期）一文指出，理欲关系为中国哲学最为重要的论题之一，并形成了"理欲对立""理欲同体""理存于欲"等观点。王阳明认为，"理"为本心流行的条理，天然如此者为"天理"，流行于事物者为"物理"，前者为先天的道德法则，后者为后天的伦理规范。"欲"为本心流行的动力，顺于本心之流行者，为"心之所欲"；逆于本心之流行者，为"私欲"。实言之，理、欲皆出于本心的流行，两者为同一本体之关系。"天理"与"人欲"之间的对立，并非道德法则与感性欲望的直接对立，而是"有执"与"无执"之间的对立。故而，"灭人欲"非指禁绝一切欲望，而是指破除欲望中的自私执着。阳明心学基于理欲的二重区分，澄清了理欲之间既对立又统合的关系。

陆永胜《道德·价值·信仰——当代文化语境中王阳明良知图式的三重向度》（《江苏行政学院学报》2021年第3期）一文指出，王阳明"良知"思想的新向度诠释是新时代文化自信建设的重要价值观念资源之一，道德、价值与信仰是当代文化语境中王阳明良知图式的三重向度，三者各有侧重地分别呈现于学术、政治和生活话语语境中而又相互关联，构成了当代文化以阳明学为视域的内在认知结构。道德向度的良知作为一种道德理性是理想之善和现实之善的统一，也是对人的本质的确证，其中内含着价值确认；良知的价值属性以道德属性为基础，表现为道德向度的"善""恶"向价值向度的"好""坏"与"是（对）""非（错）"的转化；良知的信仰向度基于对人之德性与价值的肯定，追求超越层面的自我实现，并在"幸福感"上找到道德满足与价值关怀、个体追求与社会认同的交汇点。当代文化语境中良知意蕴的新阐释，是对传统文化创新性发展的体现，有助于新时代的文化建设。

秦晋楠《再论阳明学中良知的道德自身意识问题——以耿宁对王阳

明"三个良知概念"的划分为中心》(《道德与文明》2021年第5期)一文指出,在耿宁对王阳明良知思想的诠释中,道德自身意识这一概念至关重要。围绕这一概念,可以发现耿宁的诠释与阳明的良知学说之间存在着一些思路上的差异,具体体现在耿宁对自然、本体和本能三个概念的诠释之上。对这一思路差异的揭示,可以进一步分析耿宁的诠释与阳明学对道德问题的两点方向性不同,也即耿宁的诠释独有的特色:由道德呈报主体;自然的非道德性、反道德性。

沈顺福、曾燚《论王阳明的良知观》(《社会科学研究》2021年第5期)一文指出,良知是王阳明的核心概念。王阳明用良知概念解释天理,天理即良知,从而将外在之物理转换为内有之心理。作为天理的良知是一切道德认识与判断的终极性标准,也是行为的终极性根据。合乎良知的行为不仅明,而且灵。良知是超越的实体,即良知超越于经验,因而无生死、无动静。良知是虚、无。我们无法用形而下的存在,比如气来直接描述形而上的、超越的良知。故,良知非气。良知无法产生感应等气质活动。同时,良知本身并不能直接活动,也不是感应的直接主体。良知必须借助于气质或气质之心而活动。它是气质感应活动的间接主体,内在地主导着感应活动并因此成为合法活动的基础。情、意都是气质活动。良知非气的结论意味着良知不可能是情感或意识。

全林强《"良知"似"天理"》[《贵阳学院学报》(社会科学版)2021年第2期]一文指出,阳明哲学是朱子哲学的必然发展形态,拥有与朱子哲学相同的本体及本体与现象的结构、逻辑结构以及"存天理,灭人欲"成圣目标。阳明哲学的道德本体为"良知本体",其现象之在"是非之心",而"良知"统摄"良知本体"和"是非之心";"良知本体"是纯粹的理则,即"天理";"是非之心"是现象之在及其扩充"致良知"所得到的条理,"所当然"由"良知本体"而得到证明。阳明哲学从本体至现象及现象层之运用形成与朱子相似的逻辑结构:良知本体—是非之心—致良知—所当然。

路传颂《良知既非能力之知亦非动力之知——与郁振华、黄勇商榷》

（《文史哲》2021年第6期）一文指出，郁振华和黄勇都认为道德命题知识不具有实践能动性，而王阳明的"良知"具有实践性，因此"良知"不是命题知识。两位先生分别把王阳明的"良知"诠释为能力之知和动力之知，但如此一来，"知而不行"就只是一种认知缺陷，而不是道德缺陷，即只具有道德命题知识，而没有实践性道德知识；要做到"知行合一"，道德主体要在命题知识的基础上"别立个心"以获得实践性道德知识。道德能力之知与道德动力之知的概念也抹杀了信念与知识的区别，因此许多能够用"道德信念"解释的道德现象，是道德能力之知和道德动力之知难以解释的。为了说明"良知"的实践能动性，我们只需要放弃道德命题知识不具有实践能动性的观点，而不需要另立一种自成一类的道德知识。

黄勇、崔雅琴《索萨的"完好之知"还不完好——王阳明的良知与第三个柏拉图问题》［《华东师范大学学报》（哲学社会科学版）2021年第5期］一文指出，索萨讨论了两个关于知识本性和知识价值的柏拉图问题，但知识不仅还涉及索萨所没有讨论的第三个柏拉图问题，而且离开了这第三个柏拉图问题，索萨所讨论的前两个柏拉图问题就不能得到真正的解决。这第三个柏拉图问题即知识的影响问题：一个人的知识是否具有内在驱动作用。由索萨所讲的认知能力所产生的完好适切的道德信念并不具有道德上的动力。为了解决第三个柏拉图问题，我们可以借鉴王阳明的良知说，考察良知的三个特性。在阳明看来，道德知识是一种引发人行动的动力之知。依此，索萨意义上的知者并不具有完好之知，因为他的知识并没有引发他做出相应的行动。

龚晓康《"不滞"与"不离"：阳明心学视域下的良知与知识之辨》（《教育文化论坛》2021年第1期）一文指出，明代中晚期，"德性之知"与"见闻之知"转换为"良知"与"知识"之辨。一般的观点认为，阳明强调致良知的道德实践，故而对经验知识有所忽略，甚至是以德性消解了知识。也有学者认为，阳明虽强调致良知之工夫，但并未轻忽知识之价值，知识有其独立的地位。事实上，阳明在论述良知与见闻之知的关系时，明确有"不滞"与"不离"的说法：良知不依见闻而有，为见闻生成之场域，故"良知不滞于见闻"；见闻之知源于意、物的分化，为良知的客观呈现，故"良知不离于见闻"。究言之，阳明既非以良知取消知识而落入泛道德主义，亦非以知识泯灭良知而落入唯知性主义，而是在承认知识价值的同时回归良知本体之澄明。

5. "致良知"的研究

柳西《知行合一致良知》（《文史春秋》2021年第12期）一文指出，知行合一致良知，是明朝思想家王阳明心学的核心。何谓知、行？王阳明《传习录》说："知之真切笃实处即是行，行之明觉精察处即是知。"何谓良知？《孟子·尽心上》说："人之所不学而能者，其良能也；所不虑而知者，其良知也。"良知，是人人自有、顺应天道而赋予的智慧（道德意识）。"致"是在事上磨练，见诸客观实际。"致良知"就是在行动中实现良知，将良知付诸实行，知行合一。

单纯《心与思：王阳明致良知中知识论问题》（《儒学与文明》辑刊，2021年卷）一文认为，儒家通常以伦理议题名世，其知识论亦有明显的伦理特点，主要见于"心"与"思"的论述之中，也扩充于"性""情""命"，是中国文化传统中"格物致知"和"安身立命"的思想基础，其特色是具有伦理性的知识论。具有"思想"和"伦理"双重功能的"心"发用流行为"天地良心"，其"知行合一"的目的则是"修、齐、治、平"；而人以"天地万物之心"，不仅能思考"天地万物"的物理，而且能体会"天地大德曰生"的伦理，是所谓"尽性命之学"。王阳明将儒家心性学的传统发扬光大，以"致良知"为其思想"大端"，揭示了儒家心性本位的知识论所独有的主体性、公平性、实践性和伦理性，映射出中国人生气勃勃而又多姿多彩的精神世界。

吕本修《王阳明"致良知"思想及其道德价值》（《湖南师范大学社会科学学报》2021年第1期）一文认为，"致良知"是王阳明晚年论学的宗旨，也是王阳明对自己心学思想最简易的概括。"致良知"思想的提出是王阳明自身思想演变的必然结果，但也经历了艰辛的心路历程。"致良知"来源于《大学》中的"致知"与《孟子》中的"良知"概念的结合，王阳明赋予它更丰富的内涵。王阳明的"致良知"思想彰显了道德的价值,确立了道德的主体地位,同时弘扬了"知行合一"精神。

朱贻强《王阳明致良知学说的工夫次第论思想初探》(《社会科学动态》2021年第2期)一文指出,儒学本质上是实践性学说,这尤其体现在王阳明心学体系的工夫论思想中。如果说"致良知"是阳明心学实践论的核心方案,那么"知行合一"则是阳明心学修学工夫的境界指归。而连接良知理论与实证境界之间实施方案的,则是具体落实在王阳明的工夫次第论主张之中。工夫次第论思想,并非王阳明心学的发明独创,追索源流,可在儒、释、道三家学说中找到发端。阳明的次第论思想是以孔孟儒学正统为滥觞的。儒学至宋明理学,为传统儒学带来了全新的气象。朱熹的工夫学说继承了孔子的主张,以学者的根性资质划分修学等级阶次;王阳明的工夫论思路则与朱熹的完全不同。他将三知理论与孟子的尽心知性说结合起来,创造性地将儒家的资质境界说转化为工夫次第论。在复兴传统思想文化的新时代背景下,我们有必要深入发掘阳明心学工夫次第论思想的历史价值与现实意义。

6. "立志"与"成圣"的研究

陈清春、蒋丽英《王阳明"立圣人之志"的现象学探究》(《山西高等学校社会科学学报》2021年第5期)一文指出,"志"作为儒家的重要概念之一,具有丰富的哲学内涵,其中"立志"更是儒家"成圣"的重要工夫。王阳明极其重视"立志",认为"立志"是"立圣人之志",并提出"心之良知是谓圣"的本体依据。结合胡塞尔和舍勒的现象学理论来看,王阳明的"立圣人之志"包括"志"与"立志"两个过程,"志"实质上是一种意愿行为,"立志"实质上是一种意志行为。"心之良知是谓圣"即是说"立志"这一行为是奠基在作为感知和感受行为的"良知"之上,所以"立志"是"立圣人之志"。

周海春、徐艳萍《成圣的不变之教:王阳明的立志说》[《湖北大学学报》(哲学社会科学版)2021年第6期]一文指出,王阳明的一生可以说是励志的一生,是从"立志"到"熟志"的一生。把做圣贤(成圣)当成第一等的事情是他"三变"中的不变，而立志说既是他最初的教法，也是他"三教"变化过程中的相对不变之教。在王阳明提出"知行合一""致良知"等学说以后，"立志"说不但没有被放弃，还得以进一步丰富和发展。在王阳明的思想中，"立志"是一个包含本根、工夫、结果三合一的问题。相应地，立志也包含无志、志不真切、意必等难题。王阳明不断重申立志，就是因为如果不能破解立志的难题，立志说难以发挥促使人们立志的功效。"致良知"理论则有助于解决立志的疑难，每个人都有良知，都能"致良知"，立志不过是"致良知"，"致良知"规定了立志的本质。立志说和"致良知"的有机结合，使得成圣这一问题有了较为坚实的理论支持，也体现了王阳明延续儒家道统的努力。

7."天地万物一体之仁"的研究

李甦平《从〈大学问〉看阳明学的"仁本体"建构》（《中国哲学史》2021年第6期）一文，通过对王阳明重要哲学著作《大学问》的分析，指出王阳明将《大学问》作为他建构"仁本体"的理论依据。王阳明通过对"明明德""亲民""止至善"的解释，再介入"气"的流行功能，建构了独具特色的"仁本体"哲学，即在阳明哲学中，作为本体的仁体有主观性和客观性两重哲学意义。这是阳明仁学本体的特点。

乔建宇、沈顺福《王阳明"万物一体"观探析》［《贵阳学院学报》（社会科学版）2021年第6期］一文指出，"万物一体"的观念是王阳明哲学的有机组成部分。在阳明哲学中，"万物一体"指宇宙是一个整全的生命体。通过对一人之身与宇宙全体多维度的类比可以发现，从"气"的角度来看，个人与宇宙都是"一气流通"的存在。从"心脏"的角度来看，人心便是宇宙的心。从"心之本体"的角度来看，良知、天理、性、仁等处于形上序列的概念在为个人与宇宙生存奠基与立法的层面同一。因此，宇宙与个人一般，是一个整全的生命体，或者说，宇宙与人类构成一个整全的生命体。个人对"万物一体"之切身体会需要经历一番"变化气质"的工夫。小人能够通过"变化气质"的工夫"拔除私欲之蔽"，从而成为"以天地万物为一体"的大人。

张明娜《王阳明"万物一体"哲学思想的要义及当代启示》(《开封文化艺术职业学院学报》2021年第5期)一文指出,王阳明"万物一体"的哲学思想以"仁"为根基,其思想要义主要包括生生之道、克私去蔽和解民倒悬。其"万物一体"哲学思想对当代人类及社会发展有着重要启示,即心怀万物的生命境界、生存与共的生命意识以及和谐共生的生态理念,对于全球"人类命运共同体"的构建以及生态文明建设等都具有重要的现实意义。

8. "本体—工夫"的研究

王爱红《王阳明本体工夫合一思想研究》(西北师范大学硕士学位论文,2021年5月)一文,对王阳明的本体、工夫合一思想予以综合研究。

王思丹《近十年王阳明心学工夫论研究的向度与新开展》[《贵阳学院学报》(社会科学版)2021年第1期]一文指出,近十年来,阳明心学工夫论的研究日益深入,在教化工夫、修己工夫与实践工夫等方面呈现出多样的研究向度和新论域的开展。虽然近年学界在"致良知"的宏观论述及王阳明的工夫对现实的指导意义上有了新的发展,但仍存在不足。

蔡杰《以知统行,察养合一——"察识""涵养"工夫论争的突破与统合》[《吉林师范大学学报》(人文社会科学版)2021年第1期]一文指出,朱熹与湖湘学派关于"察识"与"涵养"工夫的论争问题,直至明代王阳明才得到彻底解决。胡宏确立"先察识后存养"的工夫进路,朱熹批评其缺少一段未发涵养工夫,两派互讥流于释家。张栻对两派进行调和与综合,促使"涵养—察识—存养"三段工夫的处理方案得以确立。对此,元明儒者引进知行概念,对察识涵养进行定性。但随着概念范畴的变化,明儒的"知"产生本体化,而宋儒的"知"则归于明儒"行"的范畴。王阳明由此提出"知行合一"与"未发已发合一",将支离的"涵养—察识—存养"三段工夫进行融合与消解,从而识仁与为仁成为一体,未发已发之工夫进路的反向问题也得到解决。

钟纯《王阳明"简易"工夫论发微》(《周易研究》2021年第2期)一文指出,阳明心学是简易之学,其核心与重点是简易工夫。王阳明的简易工夫论由"作功""立教""为学"三个面向构成。从"作功"上言，阳明不像宋儒那样强调"存天理，灭人欲"，也非外求于事物之理，而是在人欲上做减法，让固有天理良知显现，只要简易工夫熟透，便可直悟本体。从"立教"上言，阳明在传承与发展"圣人之学"时，注重教规、教法、教闻等简易原则。从"为学"上言，阳明认为圣门本旨是"简易"之学，呈现良知的最好方式是"以心解经"、不拘泥经典的简易工夫实践。

李寄、马寄《从"静"中用功转向"动"中用功——王阳明工夫之转向》[《贵阳学院学报》（社会科学版）2021年第5期]一文指出，王阳明工夫论经历了从"静"中用功到"动"中用功的演变。龙场悟道，阳明由"静"中用功优入圣域。龙场悟道后，阳明又两度以"静"相教。然而，由于"静坐"易滑向佛老，他对"静坐"开始持警惕的态度。基于此，阳明主张"事上磨"。"事上磨"意味着阳明工夫开始从"静"转向"动"。南赣剿匪期间，阳明的"动"中用功有了进一步的发展。"动"中用功演变的完成在宸濠、忠泰之变之时。本然"心体"再次显露，呈现为知是知非的"良知"。"致良知"工夫体系的构建，意味着阳明实现了对既往儒门"静"中用功的彻底翻转，首次将工夫着力点完全置于"动"。

傅锡洪《王阳明晚年工夫论中的致知与诚意》（《现代哲学》2021年第3期）一文指出，"致良知"宗旨的提出标志着"致良知"或"致知"获得了在阳明工夫论中的首出地位。"致知"即是依循良知以好善恶恶。良知本体在为工夫提供明确准则的同时，也直接提供了充分的动力。由此，工夫变得不仅可靠，而且简易，这是阳明将致知提至首出地位的主要原因。不过，阳明并未放弃诚意的首出地位，只是诚意在他中晚年工夫论中发挥着不同作用。诚意的含义是努力使发自本体的好善恶恶之念充实于意念，阳明中年工夫论主要以此克服支离而保证工夫的切要，其晚年工夫论则以此督促学者真切用功，从而纠正学者出于工夫简易而不信良知或轻忽怠惰的倾向。事实上，"致知"和"诚意"均包含好善恶恶这一良知工夫的核心意涵，只不过两者侧重有所不同。"致知"突出了工夫具有本体指引和推动这一面向，"诚意"突出的则是意念专一与自我驱动的面向，正是后者促成学者落实致知工夫。也正因为致知和诚意只是从不同角度揭示同一工夫的内涵，故两者同具首出地位这一点并不构成矛盾。

李春强《从"诚意"工夫到"悦之深"境界的跃迁——王阳明"博文约礼"诠解衍变论析》（《南京师范大学文学院学报》2021年第2期）一文指出，作为孔门教法的最大纲领，"博文约礼"较早地引起王阳明的关注。阳明围绕其展开的诠解，与其建构良知心学的过程同步，体现为前后两大阶段、多层面渐次展开。第一阶段，"博约—精一——诚意"工夫系统的初步生成。在心体统摄下，博文乃约礼之工夫。"博文即是惟精，约礼即是惟一"，"博约"之功即是"精一"之功。博约之功即是"诚意"之工夫。第二阶段，"悦之深"境界的最终达成。"圣人之学，惟是致此良知而已。"文与礼的体用一源，使得博约分别作为本体、工夫一体两面之关系得以确立。经"有无"之辨"进至于悦之深"境界，"博约—格物以致其良知"同一性关系得以确立。王阳明主动将"博文约礼"与"致良知"融合为一，不仅凸现自家宗旨，而且显示其从未间断对圣贤境界的追求。

张震《明代工夫课程的兴起与演变》（华东师范大学博士学位论文，2021年5月）一文指出，在15—16世纪的明代工夫课程史中，王守仁与湛若水是表现尤为突出的教育变革代表，以王守仁与湛若水联袂共倡圣学的时期为参照，15—16世纪的工夫课程史可以划分出"身心觉醒""二业合一""顿渐之争"三个历史阶段。

9. "四句教"的研究

马寄《工夫论视域下王阳明"无善无恶心之体"的再审视》〔《江南大学学报》（人文社会科学版）2021年第6期〕一文指出，对阳明"四句教"首句"无善无恶心之体"的不同阐释，是阳明"心学"著名公案之一。学界多将"心之体"理解为"心体"，"无善无恶"常常被诠释为"至善"。"四句教"如是解读过多强调了上半截的形上"心体"，而下半截的形下工夫则被遮蔽。该文指出："心之体"不是"心体"之本然，而是心之"本来体段"。而心之"本来体段"指的是"心体"的外在显用，即阳明晚年的工夫法门——"致良知"。"良知"能够知是知非，又在于"好恶"。于此，阳明对先秦儒家"好恶"观既有承继也有突破。

张培高、吴喜双《"至善者，心之本体"与"无善无恶心之体"的紧张及其和解——兼论佛、道对于阳明的不同影响》（《哲学动态》2021年第8期）一文指出，"至善者，心之本体"与"无善无恶心之体"是阳明阐述心体的关键话语，但从表面上看，两者是矛盾的。其实质两者并不矛盾，它们只是阳明在不同层面对心体或性体做出的界定。"至善"是从体上说，即心体、性体是善的且是最高的善；"无善无恶"之善恶则是从用上说，即心体、性体不是经验层面所讲的善恶。综合来看，"无善无恶心之体"有两层含义：一是超越形下善恶的"至善"本体；二是不执着于善恶的工夫及其境界。其中，后者受到了佛老的影响，前者则主要受到佛教（尤其是宗密）的影响。

傅锡洪《从体用论、工夫论与境界论看王阳明的"无善无恶"说》［《湖北大学学报》（哲学社会科学版）2021年第6期］一文指出，王阳明倡导的"无善无恶"思想，是引发中晚明思想界热烈讨论甚至激烈争论的一个重大问题。在阳明那里，"无善无恶"既可表示无善恶可言，也可表示好善恶恶但却无所刻意、执着。前一含义涉及体用论，后一含义涉及工夫论与境界论。就体用论而言，阳明认为无论物还是心之本体原本都无善恶可言，只有心之本体发动以后才有善恶可言，这反映了他离用无体、即用言体的主张。就工夫论和境界论而言，"无善无恶"就是不做好恶，就是自然好善恶恶，指意念完全出于良知而无所刻意、执着；与之相对，有善有恶就是作好恶，就是勉然好善恶恶，指意念部分出于良知而仍然有所刻意、执着。阳明提出有善有恶和无善无恶，主要是为了给学者分别指点出由勉然好善恶恶工夫达到道德境界和由自然好善恶恶工夫达到天地境界的为学进路。

任国庆、王振东、汪凤炎《为善去恶：王阳明的致良知之道及其生活德育启示》（《赣南师范大学学报》2021年第5期）一文指出，"为善去恶"是王阳明"四句教"中生活德育思想的集中体现。为善去恶中的善恶观源于本心的良知，要求以良知作为道德判断的标准，坚持以人为本的德育观。为善去恶的过程中要顺应学生的天性，坚持知行合一的原则。为善去恶之初要静坐，之后要在日常生活中不断进行道德实践，并自我反省，其德育思想对当前道德教育实践有着诸多启发。

10. 阳明心学中其他哲学范畴的研究

傅锡洪、张梦婷《论"真诚恻怛"对王阳明思想的总结性意义》（《上饶师范学院学报》2021年第5期）一文指出，王阳明去世前不久提出了"真诚恻怛"概念，在弟子中和当代学界引起了不小的反响。这一概念可以视为阳明思想的总结。首先，"真诚恻怛"意味着本体与工夫的统一。阳明去世前必欲提出"真诚恻怛"并将其提至本体高度的根本原因，是以此揭示本体所蕴含的足以推动工夫的动力和引导工夫的准则，从而实现本体与工夫的统一。其次，"真诚恻怛"意味着动力与准则的统一。本体包含的动力与准则并非相互外在的关系，准则是内在于动力之中的，动力的自我调节就形成了准则。最后，"真诚恻怛"意味着勉然与自然的统一。"真诚恻怛"既可被理解为以真诚工夫呈露恻怛之仁，即勉然的工夫；也可被理解为以恻怛之力维护真诚状态，即自然的工夫。工夫从勉然提升至自然，构成一个完整的为学进路。"真诚恻怛"作为阳明思想的总结，值得引起充分重视。

（四）王阳明经学史学思想研究

我们知道，《古本大学》是阳明心学诸多命题得以生成的一部重要经典，对儒家传统经典即"四书五经"的诠释是历史上任何一位儒学家都绕不过去的学理思考，王阳明也不例外，在研读儒家经典过程中，也形成了自己独特的经学观。

1. 王阳明经学思想综合研究

马寄、陆永胜《明代心学经学诠释观的两种图式——以王阳明、湛甘泉为中心》（《学术研究》2021年第10期）一文指出，王阳明、湛甘泉同为明中叶心学大师，二人晚年均应邀作《尊经阁记》。两篇《尊经阁记》大同之下更有大异。其大同在于，尊经即尊"心"，同属心学经学诠释；其大异在于，二人经学诠释有着不同路径：阳明经学诠释主旨是"六经之实则具于吾心"，六经只是本然"心体"之记籍，故六经文本在其经学诠释体系中处于可有可无的地位；而甘泉经学诠释主旨是"六经觉我者也"，唯有借助六经，方能发明本然之"心体"，故六经文本在其经学诠释体系中处于不可或缺的地位。借由阳明、甘泉不同的心学经学诠释，可展现明代两种不同的心学诠释图式。在此基础上，进而揭示明代心学经学诠释观的独特价值，并对其进行两重省思。

卢奇飞《王阳明解心明经思想的规范性阐释》（《人文论丛》辑刊，2021年卷）一文认为，阳明的解心明经思想可在其心学话语体系里进行更为规范的阐释，具体是："以心之良知为依凭""以经典之义为依准""以祖述宪章为旨归"。三项原则对心学中的经典理解具有指导和规范意义，依此即能保证经典中圣人之意的准确传达。

2. 王阳明的《大学》《中庸》诠释研究

傅锡洪《两种〈大学〉诠释，两种"四句教"》［《云南大学学报》（社会科学版）2021年第6期］一文指出，不少学者认为王阳明的《大学》诠释与其"四句教"存在对应关系。不过事实上这种对应关系不是单一的，而是一一对应关系。因为一方面他对《大学》有两种理解，这从他对"正心"的不同诠释中可以看出，另一方面"四句教"在他那里也有两种不同含义。他平时教人所用的"四句教"对应于以心之未发实体解释心的《大学》诠释；而天泉证道时确立的作为定本的"四句教"，则对应于以心的完善状态解释心的《大学》诠释。这样的对应关系是不能调换的，因而是一一对应的关系。除此之外，定本"四句教"与《大学》诠释存在一个重要差别，即它承认无善无恶代表的正心工夫可以是天分极高者的工夫入路，而不仅仅是一般人达到道德境界以后的工夫。只有理解这样的一一对应关系以及差别，我们才能对阳明的《大学》诠释以及"四句教"获得全面、准确的理解。

汪乃兵《王阳明对〈大学〉心物关系的扬弃》［《贵阳学院学报》（社会科学版）2021年第1期］一文指出，阳明心学对《大学》思想的扬弃突出表现在心物关系上。《大学》中有"三纲八目"，而"八目"中作为修身的四条分别为正心、诚意、致知和格物，其中"意"和"知"从广义上来理解，都可以归入"心"的范畴。从《大学》中修身"四目"的逻辑关系可知，其中"心"与"物"的关系必然有着紧密的联系。王阳明从《大学》文本出发，以心学的立场重新诠释"心意知物"的内涵及其相互关系，提出心外无物和格物即格心的心物关系论。

许家星《阳明〈中庸〉首章诠释及其意义》［《复旦学报》（社会科学版）2021年第1期］一文指出，学界历来颇重阳明《大学》之学，对其《中庸》学则相对忽略。实则阳明的《中庸》诠释富于创新而含义深刻，它翻转了被朱子判为"多说无形影"《中庸》的明道特质，将《中庸》与作为"为学纲目"的《大学》等同观之，断《中庸》"为诚之者而作，修道之事也"；并进一步创造性地拈出《中庸》首章与《大学》全书的关系，以为"子思括《大学》一书之义，为《中庸》首章"，并将此理念落实于《大学古本旁释》中。阳明又据于其良知学，从本体与工夫的关系出发，重新审视戒慎恐惧与不睹不闻，突出两者在良知中的一体贯通；反对朱子戒惧与慎独的未发已发二分说，主张两者为一，皆是已发工夫；以戒惧为敬畏，提出戒惧与洒落乃工夫与境界关系，两者并非对立。阳明既以良知为人人所同具的未发之中，又以为"不可谓未发之中，常人俱有"，此看似矛盾之说，实乃居于本体与工夫不同视角之故，体现了阳明的体用一源论。阳明还讨论了中和与天理及气的关系，强调"天理亦自有个中和"的属性。未发已发之中和问题于阳明具有重要意义，涉及阳明思想中的体用论、心性论、工夫境界论等重要论题，实为阳明《中庸》学的点睛之处。故深入探究阳明《中庸》首章的哲理意涵，必有助于推动阳明学、宋明理学及《中庸》诠释学的发展。

李家奇《王阳明对〈中庸〉首句的诠释研究》［《贵阳学院学报》（社会科学版）2021年第2期］一文指出，《中庸》首句"天命之谓性，率性之谓道，修道之谓教"蕴含着丰富的哲学内涵，但对于首句的诠释，在《中庸》全文中并不多见。理解《中庸》首句的哲学内涵，需要从王阳明心学的视域出发，特别要重视其心学体系中"心""良知""致良知"及"教化论"等学说。阳明对《中庸》首句做出独特诠释，对后世学者研究《中庸》以及阳明心学思想具有重要的学术意义。

3. 王阳明的《论语》学研究

崔树芝、罗彬彬《"正名"的第三种路径——评王阳明与宋儒的"正名"之争》[《贵阳学院学报》（社会科学版）2021年第6期]一文指出，孔子的正名思想保存在《论语》一书中，但并没有给出正名的细节，引发后世儒者持久的争论。宋儒与阳明的"正名"之争，呈现出两种路径：以"卫辄让国"为基点，宋儒的路径是"废辄立郢"，理由是"无父之不可以有国"；阳明的路径是"致国于父"，理由是"无父之不可以为人"。实际上，宋儒的"正名"是"正世子之名"，关心的是"谁能有国"的政治客观性问题；阳明的"正名"是"正人子之名"，关心的是"如何为人"的道德完满性问题。二者的差异与他们所处的政治环境有关。在传统政治模式下，二者的争论无法和解，必须走向第三种"正名"，即厘清政治与道德的边界。对这一论题的反思，具有思想史和政治史上的双重价值。

4. 王阳明的《诗经》学研究

2021年，不见有研究王阳明《诗经》学思想的论著。

5. 王阳明的礼学思想研究

2021年，不见有研究王阳明礼学思想的论著。

6. 王阳明的易学思想研究

叶立标《心学之本乾坤易简》（《宁波通讯》2021年第21期）一文指出，《易》以最简单的阴、阳爻画象征万物属性，六十四卦符号及卦爻、卦辞，亦均以象征、喻义为特色。所谓"其称名也小，其取类也大"，正是"乾坤易简"的表现。易简是天地万物运行变化的最基本规则，人之为学唯有效法天地之化的易简原则，方能易知易从，进而成德立业。王阳明对"乾坤易简"的论说颇为赞赏，曾多次引用或化用以说明心学体系的简易法门。

钟纯《论王阳明"良知即是易"中的体用关系》（《理论月刊》2021年第2期）一文指出，"良知即是易"作为王阳明"良知"思想体系中的重要命题，引发了学界的关注与重视。但以往的学者基本上是从王阳明学术思想史的角度对此命题进行阐发，较少从体用范畴进行探讨，因而有必要从体用关系的视角深刻领会"良知即是易"的哲学义理。在理论渊源上，"良知即是易"的提出与王阳明谪居龙场研读《周易》的经历有密切联系，是心学吸收易学本体思维的逻辑起点。在体用关系上，王阳明借助易学本体思维，从"体用一源""心体发用""体无用有"等方面建构起"良知即是易"的体用论，从而对王门易学的发展产生很大影响。

卢祥运《王阳明"玩易"对其心学建构提供的方法论启示》[《贵阳学院学报》（社会科学版）2021年第4期］一文指出，从《玩易窝记》中的记载来分析，王阳明从方法论层面上对《周易》的借鉴和取用主要在"阴阳合一"和"体立用行"两方面，这两方面对其整个心学体系的建构至关重要。可以说，正是"阴阳合一"的思维方式，促成了王阳明在心和理、知与行之间达到了贯通合一，为他的"心即理"说和"知行合一"说奠定了方法论基础。而"体立用行"之道也为其"致良知"学说定立了基调，它为"致良知"体系从理论上提供了十分明了顺畅的逻辑理路。"致良知"的过程即是体立而用行的过程。"阴阳合一"和"体立用行"，即是王阳明"玩易"所悟的易道精义。

7. 王阳明的《春秋》学思想研究

2021年，不见相关研究论文。

8. 王阳明的史学思想研究

2021年，不见有研究王阳明史学思想方面的论著。

（五）王阳明政治军事教育思想研究

1. 王阳明的政治思想（社会治理、民族教化）思想研究

焦堃《阳明心学与明代内阁政治》（中华书局2021年10月版）一书，主要从历史的角度探讨中晚明阳明心学流行的社会背景，以及学派中人的政治理念和活动。该书主要采用历史学的实证方法，通过对史料的梳理、整合和解读，客观地叙述王阳明及其门人弟子在明代政治世界中所发挥的作用及产生的影响。通过考证，该书对前人提出的一些观点进行了辩驳。如，针对王阳明在龙场悟道后转向"觉民行道"的看法，认为王阳明的弟子群体以地方上的中下层士人，具体来说则是举人、生员为主，因而王阳明的传道路线应当归结为"觉士行道"。而在政治上，王阳明顿悟之后并未放弃对朝廷局势的关心。"大礼议"之际，王阳明曾向其在朝的弟子表明自己的立场，并试图通过这些弟子来对政局加以引导。其讲学传道之际着眼于中下层士人之培植，也正是出于对这些弟子将来入仕之后能够挽救政治之颓势的期待。而心学所针对的，在很大程度上是作为政治主体的士大夫阶层自身之弊病。在当时的政治体制下，此种弊病之最明显的归结，便是内阁之专权植党、排斥异己。阳明学派自王阳明起便提倡士大夫分权共治的精神，其后学亦承袭了此种理念。自嘉靖以后，学派中人或抵制内阁而屡遭打击，或入主内阁而兴盛一时。进入万历后，由阁部之争而招致党争大炽，学派中虽有稍向内阁靠拢者，但终亦不能为阁中之党魁所容，余者则渐为反内阁的新生力量东林派所吸收。

王宏岩《浅谈王守仁的政治生涯》［《辽宁师专学报》（社会科学版）2021年第6期］一文指出，王守仁的主观唯心主义学说曾一度成为我国封建社会后期占有支配地位的思想，影响较大。然究其生平，还是以政治活动为主，官至南京兵部尚书，封新建伯。对其政治生涯中的功过是非评价不一，贬多于褒，文章对此提出一些看法。

刘晓民《社会整合理论视阈中王阳明南赣治理的历史经验与借鉴》（《江西社会科学》2021年第8期）一文指出，王阳明巡抚南赣时，南赣地区社会秩序混乱，潜藏着重重危机，社会治理系统趋于解体。从现代社会整合的理论视角看，王阳明南赣治理行动与社会整合理论具有高度契合性：通过提督军务、行十家牌法、设立县制等措施重构南赣社会政治系统，实现了政治整合；通过改革盐法、吸纳新民等措施实现社会发展动力再造，并协调社会利益、化解社会矛盾，实现了经济整合；通过举乡约、兴社学、办书院等措施重塑社会道德价值观和社会制度规范，进而实现了文化与制度整合。可以说，王阳明的南赣社会治理对社会整合理论是一个印证和支撑，本质上与心学思想存在着体用关系。从社会整合理论来研究并借鉴王阳明南赣治理的历史经验，能够为阳明学研究提供一个现代性的新视角。

陈海斌《王阳明与南赣地方社会秩序的重建》（《赣南师范大学学报》2021年第2期）一文指出，王阳明巡抚南赣，在平定盗贼、教化地方、重建社会秩序方面影响深远。以王阳明任南赣巡抚期间实施《南赣乡约》、立社学、建书院讲学施教等活动为视点，分析此期间社会秩序建设的情况，发现其所实施的上述措施对"破心中贼"具有重要作用，对地方社会秩序的重建具有积极意义，也促进了南赣地方社会的文教建设。

杨国庆、吕文龙《王阳明乡治思想的独特系统性及其对社会工作本土化的启示》［《社会福利》（理论版）2021年第1期］一文指出，乡约制度是中国古代重要的社会福利制度。在《中国乡约制度》一书中，杨开道既肯定了王阳明的乡治思想兼顾乡约与保甲，又批判了他的乡治思想没有系统性。针对这一颇具矛盾性的评价，通过对王阳明乡治思想的重新解读，可以发现这一思想所具有的独特系统性。王阳明在秉持乡约精神（教化）的基础上根据社会实际需求适时建立了由保甲、乡约和社学等方案构成的乡治系统；王阳明没有提出社仓方案，不仅没有影响其乡治系统的完整性，而且进一步凸显了其乡治系统以实际需求为导向的独特性。正是这种独特性为当代中国社会工作本土化提供了诸多启示。

胡发贵《论王阳明"调摄为主"的柔性治理思想——以奏设崇义县为例》（《中原文化研究》2021年第2期）一文指出，阳明奏设崇义县的本质是倡导一种柔性的治理，推崇仁爱为务的德治，重视乡约的规束，注重动情喻理的感化。无论是剿匪还是安民，阳明的施政核心都是从实际出发、从民情出发。阳明的社会治理是尚文治而后武力，即所谓先德后刑，力主以仁心仁术待民。从理论逻辑上看，阳明"良知—性善"论，为其剿匪和社会治理的"调治"方略提供了内在价值依据。"调摄为主"是阳明社会治理实践中重民性、顺民意的必然结果，也是他审时度势、实事求是的务实选择。从理论层面观察，其间深深浸润了阳明深厚的"心学"哲思。"调摄为主"策略是阳明"良知"说在社会实践中的成功运用，不仅造就了阳明"文治武功"的"真三不朽"煌煌业绩，也创造性地发展了儒家政治思想中推崇"善教"的深厚传统。

伯洁《王阳明的管理思想探析》[《贵阳学院学报》（社会科学版）2021年第1期]一文指出，王阳明的管理哲学是以道德理性为核心的优秀传统文化，道德伦理建设是企业培养核心竞争力、追求永续经营的必由之路和人本管理的客观要求，也是我国企业生存发展、基业长青的根本保障。王阳明管理思想在企业管理中的应用，为管理者提供了一个解决问题的新视角，企业管理者只有恰当地运用王阳明管理思想对企业的各种资源要素加以合理整合，才能为企业的生存和发展创造更多的机会。

张明、伍国苇、张寒梅《"贵州经验"：论王阳明民族观的形成与实践》（《教育文化论坛》2021年第1期）一文指出，王阳明中年被贬谪贵州，由此开始对少数民族与土司治理问题进行思考和探索，逐步形成了"夷夏平等"的民族观。王阳明将此民族观运用于当时贵州重大事件的处理上，积累了较为成熟的"贵州经验"，对贵州产生了良好影响。王阳明"夷夏平等"的民族观和"贵州经验"至今仍然具有重要学术价值和现实借鉴意义。

蒲艳芳《王阳明民族教化思想的初步形成与实践研究》（《今古文创》2021年第3期）一文指出，贵州省建制于明永乐十一年（1413），地方偏僻，发展落后，文教不兴。王阳明来到贵州之后，真切感受到当地少数民族人民的质朴和热情，由衷发出了"夷之民，方若未琢之璞，未绳之木"的感慨，并进而形成了"人性之善，天下无不可化之人"的民族教化思想。王阳明在贵州两劝安贵荣，平息潜在的隐患，建立龙冈书院、执教文明书院，充分实践了他的民族教化思想，对贵州地区的安定和教育事业的发展起到了极为重要的作用。

诸凤娟《王阳明的民族思想与阳明心学在少数民族地区的传播》（《浙江社会科学》2021年第12期）一文指出，王阳明的民族思想是在被贬谪贵州龙场驿时与少数民族密切接触后逐渐形成的，是其心学思想的重要组成部分。他的"天下无不可化之人"的民族平等观，从人性本善、心之本体、纯粹良知的形而上层面讨论民族平等问题，以及"顺其情不违其俗，循其故不异其宜"的民族差异观，强调尊重少数民族同胞的实际处境和风物习俗，根据不同民族的不同境况而合乎情理地区别对待，皆有其合理性和进步性，值得我们批判地继承和创造性发展。他在贵州、广西置办学校书院以讲学，传播心学思想和儒家礼义文化，客观上对少数民族地区生产力的恢复和发展，以及少数民族接受先进的思想文化，都起了促进作用。

苏其昉《论安文新小说中王阳明的民族融合思想——以〈龙场悟道——王阳明与祖摩的故事〉为例》（《牡丹》2021年第22期）一文指出，彝族作家安文新着眼于王阳明被贬贵州龙场时和当地少数民族生活与交流，写成小说《龙场悟道——王阳明与祖摩的故事》。该文以此作品为例，从龙场生活经历消除民族偏见、书院讲学促进思想交融、三封书信维护民族团结、《象祠记》的撰写等四方面，集中展现小说中王阳明民族融合思想的形成过程。

蒲艳芳《王阳明民族地区治理思想研究》（吉首大学硕士学位论文，2021年5月）一文，对王阳明的少数民族治理理论、实践等予以综合研究。

钟楚莹《王阳明乡村治理思想及其实践研究》（西南大学硕士学位论文，2021年5月）一文指出，王阳明乡村治理思想及其实践的产生，是在明朝中后期，正是明王朝朝政腐朽之时，彼时地方基层组织——里甲陷入崩溃，加之土地兼并日益严重，自然灾害频发，流民四窜，聚党为寇，地方秩序陷入失控的状态。王阳明一生求学问道、科举为官，不论是贬谪边陲、居夷处困之时，或是剿匪平叛、沙场浴血之时，还是闲居山林、授徒讲学之时，都始终矢志不渝地追求"读书学圣贤"的理想，探索"教化人心、追求本心"的"致良知"之学。他开拓新型乡村治理的模式，在治乱、治愚、治贫三个方面提出了许多创造性的思想，并做到了知行合一，将他的乡村治理思想付诸实践。全文共六部分。第一部分是绪论，主要介绍选题缘由以及前人研究状况，并在此基础上提出自己的史料使用和研究方法，最后点出自己的创新之处。第二部分主要从社会背景和社会风气两大方面去阐述王阳明乡村治理思想及其实践的大背景，具体从皇权专制、宦官当权以及地方社会土地兼并严重、农民暴动频繁几方面论述明中叶的社会背景，以及在理学式微、重利轻义的社会风气下，地方基层社会秩序崩溃，士大夫的修身治国平天下的实践路径也由"得君行道"转向了"觉民行道"。正是在这种大背景下，王阳明治乱、治贫、治愚的乡村治理模式应运而生。第三部分主要阐述王阳明乡村治理思想及其实践中的治乱部分，平定南赣寇乱以及广西思田民变，武力征剿八寨、断藤峡之乱，体现王阳明平乱中"能抚则抚、当剿即剿"的思想以及卓越的平乱军事才能。为巩固治乱成果，王阳明在几个远离官府行政管理的地方调整行政区划、建立新县治。平定思田民变后，王阳明为避免再次发生民变，在少数民族地区"设土司以顺其情""设流官以制其势"，实行土官治理与流官制衡的新模式。还创造性地在地方实行十家牌法，巩固治乱的成果，维护地方秩序。第四部分主要阐述王阳明乡村治理思想及其实践中的治愚部分，对南赣等地乡民进行教化。社会教化方面的措施主要有以下四点：举社学以启蒙智、办书院以兴讲学、立乡约以美风俗、发告谕以抚民心。通过四项措施来教化乡民、美化风俗，乡民得以恢复良知。第五部分是王阳明乡村治理思想及其实践中的治贫部分，促进乡村社会经济发展，改善民生。这一部分，前人研究尚存一定的空白。王阳明多次发布告谕劝导乡民勤耕勤织，积极发展农业生产。并且，王阳明还给无地失地的乡民提供田土以及农业生产工具。改善民生，王阳明多次为民请命，上书朝廷宽免江西税粮。王阳明为促进商业发展，开放广盐、规范税收，禁止胥吏扰民，保障商人的合法权益，促进商业正常运转，从而改善民生。第六部分是对王阳明乡村治理思想及其实践的特点以及历史影响的简单评述。文章试图对王阳明的乡村治理思想及其实践做出详细、体系化的梳理，特别是对王阳明治贫思想及实践的论述。王阳明乡治模式引发明中叶乡村治理的热潮，而明朝中后期的乡约往往与保甲、社学、社仓相结合，这一点可以说也源自王阳明《南赣乡约》。究其根源，在于王阳明心学思想与乡村治理思想的内在作用，心学思想指导王阳明乡村治理，乡村治理进一步传播、丰富了王阳明心学思想。

2. 王阳明的税收法律思想

喻中《德本法末：王阳明法理学的核心命题》(《贵州社会科学》2021年第1期)一文指出，王阳明立足于《大学》开篇规定的"明明德、亲民、止于至善"，把德作为建构文明秩序、完善国家治理的主要依据。与此同时，王阳明也注意到"礼、乐、刑、政之法"对于治国理政的意义。德与法，就构成了二元并立的规范结构。就德与法之间的关系来看，根据王阳明关于"本"与"末"的二元划分，德是治国理政之"本"，亦即德治为本；法是治国理政之"末"，亦即法治为末。把德治为本与法治为末结合起来，就是"德本法末"。王阳明关于"德本法末"的构想，既渊源于古老的"明德慎罚"，也构成了当代中国强调法治与德治相结合的思想资源。

3. 王阳明的廉政思想研究

徐瑾、项瑛《王阳明廉政思想的主旨、局限性及当代借鉴》(《廉政文化研究》2021年第6期)一文指出，王阳明在传统社会享有极高声誉，其廉政思想的主旨是致良知以安百姓，包括明明德以安民、致良知以灭欲、知行合一以为政等方面。从王阳明廉政思想可以管窥整个传统文化崇尚圣人之治的缺陷，即内圣外王的虚幻、存理灭欲的偏颇、德主刑辅的局限。不过王阳明廉政思想也有积极的当代借鉴意义，其主要表现：要以现代法治实现对圣人之治的超越，并在法治基础上注重德法兼治，重视德治的价值优势和治理效能，保持"法"与"德"的张力和秩序。

4. 王阳明的军事思想研究

张山梁《漳南战役：王阳明首战扬名》(《福建乡土》2021年第3期)一文指出，《明史·王守仁传》有曰："终明之世，文臣用兵制胜，未有如守仁者。"纵观王阳明一生，主要有巡抚南赣、平乱宸濠、征伐思田等三大事功，而巡抚南赣的第一站就在闽粤交界的漳州南部山区，打响了他建立功业的第一仗——漳南战役。

刘立祥《王守仁的军事才能》(《文史天地》2021年第4期)一文指出，王守仁是明代心学集大成者，弟子极众，影响深远，在诗坛上也自成一家气象，以道德文章名高千古，更以其卓越的军事奇才震古烁今。

苏成爱《日本尊经阁文库藏〈阳明兵策〉初探》（《孙子研究》2021年第4期）一文认为，王阳明是明代最善于用兵的文臣。该文则就日本尊经阁所藏独有刻本《阳明兵策》的责任者，进行了全面的钩沉与考证，力图揭示各责任者与阳明学的密切关系，以探讨本书的成因与价值。

5. 王阳明教育（含书院教育）、教化思想研究

2021年3月21日，由江西理工大学外国语学院、崇义县文广新旅局联合主办，江西理工大学阳明文化研究与传播中心承办的"王阳明教育思想研究与应用实践学术研讨会"在江西崇义举行，集中研讨王阳明的教育思想。

鲁龙胜《作为成圣实践的教与学：王阳明的教育思想研究》［《贵阳学院学报》（社会科学版）2021年第5期］一文指出，阳明心学是一门教人做"圣人"的教育学，以"学知"和"困知"之人为教育对象。"学知"之人在世上罕见，因而"困知"之人是阳明心学的主要受众。"困知"之人由于"私意"的遮蔽，无法遵循作为"性"的"良知"的指引，他们的"心"总是处于被"私意"干扰的状态。因此，阳明提出"致良知"的教育内容，要求"困知"之人随时随事不间断地"致良知"。以"致良知"来帮助人们成圣的阳明心学，呈现出教即学的根本特点，消解了教育学中的主体性问题，能对现代教育体系的完善以及教育学的建构带来有益的启示。

张山梁《王阳明的讲学授课方法》（《赣南师范大学学报》2021年第2期）一文指出，教育是兴国安邦之基，也是修身齐家之本。王阳明以为世之不治，在于学之不明，始终认为教育、教化既是摆脱"世之不治"的不二法宝，更是攻克"心中之贼"的一把利剑，并在长期实践中总结了重在开导、启迪、得悟的教学经验，形成了"启迪童蒙""学不躐等""解化悟得""因人而异"等讲学授课方法。这些教育理念、讲学方法，对于发展素质教育、教化育人仍然具有积极的借鉴意义。

简东《王阳明书院教育思想新论》（《儒学与文明》辑刊，2021年卷）一文认为，在王阳明的思想体系中，有相当一部分内容是关于教育的，尤其是书院教育。出于宣扬自己学术主张的现实需要，并结合当时书院发展

的历史背景，可以说，王阳明一生的教学经历与书院之间有着千丝万缕的密切联系。而王阳明书院教育思想的形成与完善，正是其在长期教学经历、学术传播实践中展开并获得的，同时其个人性格和魅力也为其书院教育思想增添了更为个性化的色彩。王阳明书院教育思想具有鲜明的形式和特征，对其后心学的传承传播、书院制度的建设均有突出贡献，以及对明后期到清代的书院发展乃至整个国家教育都有深刻影响。

黄琴《王守仁儿童礼仪教育思想对当代儿童教育的启示——基于对〈训蒙大意示教读刘伯颂等〉的解读》（《文化创新比较研究》2021年第15期）一文指出，王守仁是16世纪中国明代著名的教育家。他的教育思想不仅影响了明代中叶童蒙教育的发展，也影响着东亚各国教育思想的改革。而他的教育名篇《训蒙大意示教读刘伯颂等》集中体现了他的童蒙教育思想。在《训蒙大意示教读刘伯颂等》一文中，王守仁主要论述了童蒙教育目的、童蒙教育内容、童蒙教育方法三个方面的内容，并且尤为强调礼仪教育的重要性。这对于在学校中培养儿童的道德情操与塑造儿童早期良好的行为习惯，能够提供必要的理论指导以及实践方向的指引。

应娇红《王阳明的儿童教育观》（《宁波通讯》2021年第17期）一文指出，明正德十一年（1516），王阳明出任南赣巡抚，他采取多种教化措施"破心中贼"，从订立《南赣乡约》、创行十家牌法，到大办书院，兴立社学，特别是颁布《训蒙大意》《教约》给刘伯颂等教读官，提出了儿童教育思想和教学方法，至今仍然切中时弊、振聋发聩。

王宇遥《"致良知"：王阳明儿童教育观的逻辑起点》（《湖南科技学院学报》2021年第3期）一文指出，王阳明的儿童教育观是其"致良知"思想的逻辑延伸与自然阐发。"致良知"作为其儿童教育观的核心，高度弘扬了儿童的主体地位和价值，强调"发明本心""自家解化""知行合一"，有利于实现儿童自我的道德教育及道德修养。王阳明的"致良知"思想及其儿童教育观，至今仍有重要的借鉴意义。

李福龙《王阳明"务本"德育思想体系探究》（《哈尔滨学院学报》2021年第3期）一文指出，王阳明德育思想是一个完整的体系，在不同层面有不同侧重，但始终以"心"作为根基。王阳明的"阳明心学"蕴含丰富的"务本"德育思想，即"心"为本的德育总根基，以实际行动为准的德育评判，以人为中心的德育原则，以自然教育为基的德育方法，以孝敬父母为起点的德育目标的实现途径。

韩铁刚、王阿舒《论王阳明的德性课程知识观》（《当代教育与文化》2021年第6期）一文指出，王阳明承续"尊德性而道问学"儒学道统，发展出自成体系的德性课程知识观。一是以"心即理"阐明德性课程知识的意蕴，即德性课程知识既要满足自我的"尽心"而为的精神伸展需要，又要体现社会的思想约束和道德规制；二是以"复性"指明德性课程知识的价值，即以复己之性、复人之性、复物之性为价值向度，既继承儒家学术传统的知识积淀，又适应社会的发展需求；三是以"人伦"言明德性课程知识的内容，即在自我主体性确立的基础上践行类别化的人伦关系；四是以"知行合一"申明德性课程知识的内部知识实践和外部行为实践过程，即在主观主义知识观和客观主义知识观的统合中发现德性，在学问知识与生命实践的一致中发展德行。

张小雨《王阳明乐教思想探析》（《天津音乐学院学报》2021年第4期）一文指出，王阳明是明代影响最大的儒者，他将礼乐教化视为道德涵养与移风易俗之根本，以实际行动复兴儒家乐教，并通过总结经验，对旧有乐教理论做出继承与批判，提出一系列全新的乐教主张。阳明认为，"中和之德"是制礼作乐、开展乐教的根本依据与最终目的，并意识到施展乐教过程中受教者的心理接受，提倡要顺从学生的心理原则与情感需要开展因势利导的教育。此外，他还设想利用当时民间俗乐，制定出为人乐于接受的新雅乐体系，以便渐进式地实现古乐复兴。阳明乐教思想理论及实践对儒学现代化转型、礼乐文化复兴具有重要的参考价值。

（六）王阳明文学书法艺术思想研究

1. 王阳明的文学思想研究

2021年5月23日，由绍兴文理学院人文学院、越文化研究院与绍兴市王阳明研究会共同举办的"文学世界中的王阳明——小说与阳明文化传播研究青年论坛"在绍兴文理学院举行，集中探讨王阳明的文学思想。

简东《王阳明南赣文学活动述论》(《赣南师范大学学报》2021年第4期)一文指出，王阳明是历史上公认的达至"三不朽"境界的典范，但其"立言"，尤其是文学方面的造诣和成就往往被"立德""立功"的光环所遮蔽。阳明在明代文坛上是卓然的一代大家，其以诗歌为代表的诗文创作自有风标独举的艺术特征和审美气韵。结合阳明生平经历、宦途，对阳明文学方面的创作、作品、成就乃至诸多文学活动进行关注和研究很有必要，尤其是他在南赣期间所写的诗歌、散文颇富性灵意趣，这些诗文正是后人探寻、追悟、阐释阳明精神世界的重要载体和渠道，更可见阳明对于南赣地区文学与文化潜移默化的影响。

贾庆军、时秀娟《王阳明"文以明道"与文学境界论再探》[《宁波大学学报》(人文科学版)2021年第3期]一文指出，对王阳明来说，所有的文字记载和表达均为载道之文。其中歌咏性情之文，相当于现在的文学，以歌咏性情的方式来体现道。阳明的诗文写作涉及的范围很广，歌咏对象无所不包，所达境界令人赞叹。阳明之境界可分三个阶段：天人两分阶段、天人合一阶段和良知宇宙阶段。其超出了一般功利主义范畴。

夏颖婕《王阳明诗歌中"鹤"的意象探微》(《名作欣赏》2021年第8期)一文指出，作为古典诗词中的一个常用意象，"鹤"有隐逸、君子、被囚者、神仙、离别等象征和寓意。王阳明诗歌中的"鹤"具有四种形象，分别为隐逸形象、志者形象、情义形象和神仙形象。从用法上来看，王阳明诗歌中的"鹤"，既有作为比兴寄托的辅助性意象，又有作为用典的潜意象，或是独立的审美对象，或是诗人用以自喻的一个情感载体。

杨铭《王守仁的诗歌创作风格探讨》(《作家天地》2021年第36期)一文指出，王守仁的诗歌以其独特的创作风格受到人们的关注。目前，探析王守仁诗歌与其思想关系的研究、赏鉴论著数目相对较多。该文在分析王守仁的诗歌创作特点和体式选材的基础上，对其诗歌创作风格进行深入探讨。王守仁的诗歌特点主要集中于寄情山水、士隐传统、融入道法等，而诗歌体式则多以古诗、律诗和绝句为主。在创作风格方面，王守仁的诗歌创作追求洒落境界，钟情于山林野趣，以及将诗、情、物、理融于一体。

杨永涛《王阳明〈重修山阴县学记〉主旨揭橥》（《名作欣赏》2021年第18期）一文认为，王阳明《重修山阴县学记》是其居越期间所作"四大记"之一，其文辞流畅洒脱，文意畅快淋漓。这篇文章的核心是揭示圣人之学是心学而非禅学，其文辞之间透露着对朱子之学支离的批判，也透露着心学愈发兴盛的气势。

杨晓慧《"道艺合一"视域下的王阳明书法艺术观探赜》（《人文天下》2021年第5期）一文指出，道艺关系是中国艺术哲学和艺术精神的根本问题，道是艺的根源，艺是道的显现。王阳明"道艺合一"的书法艺术观源于其"心即理"等心学思想，他将自身所体悟之道通过"游于艺"的生活方式表现出来，其书法艺术创作活动最能体现"道艺合一"的审美境界，融汇主体的个人性情与书法技艺，以道统摄书法艺术创作，由书法艺术创作臻于道。王阳明视书法艺术为成德达道的修养工夫，由此可实现人生境界的不断超拔，这对我们理解艺术的本质与功能提供了极有价值的参考视角。

2. 王阳明的诗词歌赋与戏曲研究

杨洋、汪柏江《王阳明诗词中"寺庙"意象的层次分析》（《牡丹》2021年第22期）一文指出，"意象"是主观之"意"和客观之"象"的结合，古代诗人往往将自身的思想感情融入"物象"，形成有某种特殊含义和文学意味的具体形象，借此抒怀表志。"寺庙"作为古人的常用意象之一，见于中国历代文人的诗词之中。王阳明也不例外，其诗歌秀逸有致又饱含哲理。

吴强、彭佳慧《"文旅融合"下王阳明赣州诗的旅游资源转化途径》（《赣南师范大学学报》2021年第1期）一文指出，在《阳明全书》和当前关于王阳明诗歌整理本中，可找到42首赣州诗歌，通过解构的方法，发现在这些诗歌中包含了王阳明所见的南赣景观和民风、王阳明主要从事的活动、诗歌中对传统文化的继承以及他的心学体悟等要素，这些要素对于研究阳明文学与旅游的融合有着重要作用，可从景观构建、住宿、交通、购物和娱乐等方面探讨其转化途径，为赣州阳明文化旅游的发展提供参考。

印盛园《王阳明散曲初探》（《南阳理工学院学报》2021年第5期）一文指出，王阳明以曲抒写个人生活，针砭时弊，其散曲呈现出锐利的情感倾向，在明中期曲坛中有着特殊的地位。王阳明现存两个套曲，分别是［南仙吕入双调·步步娇］《归隐》和［南仙吕·甘州歌］《恬退》。《归隐》大致创作于1519—1521年，由十一支曲子构成，内容主要是对朝廷奸宦乃至皇上的抨击批判，表露出作者对黑暗朝廷的愤懑不平；《恬退》的创作应早于《归隐》，由五支曲子构成，表现出作者有建功立业之志却遭受打击，流露出其归隐乡间的志趣与旷达的胸襟。这两个套曲以叹世归隐为主旋律，具有极强的现实指向性。

董彬彬《阳明思想与音乐实践教育》（《艺术家》2021年第6期）一文，首先，分析在高校音乐实践教育中引入阳明思想的意义和目的；其次，阐述在高校音乐实践教育中引入阳明思想所面临的挑战；最后，在此基础上，提出在高校音乐实践教育中引入阳明思想的具体策略。

3. 王阳明的书法艺术思想研究

张哲《王阳明〈再辞封爵普恩赏以彰国典疏〉手稿赏析》（《艺术市场》2021年第11期）一文指出，作为一代大儒的王阳明，在书法上有着极高的造诣和不可忽视的价值。其中，《再辞封爵普恩赏以彰国典疏》手稿，就是一幅难得的行书佳作，具有较高的审美价值和史料价值。

赵坤《王阳明〈上地方急缺官员疏〉手稿卷赏析》（《艺术品鉴》2021年第2期）一文，通过对王阳明《上地方急缺官员疏》手稿卷的释读和考证，阐述了王阳明作为中国古代著名思想家、军事家，在书法艺术上造诣深厚。

赵坤《中国国家博物馆藏王守仁文稿尺牍（墨迹本）》（《书画世界》2021年第12期）一文，对中国国家博物馆藏王守仁文稿尺牍予以详细考释。

（七）王阳明美学伦理生态思想研究

2021年，学界同仁对王阳明的美学思想、伦理学思想、生态思想进行了研究，尤其是对王阳明道德伦理、道德哲学的研究阐释发表了不少研究论文，值得关注。

1. 王阳明的美学思想研究

刘继平《阳明心学美学对道家美学思想的融摄》［《贵阳学院学报》（社会科学版）2021年第2期］一文指出，心学美学在其形成过程中对道家美学思想进行了借鉴与吸收，二者都属于"体验美学"：它们在审美体验的主体性、方式与结果等方面都存在相似之处。当然，二者毕竟是两种不同的哲学体系，它们的内涵是有着本质区别的。

2. 王阳明的伦理思想研究

李欢欢《王阳明伦理思想研究》（哈尔滨工业大学硕士学位论文，2021年5月）一文，对阳明学的伦理思想内涵予以系统挖掘。

华建新《王阳明军政伦理思想与社会治理的当代价值》［《贵阳学院学报》（社会科学版）2021年第1期］一文指出，王阳明的军政伦理思想是其对心学思想长期探索的必然结果，亦是其在治理地方实践中创造性转化的思想结晶。阳明的军政伦理思想，体现了其对社会治理基本规律的认识，即以"开显良知"为治理的根本准则，这与现代社会的治理原则有着共通之处，符合广大人民群众的根本利益。阳明的军政伦理思想其特质是直指人的道德世界，凸显人的主体性，是生成性、内化性和自律性的。在社会治理中要坚守开显良知、明德亲民、尊重人格、攻心为上、觉民行道、民生为重、化俗为礼、文教化育等原则，标本兼治，以"正心诚意""破心中贼"为切入点，将"知行合一""致良知""万物一体"的心学思想融化在治理过程之中，即通过引导社会成员人心向善、风俗纯美，以建立诚信的、和谐有序的理想社会。

贾志远《阳明善恶思想及其问题略探》（山东大学硕士学位论文，2021年5月）一文指出，善恶问题的研究有着重要作用，对人类追寻自身存在的意义具有重要的价值。王阳明作为儒家思想发展史上的重要人物，善恶思想是其学问体系中极其重要和最具现实价值的部分。王阳明从本质上深化了儒家对人性论的认识，人性本是无善无恶，无善无恶即是至善，超越性的至善非经验性的，此至善的本性要求人不要执着于善念恶念、事事物物，而心的这种本然状态也是实现圣人道德理想境界的内在依据。对善的认识中，阳明将儒家之善视为一种道德之善，言明儒家道德理想的追求是成就圣贤人格。他从理学知识化的角度进行反思，将儒家之善的本质从知识化的路径引入德性本质中。阳明并非反对知识，而是要纠正长期以来知识替代德性的错误观点。德性是善的本质，儒家的圣人道德理想在于人的德性本质能否全然得到显现。在恶的认识中，阳明站在善恶同源的角度来解释恶的来源和本质，对本质之善，即至善的偏离则是恶，恶的产生是"心"和气的作用。在阐述"恶"的同时，阳明强调"心"的主体性作用，人心惟危，人性具有不确定、变化不周的特性，因此人性有着多种可能的趋向。阳明关于"恶"的思想，体现了其对宋明以来"恶"的思想的总结与超越，在思想史上有着重要的意义。从本源追溯善恶的产生，阳明认为善恶皆经验性的表达，人性在本质上无善无恶。作为本体的良知是超越性的道德本原，良知是一种超越善恶的"至善"，而这种至善的本性利用有无关系来回答，就是无善无恶。从形成过程来看，善恶的产生受"气质"活动的作用影响，气质影响人性的变化。但人作为活动主体具有主体性，因而善恶不仅来源于气质变化，也来自主观意识的影响，有善有恶意之动、有善有恶气之动在阳明这里都具有合理性，"意"与"气"决定着善恶的形成和变化。从这里出发，阳明为善去恶工夫的重点也可分为两个方面：一者是诚意；二者是变化气质。另一个角度来说，阳明一贯强调知行合一，故而理论上的分殊不能导致实质上工夫本质的分割，工夫只是一个，诚意是变化气质，变化气质也是诚意。

王进文《此心光明，则诸恶潜消——知行合一视角下的阳明"恶"论疏义与展开》（《孔学堂》2021年第2期）一文指出，阳明学说以"心即理""致良知"为核心论题，强调"知行合一"，具有鲜明的实践性格。但是，它也必须面对从心所生发出来的恶以及去恶的问题。阳明所言之恶，不能归咎于外在的"习"或"物"的浸染干扰，而是源于人心私意私欲的遮蔽。是心之所发之意偏离良知，即私意遮隔本心，呈现为"躯壳起念"或"分别善恶"。其根源则在于将知行二分，导致心之发用背离良知本体。就其本质而言，恶作为一种状态，并不具有本体论意义，仅具有现象学意义。恶由意念所起，在知行合一的框架中，阳明主张致良知即去恶，通过立志克己以"诚其意"，以使人无蔽于私意私欲。纵观阳明的全部生命历程，存在着由强调"意之所在"的存理去欲到重视"明觉感应"良知心体本身彰显的去恶路径的转变，但"有""无"之间即体即用的关系是一以贯之的。去恶之依据不在于外物，而在于人心本身。此心光明，则诸恶自然复返，是阳明对善之价值的肯认与坚持。

吕本修《王阳明道德修养思想探析》（《理论学刊》2021年第3期）一文指出，王阳明是明代著名心学大师，道德修养理论是阳明心学的重要内容。从初学到成圣，王阳明经过了独特的心路历程，也形成了自己的圣人观；他的心性论构成了其道德修养思想的理论基础；省察克治、事上磨练、知行合一等构成了其道德修养思想的主要路径与方法。

3. 王阳明的生态思想研究

2021年1月2日，"王阳明逝世492周年拜谒活动暨王阳明生态思想研讨会"分别在江西大余、崇义举行。在崇义阳明书院，参加会议的专家学者围绕王阳明"万物一体之仁"的人文生态思想进行了充分的交流。大家一致认为，"与天地万物为一体"的思想是王阳明热爱自然、保护自然与珍视万物的充分体现。因而，挖掘其生态思想运用于当今和谐社会建设和生态文明建设具有深刻的理论意义和现实意义。

（八）王阳明佛教道教思想研究

我们知道，王阳明早年有出入佛老的经历，关注作为一个儒家圣人的"王守仁"，也应该关注王阳明的佛教、道教思想，毕竟王阳明的别号"阳明山人"即来自道教的"阳明洞天"。

1. 王阳明的儒学与佛道关系综合研究

王冠霖《三教理论背景下王阳明对丧亲之痛的排遣》(《怀化学院学报》2021年第6期)一文指出，如何面对丧亲之痛是中国哲学不可回避的话题。儒、释、道三教根据各自哲学立场贡献了丰富的实践和理论，同中有异。孝道是儒家伦理的基础，哀伤是儒家丧礼的情感基石，但儒家加于情感上的规范化的伦理仪式难以真正解决丧亲之痛的问题。道家和佛教分别给出了两种思想进路排遣，但最终在王阳明"执中"的工夫论中得以完满疏解。

潘叶青《王阳明融通三教思想研究》(西安电子科技大学硕士学位论文，2021年5月)一文，对王阳明融通儒、释、道三教思想予以研究。

2. 王阳明与佛教关系研究

汪建初《天泉证道与六祖坛经之比较研究》[《贵阳学院学报》(社会科学版)2021年第1期]一文指出，阳明心学与禅宗存在极为密切的关系，阳明心学渗透了禅学，因而探讨二者的关系有助于更加全面理解阳明心学内容及特色，揭示阳明心学与禅宗的内在关系，凸显阳明心学的禅宗特点。

陈力祥、汪美玲《王阳明融佛入儒思想再探》[《阜阳师范大学学报》(社会科学版)2021年第4期]一文指出，王阳明融佛入儒有其内在的逻辑，是在具体时代背景下做出的必然选择。阳明融佛入儒之缘由，为社会沉沦需求道德重塑，理学僵化需要儒学突围。阳明融佛入儒之路径，为以"本心"作为儒学和佛学的接榫点，大量吸收和借鉴佛教"即心即佛"的心性论、"动静结合"的工夫论以及"圆融无碍"的境界论，从而形成了一个兼具"自明性""真切性""圆融性"的"本心"。阳明融佛入儒之旨趣，一方面为了挺立个人的道德价值，恢复社会的公序良俗；另一方面，是要维护儒学大中至正、彻上彻下之大道地位。

李建飞《阳明心学知行合一学说的思想探析》(《品位·经典》2021年第9期)一文指出，王阳明是明代新儒学家的代表，加之佛教思想在明朝的盛行，王阳明通过援佛入儒的方法对佛教思想批判继承，形成"儒体佛用"的新儒学，为统治思想注入新的精神活力。

3. 王阳明的道教思想研究

遗憾的是，2021年不见有研究王阳明道教思想的论著。

（九）清代、近现代及当代新儒家的阳明学研究

2021年，学界同仁对阳明学在清代乃至近现代的影响，尤其对当代新儒家视域下阳明学研究进行了深入的探索与学术史梳理，这就为我们下一步撰写清代阳明学史、近现代阳明学研究史奠定了一定的理论基础。

1. 清代阳明学研究

贺超《从心学到经世学：论明末清初浪漫主义书风的衰退》（《新疆艺术学院学报》2021年第3期）一文指出，明末清初浪漫主义书风的兴衰与思想的变化有重要关联。"心学"强调"性灵"、主张表现"本心"，在"心学"的影响下，独抒性灵、发挥个性的浪漫主义书风盛行。而随着"心学"的盛行，士大夫对"心学"的空谈心性、不实之风等思潮进行抨击，从而掀起"经世学"思潮。明末清初，"经世学"思想得到广泛传播。士人重视"经世学"，打击了"心学"的发展，而浪漫主义书风是以"心学"为基础的。因此，"心学"的衰微和"经世学"的兴起，是导致浪漫主义书风衰退的重要缘由。

张凯作《明末清初天主教与阳明心学关于"灵魂"的论辩》（《北京行政学院学报》2021年第2期）一文指出，明末清初天主教传教士来华传教，与阳明学者针对"灵魂"问题进行了深入的论辩。传教士认为灵魂是性，而阳明学者认为灵魂是心；传教士认为灵魂不灭，面临着天主的审判，而阳明学者认为灵魂会回归太虚；传教士认为天堂地狱是实存的世界，而阳明学者认为天堂地狱皆是心的反映，对善恶的奖惩不是进入天国或下入地狱，而是良知的满足与否。这些论辩反映出阳明心学是明末清初传教士与本土学者论辩的焦点：传教士对阳明心学持批判态度，阳明心学则是本土学者用以抵制天主教的武器。

刘俊《罗泽南〈姚江学辨〉的核心要旨及其思想史意义》（《东岳论

丛》2021年第9期）一文指出，在晚清汉学式微、宋学复兴、心学抬头之际，理学名儒罗泽南以卫道程朱、恪守正统为己任，倾力著述《姚江学辨》，以朱子学为准则，对阳明心学展开剖析毫厘、决其疑似的批判。他首先力证阳明之学为禅学，割断心学与孟子学的渊源，将其打入异端，从儒学行列中清扫除去，消解其合法性；继而操戈入室，从阳明心学的三大要旨"心即理""致良知""知行合一"入手，详辨其非，否定其合理性。罗泽南这种不遗余力的批判，呈现出鲜明的学术特质，在学术史上具有重要的典范意义：一是标示程朱、重振宋学，使程朱理学得以在干嘉汉学没落之后再度崛起；二是显示程朱、陆王之学的创获与局限。

2. 近现代阳明学研究

彭传华《"真""俗"之间：章太炎批评王学的思想历程及真正动因》（《浙江社会科学》2021年第11期）一文指出，章太炎秉承事功与学术二元的评价观，对古今中外"既立"诸学都进行分解与批判，其分解与批判的对象自然包括王学。与学界所持"章太炎对王学的态度在不同的阶段呈现截然不同的面貌"的观点迥然不同，该文研究表明，章太炎就其一生而言，大体上都是非王。按章太炎学术发展的内在脉络，可以将其对王学的批评分为前后两个时期。具体思想历程如下：在章太炎"转俗成真"的学术前期，《訄书·王学》以科学主义的视角批评王学"立义至单""无组织经纬"，指责王学"以良知自贵"造成与科学的疏离；《谴王氏》以民本主义的原则批评王学"其学既卑，其功又不足邵"；《答铁铮》以民族主义的原则批评王学"偏于我见"；《检论·议王》以实用主义的标准批评王学不能治国、不能布政，讥讽阳明为"匹夫游侠之士"，指陈王学之失在于"剀切而不得分齐"。在其"回真向俗"的学术后期，章太炎以佛学的立场批评王学"轻礼教""尚阴谋"，并批评王学的良知说不能了生悟死，质疑亲民说所造成的思想流毒。总体来看，章太炎一生非王，尽管晚年对王学有所肯定，依然是情非得已，"只是应时方便"，不是真正意义上的归王。章太炎在前后不同时期对王学批评有着不同的侧重，这正好印证了其思想经历了由"转俗成真"到"回真向俗"的精神蜕变。

3. 新儒家视域下的阳明学研究

叶茂《"知主行从"与"知难行易"——贺麟对王阳明"知行合一"观的批判与重构》(《顺德职业技术学院学报》2021年第4期)一文指出，贺麟并不完全认同王阳明对"知行合一"的解释。一方面，他重新界定了"知""行"的概念，提出了知行存在显隐之分和表象与背境之分；另一方面，他质疑了王阳明"知行合一"的时间观念，通过区分"自然的知行合一论"和"价值的知行合一论"、"率真的价值的知行合一论"和"理想的价值的知行合一论"，对知行合一的时间问题进行了详细的阐释。贺麟采纳王阳明"知主行从"的观点，融入伦理学的关怀，构建了以"知主行从"为逻辑关系、"知难行易"为价值关系的"知行合一"观。

赵连越《"良知坎陷"与"心外无物"——论牟宗三对王阳明〈传习录〉"南镇看花"章的现代诠释》[《西安石油大学学报》(社会科学版)2021年第2期]一文指出，依儒家之传统，阳明"心外无物"一论题中"心"非指"认知心"，而是相应孔子"践仁知天"、孟子"尽心知性以知天"而来的"超越的道德本心"；同时，由阳明"南镇看花"可知，"物"非单纯指"行为物"，亦包含现象界之"存在物"。按牟宗三的说法，道德本心具绝对之普遍性，它自发、自律、自立法则即是天理，它是道德行为所以成立之根据，因此由吾人道德实践所带出的"行为物"不能脱离吾人之道德本心而存在。道德本心与物无对，当它自觉地"自我坎陷"而转为可将外物推出去为一对象之"认知心"时，即成就吾人对现象界之"存在物"的知识，道德本心亦是现象界"存在物"之存有论的根据，故"行为物"和"存在物"皆不出道德本心之创生、涵润也。

张君劢著、江日新译《论王阳明》(上海人民出版社2021年6月版)一书，包括《王阳明——中国十六世纪的唯心主义哲学家》和《比较中日阳明学》两篇。前篇原著为英文，是对王阳明学术及生平的简短而通俗的介绍性小论；后篇是张君劢用中文写就的一本分析中日两国阳明学研究特色和专长的学术性小作，牟宗三曾赞其为"发前人所未发，抒意深远，其足警惕吾人者甚大，盖非有先生之志愿与识度，莫能道"。该书比较系统地反映了张君劢对王阳明的推崇和看重，无论是对阳明学还是张君劢的研究都有积极的意义。

宋滇《张君劢的新儒学思想与德国哲学》（《海峡人文学刊》2021年第3期）一文指出，张君劢是中国现代新儒家的代表人物之一，终生致力于中国传统文化的现代阐释与现代转化。在1923年的"科玄论战"中，张君劢将奥伊肯哲学和康德哲学作为自己"人生观"概念的主要理论资源，在建构"科学观"的过程中加入了杜里舒的生机主义哲学。随着20世纪30年代国难的日益深重，张君劢倾心于费希特哲学和黑格尔哲学，但康德哲学仍然发挥着重要的作用。在三种哲学的共同作用下，张君劢构建了"大彻大悟的民族观"和"死后复活的民族文化观"。晚年赴美之后，他尝试用西方哲学理论研究王阳明学说，以康德哲学作为主要框架，以新唯实主义作为补充，建立了新儒家"唯实的唯心主义"理论形态，并以"万物之有"和"致知之心"作为这个理论形态的基本范畴。因此，张君劢的"人生观""科学观""民族观""民族文化观""王阳明哲学""儒家哲学"等概念与德国哲学之间有着紧密的关联，在为中国思想注入新活力的同时构成了中国现代新儒学内部复杂和隐蔽的主体危机。

（十）王阳明的历史定位与阳明学的思想史地位研究

刘兆伟、刘北芦《中华道统和历史大潮中的王阳明学说》（《理论界》2021年第8期）一文指出，王阳明学说是中华道统的重要一环，是对儒家学说的创造性继承和创新性发展。它深刻揭示了中华道统之真髓，巩固了中华民族良知良心之信仰，指明了使圣人之道化作世人行为的必要性和重要性，实为中华道统与现代文明衔接之重要枢纽。欲清楚其历史地位与当代价值，则必须将其置于整个道统与所处时代背景中去综合审视。

张菁洲《从文本记述到戏剧表达——王阳明戏剧形象的场景塑造》（《电影评介》2021年第10期）一文指出，王阳明作为实现儒家圣哲"三不朽"理想的历史人物具有传奇性和代表性，这是王阳明形象戏剧化的必要前提。早在戏曲艺术飞速发展的明清时期，艺术创作活动便将视角深入王阳明的传奇人生，如山阳道人编撰的南戏《王阳明平逆记》、明正德十五年后根据《王阳明平逆记》改编的《宁王》本，其后又有《护国记·点化阳明》或《阳春记·点化阳明》，即许真君点化王阳明之剧目，可见人们对王阳明的人生经历颇感好奇。

谢一丹《王阳明"佞臣"形象的"实录"书写》(《现代传记研究》辑刊，2021年卷)一文认为，《明实录》中载有大量与王阳明相关的"传记片段"，这些"传记片段"以皇帝敕谕、言官章奏，以及王阳明所上之疏为主，它们共同建构起异于《行状》《墓志铭》《年谱》的佞臣王阳明形象。王世贞对《明实录》所书王阳明夺人战功、勾结逆藩、滥杀平民进行驳斥，却过度强调《明实录》纂修官与王阳明的私人恩怨。王阳明封伯给阁臣杨廷和带来的政治威胁，"大礼议"中王阳明默许"议礼"的态度，王阳明的"异端之学"及其讲学规模在嘉靖初年的扩张，共同造成了嘉靖初君臣对王阳明的普遍不满。借助《明实录》中的"传记片段"，可以探知嘉靖初皇帝、内阁、六部争斗激烈的政治生态与以程朱理学为尊的学术宗尚。

方志远《盖棺未必论定：王阳明评价中的庙堂和舆论》[《清华大学学报》(哲学社会科学版) 2021年第2期]一文指出，王阳明被称为有明一代立德、立功、立言第一人，但对其"盖棺定论"，却是由明入清，几次三番，经历了一个长达两百年的过程。从有保留地承认其事功、全盘否定其学术，斥为"邪说"，到全面赞扬其气节、文章、功业，从祀孔庙，再到一面褒扬其事功与学术的相互激发、赞叹其"危疑之际，神明愈定，智虑无遗"，一面批评"矜其创获，标异儒先"。整个过程既贯穿着庙堂和舆论之间、庙堂和舆论的各种力量之间的争议和博弈，也揭示出不同时代的现实需要和价值取向。

张亦辰《顾宪成对阳明学良知当下论的改造——以〈当下绎〉为中心》(《中国哲学史》2021年第4期)一文指出，在阳明学理论中，良知当下呈现须以良知当下存在为本体论预设，这一预设指明良知是心体本有而现成存在的。东林党人顾宪成敏锐地意识到"当下"问题的重要性，故特意撰述《当下绎》，对当下论既有基本认同，也注意到了这一理论因为过分强调本体的当下性、现成性而有脱略工夫的危险。他运用朱子学心性二分的思维模式，提出了"性矩"说，以性体取代良知心体的地位，对"合下"性体与"当下"工夫作了区隔，认为当下工夫须置于合下性体的前提下，以此减弱当下的本体义而强化当下的工夫义。顾宪成重建了以性体为宗的"性宗"思想，为明清之际由王学向朱学复归的思想转向埋下了伏笔。

都兰雅《试论冯从吾对于王阳明教说的诠释》（《许昌学院学报》2021年第6期）一文指出，晚明大儒冯从吾的学说与阳明心学的交融、互动与开新，显露出阳明心学所蕴含的思维向度与义理内容。王阳明的"个个人心有仲尼"为冯从吾树立起为学入德之根本与目标；冯从吾对于阳明心学的吸纳、转出、重构的关键，在于救正王门"无善无恶"说之弊的思考，冯从吾立足于心性本体内涵，由善与无善之辨延伸到儒佛宗旨之辨，辩驳异端以复归儒家性善之旨；冯从吾试图调和并兼取朱、王学说之长，其关键在于本体与工夫的融会，他将工夫规定为本体之用，构成以本体为主的理论架构，重整晦蚀阳明心学的玄虚支离乱象。冯从吾对王阳明教说的理解，作为晚明学者对阳明心学的融会与开新的实例，值得学界关注。

赵永翔《宗其原而应之变：论明代心学与儒学学统的建构问题》［《暨南学报》（哲学社会科学版）2021年第12期］一文指出，作为朱子理学对立学术体系的心学，至明中叶经王阳明力主是说，而逐渐取得了堪比官方理学的强势地位。这种学术格局变动的同时，也伴随着思想界的震动和学术群体内部的撕裂，并在客观上促成了明至清初儒学学统建构与再建构问题的产生。在与朱子理学的学术竞争过程中，王阳明以集学术与事功于一体的独特气象支撑着心学体系。倾向心学的知识群体们从朱陆异同、心禅界限、治学主旨、史籍书写等方面的论辩中宗其原而应其变，力图展现出心学理路之价值与谱系之"正宗"，从而在儒学学统体系的建构过程中占得一席之地。从明代社会的整体发展脉络来看，心学与朱子理学就儒学学统中的位置之争，不仅仅是两种学问绍续薪传过程中的学术命运问题，亦且演递为关涉彼时道统与政统的重大社会问题。

（十一）阳明学的现实意义与当代价值研究

如何实现阳明心学的"创造性转化与创新性发展"是当下研究、宣传、弘扬阳明学的一个重大课题，而这必然涉及对阳明学现实意义的挖掘与当代价值的研究。2021年，学界同仁对此有深入研究。

1. 阳明学现代价值综合研究

陈立胜《全球化时代下的阳明学的意义》（《孔学堂》2021年第4期）一文指出，阳明学经王阳明一生之经营，在明代正德、嘉靖年间已成为"显学"，其时代"意义"充分展示于中晚明日趋动荡不安的社会状况之中。清末民初，与西方世界遭遇，"世纪"意识觉醒，在数千年未有之"大变局"中，阳明学在"东亚文化圈"迈向现代性的征途中表现出丰富多彩的"历史效应"。在21世纪全球化背景下，将阳明学的精神拓展与上升至"世界"的意义，是当今阳明学研究者不容推辞的时代使命。

方礼刚《阳明心学的核心思想与当代意义》（《原道》辑刊，2021年卷）一文认为，研究阳明心学，必先认识社会背景，探寻其思想根源。一方面，明朝中叶，随着社会的逐步安定，经济的不断发展，特别是随着江南一些地方城市工商业的发展，在传统"士农工商"的等级划分之外，出现了"四民皆本"的观念。另一方面，文化专制、阉宦干政、赋税沉重以及内忧外患等消极因素，亦激发起人们对政治、思想、社会等领域变革的期待与渴望。阳明心学正是在顺应这一社会需求，并在继承和发展儒家传统道德哲学的基础上发展起来的。阳明心学不同于理学的心性论、工夫论。"心即理"是阳明道德哲学的本体论，"知行合一"是阳明道德哲学的实践论，"致良知"是阳明道德哲学的价值论。阳明心学是中华传统文化的瑰宝。深入研究阳明心学有助于涵养社会主义核心价值观，构建中国哲学的终极关怀，重塑知识与道德的关系，以及处理当前的国际关系。

王剑《论阳明文化平等观及其当代启示意义》（《铜仁学院学报》2021年第6期）一文指出，阳明文化既是中国传统文化的一座高峰，又是自其内部开出早期启蒙思潮。阳明文化蕴含丰富的平等思想，主要包括圣凡平等观、四民平等观、五伦平等观。人格平等与仁道理想是阳明文化的价值观内核，理性主义与辩证法是阳明文化的世界观智慧。从社会主义平等观诸核心理念来看，阳明文化平等观可以为社会主义平等观建设提供智慧的启迪。

李孟林《浅谈王阳明思想对当代贵州发展的意义》(《汉字文化》2021年第16期)一文指出，贵州是王阳明心学思想的发源地，是阳明心学的起点，特有的历史积淀和独具一格的文化土壤，使得阳明心学在贵州民族地区迅速传播，形成了最早的地域性心学学派——黔中王门，其为贵州发展培养和造就了一大批英才。在长期的传承与发展中，贵州逐步成为阳明心学研究的重要平台，阳明思想对贵州参与世界人文对话、提升贵州形象，有着不可或缺的重要作用。

2.阳明心学与"共产党人的心学"的比较研究

2021年12月11日，"中国共产党人'心学'与推进党的建设新的伟大工程高端智库建设专家咨询会"在贵州大学召开。为深入研究和探讨中国共产党人"心学"和推进党的建设新的伟大工程的理论和实践问题，深入挖掘和转化贵州省本土文化资源，深入总结和探索贵州的实践经验和创新做法，促进贵州省哲学社会科学做好咨政服务工作，贵州大学组织15名国内权威专家、6名省内知名专家、20多名校内相关学科的骨干学者，以"中国共产党人'心学'与推进党的建设新的伟大工程高端智库"为名申报贵州省第二批新型特色智库，并成功入选。

吴光、张宏敏《论共产党人的"心学"：一个阳明学的视角》[《贵阳学院学报》(社会科学版)2021年第3期]一文指出，党性教育是共产党人修身养性的必修课，也是共产党人的"心学"。中国共产党人的初心和使命，就是为中国人民谋幸福、为中华民族谋复兴。从某种意义上来说，王阳明及传统儒家"为天地立心，为生民立命，为往圣继绝学，为万世开太平"的"初心"，与共产党人"为中国人民谋幸福、为中华民族谋复兴"的"初心"有异曲同工之妙。

方尔加《汲取阳明学精华，构建共产党员"心学"》(《邯郸学院学报》2021年第3期）一文指出，注重联系实际，解析了王阳明"心外无理、心外无物"真实含义。将"心外无理、心外无物"解读为人在实践中形成的一种心物良性互动精神境界。打造共产党员的心学，提高共产党员的道德修养，锤炼共产党员为人民服务的能力，需要这一境界。将中国古代哲学研究与共产党员的素质提高深度结合，是构建共产党员"心学"的一种有益探索。

彭彦华《论党性修养对阳明心学合理内核的融摄》（《山东省社会主义学院学报》2021年第1期）一文指出，党性修养是党员干部将党性内化于心、外化于行的锤炼过程，阳明心学"心悟"是指人经过长期思考后领悟新认识、新感知的过程。锤炼党性修养可以借鉴阳明心学治心路径。治心或改造主观世界的关键是道德的自我完善，道德自我完善的难点在于克制贪欲，克制贪欲的基本路径是致良知。治心对于党员干部来讲就是增强党性修养，致良知或增强党性修养的根本方法是知行合一。党性教育借鉴弘扬阳明心学的治心路径，有利于在每一个党员身上深深地根植下坚强的党性，筑牢信仰之基、从政之基、廉政之基。

3.阳明心学对医学、心理学、社会心态学的启示研究

2021年10月30日下午，由余姚市委组织部、市委党校、市社会科学界联合会主办的"阳明心学与干部心理健康专家研讨会"在浙江余姚举办。

张俊义、张艳清《论王阳明心学身体观及其启示》（《医学与哲学》2021年第9期）一文指出，王阳明心学身体观的内涵有：人是天地之心，心为身之主宰；从位置上说，心为大头脑处；从功能上说，心为主宰处；心身合一是知行合一的基础；心为身主，知是行的主意，旨在克除恶念；身为心用，行为知之成，真知必能行；身为基础，心为超越。其现实启示在于医学目的即良知，具有内在性、多层次性、天然自有性。彰显医学目的即是"致良知"，医学目的的内在性，体现其处于医学实践的大头脑处；医学目的的多层次性，体现发动医学实践之主体的大小不同；而医学目的的天然自有性，集中体现于最高层级的医学目的之中。

李承贵《心理学视域中的王阳明心学研究》（《学术界》2021年第6期）

一文指出，王阳明心学能否从心理学角度展开研究，学界向来十分谨慎。不过检索相关文献发现，王阳明心学的心理学性质、内容、特点与价值还是得到了部分学者的密切关注，并推出了系列令人爽心悦目的成果！以往成果主要表现在以下几个方面：一是对阳明心学中隐含的心理学理论内容进行了发掘和分析；二是揭示了阳明心学（概念或命题）的心理学性质；三是较为深入地发掘、研究了阳明心学中的心理治疗方法；四是对阳明心学的心理学教育理论和方法进行了发掘和评论。这些成果不仅为阳明心学心理学思想研究开辟了新的研究领域，而且在研究内容、研究路径、研究旨趣上都表现出对当下阳明心学研究的极大启示性。

4."知行合一"观的启示研究

戴真真《心学"知行合一"思想的思政教育价值》（《黑河学院学报》2021年第6期）一文指出，阳明心学体系将"知行合一"确定为核心内容。当代思想教育的重点仍是知与行，任何一名思政教育者都希望学生可以做到知与行的统一。知为行的因，行为知的果，无知则无行，而无行却不代表无知。这就需要从心学"知行合一"中寻找知与行的真谛，运用中华民族古代先贤的智慧，服务于当代思政教育的创新和发展。

邬红波《"知行合一"视阈下的大学生思政教育探究》（《浙江工商职业技术学院学报》2021年第1期）一文指出，王阳明"知行合一"思想蕴含着丰富的智慧，关于道德认知和道德践行的论述，对新时代高校的大学生思想政治教育工作有着一定的借鉴意义。

陶琴《王阳明"知行合一"观对新时期青年思政教育的启示》（《文教资料》2021年第15期）一文指出，"知行合一"是王阳明在批判和继承先秦儒法道，以及宋代程朱学派知行观的基础上着意提出的。此说，为我们解决道德领域"知行"脱节的问题提供了参考。

陈慧枫《高职院校新时代劳动教育的价值与路径探究——基于王阳明"知行合一"思想视角》（《现代交际》2021年第7期）一文指出，王阳明"知行合一"思想是中华优秀传统文化的重要组成部分，也是社会主义核心价值观的重要体现。因此，高职院校要充分发挥文化润物细无声的力量，以社会主义核心价值观为引领，立足知行合一思想，探究劳动育人，为劳动育人溯本正源，实现劳动教育的目标。

袁轩《用"知行合一"思想将公共知识转化为个人知识探析》（《延边教育学院学报》2021年第1期）一文指出，王阳明的"知行合一"强调的是"知"与"行"的一体性，并非探讨"知"与"行"的孰先孰后。今天，这一思想对高校思想教育工作有着巨大的启发。它提示我们，思想教育工作不能偏重公共知识的灌输，而应将公共知识与个人知识同等看待，使每一个学生都能够形成自己独有的知识。

杨欣《王阳明"知行合一"思想在成人思政教育中的渗透》（《科教导刊》2021年第32期）一文指出，王阳明"知行合一"思想作为我国传统优秀文化的代表，在成人思政教育中能发挥巨大能量。教师要深入研究"知行合一"思想内涵，探寻其在成人思政教育中的渗透策略，以此提升育人水平。

侯勇《王阳明"知行观"的当代德育价值》（《四川教育》2021年第10期）一文指出，"知"与"行"是德育研究及实践的根本对象和关键环节，是高质量开展德育的着力点。在"人本观""善恶观""良知观"分角度认识王阳明"知行观"的架构上，分析当代"理论式""表演式"德育两极模式的不足，进而以王阳明"知行观"为借鉴，探索自我认知、知识认知、品行历练、能力形成和实践反思等实施路径，以期有效渗透至当代德育。

张黎《浅析王阳明知行思想的价值启示》（《西部学刊》2021年第10期）一文指出，王阳明知行思想对当下提高全民族道德修养有着重要的现实意义。王阳明知行思想以"心即理"思想为基础，从知行本体、工夫合一的角度说明了知行密不可分，相融并进，强调要知而能行，即知即行。学习王阳明知行思想对弘扬传统文化、倡导学用结合、解决现实问题具有积极启示。

5. 良知、致良知、万物一体思想的现代价值研究

李春强《良知论启示下高校教师核心素养提升路径探析》〔《盐城师

范学院学报》（人文社会科学版）2021年第2期〕一文指出，在高等教育事业高质量发展的新时代背景下，王阳明良知论中一系列极富现实感与指向性的理论命题，应被置于如何能够有效提升当代高校教师核心素养的角度下重新加以审视。首先，须从良知"真己"的本体体认和"日用之间"的良知发用着手，树立高校教师德福相济的生活路向，提升其道德性素养；其次，反思王阳明关于求知与进德二元关系的深层含义，拓展其专业教育的思维视域，提升其专业性素养；最后，将良知论中的天地万物一体观念与社会主义核心价值观教育对照互摄，有效提高高校教师社会主义核心价值观践行自觉度，提升其理念性素养。这一多层次吸纳良知心学思想的路径建构，意在为新时代高校教师三大核心素养的提升提供可资参考的发展思路。

姜虹亦《王阳明"致良知"思想及其对高校思想政治教育的启示》（《汉字文化》2021年第23期）一文指出，王阳明提出的"致良知"思想内涵丰富，其不仅仅停留在理论层面，而是被赋予了实践意义。深入分析王阳明的"致良知"思想，结合当下的高校思想政治教育，发现两者存在许多契合之处。"致良知"思想对于高校思想政治教育中学生主体地位的注重、知行合一思想的促进，以及德育的展开极具现实意义。

杨永清、程诗韵《致良知视域下的当代公民道德建设》（《理论观察》2021年第2期）一文指出，互联网使得思想解放、思维方式多元化的同时，也使当代公民失去了一个绝对意义上善恶的分辨，旧式伦理思想随着生产力与生产关系的发展而被打碎，新型伦理思想却没有被即时构建，当代人对于"好"的标准的判断时常会被新媒体中巧妙的逻辑观点所模糊，认知与行为的断裂使得当代公民精神迷惘、意义缺失，人生价值观念被扭曲，亟须一个新型稳固的统一道德规范来指引并约束公民行为。该文旨在利用"致良知"这一优秀传统文化思想，研究其在当代公民道德建设中的价值意义，从而为当代公民道德建设提供一定的借鉴。

高歌《王阳明"致良知"思想对研究生德育的启示研究》（《大学》2021年第13期）一文，针对当下部分研究生道德教育状况参差不齐、社会责任感缺失等问题，指出，阳明心学的"致良知"思想追求个体修身养性，其"致良知""事上练""知行合一"精髓思想，对于处于日益浮躁的现代社会中的研究生来说具有重要启示。

何杨勇《王阳明的"致良知"对劳动教育的启示》（《劳动哲学研究》辑刊，2021年卷）一文认为，王阳明的"致良知"有达到良知、实践良知和扩充良知三层意思，良知人皆有之，偏重德行，易被私欲蒙蔽。在"致良知"上，王阳明提出事上磨练、静心体悟、立志勤学、改过责善、省察克治、贴近生活、体认生活、因材施教、盈科而进、知行合一、反对空谈等主张，给劳动教育提供了启示和借鉴。新时代劳动教育要重视德性培养，注意劳动教育的平等性和普遍性；要动静结合，遵循德性发展的逻辑；要贴近生活、讲求体认、因材施教、循序渐进，达到知行合一。

孙双华《"良知说"对罪犯教育改造工作的启发》（《犯罪与改造研究》2021年第5期）一文指出，王阳明的"良知说"由"良知观"与"致良知"两部分构成。"良知观"认为，良知具有普遍性和坚韧性，能够激发人向善的主体意识，为引导罪犯去恶从善提供了学理依据；而"致良知"所要求的修身之道和教化治理方法，为罪犯教育提供了可资借鉴的指导。我们可以在罪犯认罪悔罪、罪犯分类教育和罪犯自我教育等方面，统筹构建以"致良知"为核心的罪犯教育改造体系。

6. 王阳明教育、德育、体育思想的现代启示研究

胡剑《王阳明幼儿教育思想及其当代价值》（《滁州学院学报》2021年第6期）一文指出，王阳明有着丰富的幼儿教育思想，其提倡因性教育、主张快乐教育、注重礼仪教育、进行全面教育。将教育引导与幼儿本性相结合、将全面教育与重点教育相结合、将显性教育和隐性教育相结合、将知识学习和实际践行相结合是王阳明幼儿教育思想的特点。王阳明幼儿教育思想至今仍有重要意义。当前，在幼儿教育中，应注重因性施教，引导人人成才、尊重儿童个性，施行快乐教育、加强德性灌输，进行隐性德育、开展主题活动，进行实践教学。

宋颉《基于心学理论的成人英语在线教学探索》（《校园英语》2021年

第50期）一文，基于王阳明的心学理论，结合英语阅读课程教学，对成人英语在线教学模式进行了探索。

王文琦《探寻与开发教育之外的教养及教化功能——以王阳明的教育观为例》（《科教导刊》2021年第34期）一文指出，王阳明对教育、教养和教化有独到的见解，对阳明教育观的总结和探索，在传统所重视的教育活动之外，应该积极探寻和开发教养和教化的功能，完成对现有教育体制张力的提升。

钱海峰、陈章《论编辑在出版中的引领作用——以"王阳明教育思想"系列选题的开发为例》（《出版广角》2021年第23期）一文，以"王阳明教育思想"系列选题的开发为例，剖析编辑在出版全过程中的引领作用，以期探索编辑在出版中的重要价值。

张长念、县彦宗《论阳明心学与太极拳思想之契合》（《武术研究》2021年第6期）一文认为，阳明心学与太极拳思想之契合体现在四个方面：第一，阳明心学"心"的思想与太极拳之"意"，具体体现在"心即理"与太极拳有共同的思想基础，以及"心是主宰"与太极拳之"意"，立志与练太极拳之"意志"和"破心中贼"与去太极拳之"杂念"的契合；第二，阳明心学与太极拳之道，具体体现在"知行合一"与太极拳进阶之道、"愈艰难，愈磨练"与太极拳磨练之道的契合；第三，王阳明军事思想与太极拳之智，具体体现在"奇正相随、阴阳互济""知己知彼、虚实变换"以及"动之则分、静之则合"的共性；第四，阳明心学"致良知""人皆可以为尧舜""心外无物"的"良知"思想与太极拳之德的契合。阳明心学为太极拳修炼提供的启示有：尚武崇德；悟练合一；身心合一；体用合一。

7.阳明心学对新时代大学生思想政治教育工作的启示研究

史余强、蒋福军《论王阳明心学对高职生思想政治教育的启示》（《和田师范专科学校学报》2021年第1期）一文指出，王阳明的心学蕴含着能够释放巨大能量的思想政治教育宝藏，对当下高职生的思想政治教育有很大的启示意义。高职院校教师，尤其是从事思想政治教育的教师可用其立志理论引导高职生志存高远，坚定理想信念，用其知行合一思想引导高职生在强化学习与身体力行中淬炼思想政治修养，用其省察克治理论引导高职生自省自警，提升思想政治境界。

尹超超《王阳明知行合一思想及其对高校德育的启示》（浙江大学硕士学位论文，2021年5月）一文指出，王阳明"知行合一"思想在"致良知""学贵得之心"与"事上磨练"这三个方面与当代的高校德育具有高度一致性，可为大学生知行困境的解脱提供实践方向。大学生明觉"良知"，教育者践履"良知"，高校弘扬"良知"，可以有效地将王阳明"知行合一"思想融入高校德育，对于当前高校德育建设具有启迪价值。

8. 阳明心学对现代生活、企业管理的启示研究

韩榕《阳明学说及其在企业管理中的应用》（《经济研究导刊》2021年第19期）一文指出，阳明心学指引人们摒弃内心私欲，"克制假己"，从而恢复本性。将王阳明心学与企业管理相结合，将阳明学说与经营管理相融合，探究阳明心学的管理哲学内涵，得出企业管理即为人心管理。当代企业管理实践活动应运用阳明心学，从而更好地实现企业的永续经营与发展。结合阳明学说的管理哲学内涵，应正确引导企业和员工的发展，让中国传统文化智慧发挥出更大的社会价值。

马晓静、李莉《阳明心学思想：企业超理性管理的内驱力》（《经济管理文摘》2021年第6期）一文指出，现代企业管理具有理性管理的显著特征。理性管理在为企业管理带来效率的同时，也存在忽视人性、产生负外部成本的弊端。企业超理性管理以"价值要素"和"价值理性"为内驱力，解决理性管理的弊端。阳明心学思想是企业超理性管理内驱力来源，以三条路径驱动企业实现超理性管理：感悟"良知"，构建"良知"企业哲学，落实"真知""真行"。

李佳威、王永昌《用阳明心学涵养浙商精神》（《浙江学刊》2021年第4期）一文指出，阳明心学蕴含着义广精深的智慧，是浙商与时俱进甚至超越时代的思想力量与心灵养料。"圣贤之道"提出了普通人如何达到圣贤境界的进路，"心即理"充分肯定了人的主体性，"致良知"说明了"心"活动的应然方向，"知行合一"是"致良知"的工夫论、实践论。浙商要以"圣贤之道"升华企业的精神与文化，成就企业家"内圣而外王"的境界；要用"心即理"涵养浙商自信豪迈、包容万象的气度，在赚钱和花钱相统一的财富观上得到升华，在企业发展和服务社会相统一的人生观上得到升华，在追求仁义和物利相统一的价值观上得到升华；要用"知行合一"引导企业方向，稳立企业愿景，主动接受市场的磨砺。

吴兴志《论王阳明心学的当代教育意义》（《汉字文化》2021年第6期）一文指出，"无善无恶心之体，有善有恶意之动，知善知恶是良知，为善去恶是格物"。这是王阳明的"四句教"。该文结合王阳明的著作，将这"四句教"之体现按照顺序列举出来并加以论述与分析，从而得出"四句教"的意义，即致良知。"四句教"首先是对于本心的解释与认知；其次，明确善恶是意念层面上的用词；然后是良知的功能特征，即区分善恶；最后就是做大人的工夫论，为善去恶。"四句教"围绕着善恶和良知做出阐述，让人们对阳明心学有一定的了解，但还需要在事上磨练，在实践中才能真正体察真理。

9. 新世纪"阳明学热"及阳明文化传播的综合研究

陶颜、张玉阁《靡故匪新：近二十年阳明学知识图谱与研究展望》（《中国文化与管理》辑刊，2021年卷）一文认为，近二十年来，来自哲学、史学、政治学、心理学、管理学等学科的学者发表了大量文章来讨论阳明学，从各自学科视角和逻辑路径出发，产出了丰富的研究成果。然而，相对于海量的研究文献和炽热的社会风潮来说，系统与启发式的全貌研究依旧缺乏，有一些重要问题需要回答。该文引入情报科学领域中的知识图谱分析方法，基于中国社会科学引文索引（CSSCI）来源，以1999—2018年间1345篇阳明学研究文献为样本，对阳明学发展趋势、研究主体和研究趋势问题进行讨论，系统呈现国内二十年来阳明学研究状况，为阳明学研究的主题选择与框架拓展提供了参考，同时对未来阳明学理论发展和社会实践提出了建议。

任健、罗梅《影视传媒视角下的阳明文化传播及其价值展望》（《电影评介》2021年第12期）一文指出，阳明文化研究已成为时下显学，其传播方式可谓百花齐放、异彩纷呈。其主要呈现以下方式：一是从学术研究层面疏通、解释、比较、分析和挖掘阳明文化的思想义理和现实价值，此类传播常见于高等院校、科研院所、学术机构等，其传播群体集中于相关专业的大学生、研究生、科研工作者和从业人员；二是以简易通俗的语言或生动诙谐的文字讲述王阳明，如《王阳明大传》《大儒王阳明》《明朝那些事儿》《明朝一哥王阳明》《神奇圣人王阳明》等；三是以学术讲座方式传播阳明文化。

黄小华、邵月云《基于城市文化符号视角下的阳明文化创造性转化路径研究》［《艺术与设计》（理论）2021年第5期］一文，从文化符号学视角分析了阳明文化符号之于文创产品的价值，探析了阳明文化符号转化路径的形式以及文化符号传播的渠道和策略，阐述了城市文化符号的特征，表明了阳明文化符号创造性转化的实现是提升宁波城市文化形象的重要途径。

三、王阳明的比较研究

本报告所涉王阳明的比较研究，主要涉及王阳明与先秦诸子（孔孟荀儒学、老庄道家、墨学）的比较，王阳明与宋明理学家（"二程"、张载、陆九渊、朱熹、陈白沙、湛若水、王夫之、刘宗周、黄宗羲）的比较研究；还有，阳明心学与西方哲学的比较研究。兹把2021年的相关研究成果胪列如下。

（一）王阳明与先秦诸子的比较研究

2021年的阳明学界，不见相关研究成果。

（二）王阳明与宋明理学家的比较研究

1. 王阳明与朱熹的比较研究

陈代湘、李恩润《朱熹与王阳明诠释〈大学〉"新民、亲民"内涵的共通性》（《船山学刊》2021年第1期）一文指出，对朱熹理学系统的反思成了王阳明构筑哲学体系的逻辑起点。阳明通过对朱子格物说、知行观、心与理关系的甄别展开对朱子"新民"说的诘难，认为朱子以"新"言"亲"将导致他新自新的紧张、教民养民的失衡和格物诚意的抵牾。事实上，阳明基于哲学建构的需要或自觉不自觉地曲解、误读朱子，忽略了"亲民"与"新民"理论内部的共通性和交互性。

乐爱国《王阳明"乐是心之本体"与朱熹"唯仁故能乐"之比较》[《贵阳学院学报》（社会科学版）2021年第4期]一文指出，王阳明讲"乐是心之本体"，是继"二程"讨论"孔颜之乐"以及朱熹讲"唯仁故能乐"而来，并且都把"孔颜之乐"解读为心性本体之"自乐"。虽然他们对于心性本体有不同的说法，因而王阳明"乐是心之本体"与朱熹"唯仁故能乐"二者有所差异，但就"孔颜之乐"而言，朱、王都讲乐来自心性本体，而且在工夫上，都强调去除人欲，朱熹讲"私欲克尽故乐"，把"孔颜之乐"与"克己复礼为仁"联系起来，要求"存天理，灭人欲"，王阳明则讲"去人欲，存天理"而回复"吾性本体之乐"。阳明后学泰州学派也讲"乐是心之本体"，并与百姓日用结合起来，讲百姓之乐，重视社会生活中的喜怒哀乐，进一步扩大了王阳明对于"孔颜之乐"的解读。

王春梅《朱熹、王阳明对天理的理解——从二人对"子入太庙，每事问"的解释来看》（《学术探索》2021年第3期）一文指出，王阳明、朱熹二人对"子入太庙，每事问"做出了不同的解释，朱熹认为孔子是"知而问"，王阳明则认为孔子是"不知而问"。王阳明、朱熹二人之所以对同一件事做出了不同的解释，根源在于二人对"天理"的理解不同。朱熹理解的"天理"是事理、具体的礼节，这样理解"天理"，就会析心与理为二，导致道德无力。王阳明理解的"天理"则是性理，性理并不是具体的礼节，而是形成和判断具体礼节的本源和标准，这样理解"天理"，如果落实不够，就会导致荡之于玄虚或参之于情识。

鲍金金《朱熹、王阳明"人欲"问题之比较》〔《合肥学院学报》（综合版）2021年第6期〕一文指出，朱熹坚持"存天理，灭人欲"，将人的欲望扼杀在封建伦理道德的牢笼之中，实际上是想要用封建伦理纲常控制人。王阳明坚持"存天理，去人欲"，注重通过自身修养达到去除不良欲望的目的，虽然同样有维护统治的意味，但其路径与朱熹大相径庭。朱熹、王阳明二人对"人欲"的探讨涉及各自理论中的本体、认知以及方法层面，正是因为二人对于世界本原的判断和认识的不同，才导致在处理"人欲"的问题上最终走上不同的道路。

李洪卫《阳明论变化气质及其教化论——兼及阳明与朱子教化方式的比较》（《国际儒学》2021年第3期）一文指出，儒家的成圣或成贤之道有一个过程性环节即"变化气质"，张载提出人的气质有刚柔、攻守等不同类型。朱子从性、气二元立论，而王阳明则是从性、气一元立论，他的方法是追寻自己的良知，依循良知行动即可。这里的核心是性与气、心与气的一体而不是二元，对照朱子的性气论，可以看出二者的巨大差异。阳明在教育方式上是让儿童身心条茂畅达，歌、乐之欢畅，以乐习为上；音乐要从心中发出，做到精神宣畅，心气和平；具体到个体是各随分限，相机教化，愚者可教，贤者可成。朱子强调理气对立，因此，除德性修养还有刑罚并重，以圣人规定为则；阳明则着重道即性即命而肯定《中庸》，认为修养过程不需要圣人"于中为之品节"。朱子的意见又引发了清代戴震的批评。

米文科《朱子学与阳明学儒佛心性之辨之比较》（《上饶师范学院学报》2021年第5期）一文指出，朱子学与阳明学各自的思想特质不仅反映在本体论、心性论和修养工夫上，同时还体现在对儒佛异同的认识上。在朱子学看来，儒家与佛老所主张的并不是同一个"道"，儒家以理为性，而佛氏则以心为性，二者之间最大的区别便是"理"的有无。与朱子学在儒佛之辨上的严厉态度相比，阳明学的态度则显得比较宽容、开放且观点殊异和多样化。不少阳明学者主张"三教一道"，强调儒家之学即是心学、心与性并无本质区别，认为儒家也是以"虚寂""空无"为心之体，甚至认为三教所言心性之理无二。尽管如此，阳明后学并没有丢弃自己儒家的本色，他们在主张三教"相同"的同时，又从各个角度强调三教"相异"的一面，从而与朱子学者一起彰显了儒学不同于佛老之学的价值和意义。

乐爱国《王阳明"良知只在声色货利上用功"之内涵——兼与朱熹"仁义未尝不利"比较》（《江西社会科学》2021年第3期）一文指出，与朱熹"仁义未尝不利"讲仁义并不排斥利但反对"利心"一样，王阳明极力反对当时的"功利之心"，并且推崇董仲舒所言"正其谊不谋其利，明其道不计其功"，反对"谋其利""计其功"，同时又讲"良知只在声色货利上用功"，并不排斥声色货利。但是，朱熹并不赞同主动求利，而王阳明则赞同在致得良知的前提下，对于声色货利的追求，并不反对主动求利，因而与朱熹有所差别。尤其是，王阳明明确讲"使在我果无功利之心，虽钱谷兵甲，搬柴运水，何往而非实学"，又讲"果能于此处调停得心体无累，虽终日做买卖，不害其为圣为贤"，讲"四民异业而同道"，对工商多有肯定，显然较朱熹有了一定的发展。

邱维平、徐涓《王阳明论朱子、朱子学与"四学"》（《福建江夏学院学报》2021年第3期）一文指出，王阳明心学乃是对朱子理学推陈出新的结果，因此，他对朱子及其学说的态度是充满张力的。对作为继往开来之大儒的朱子，王阳明心怀感恩与敬佩之情，但也不愿将其圣化。对被称为集大成的朱子学，王阳明并不否认自身学说与其之间的承续性，但在探索圣人之路的过程中，他终究与朱子学分道扬镳，逐步构建起自己的心学思想体系。对训诂、记诵、词章和功利之学等"四学"泛滥之危机，王阳明认为虽然不能将责任直接归之于朱子，但亦反复申明危机的根源来自"学术之不明"，而朱子学"言之太详、析之太精"等弊病正是导致学术不明的原因之一。大体上，王阳明对朱子学说的态度，经历了从"照着讲"到"接着讲"乃至最终"自己讲"的过程，形成了独具特色的良知学说。

李迎新《王阳明"心学"与朱熹"理学"的本质区别》（《丝绸之路》2021年第1期）一文指出，王阳明心学与朱熹理学有着本质上的区别。朱熹理学违背了儒学"天人合一"一元论思想，将天理与人欲对立起来，走向二元论。在知行关系上，王阳明提出"知行合一"的观点，是基于对朱熹知先行后思想导致的不良后果进行的补偏救弊措施。朱熹将天理与人欲割裂开来，要人欲听命于天理，实际上是走向了性本恶。王阳明"心即理"的提出，即是对性本善的肯定。造成以上分歧的原因，是与二人不同的人生经历有关。朱熹是坐而论道者，王阳明则是社会改革家和实践者。

孙浩铭《论朱、陆学说的政治分野与阳明心学的调和》（《西部学刊》2021年第22期）一文指出，朱熹理学与陆九渊心学的主要分歧在于对"尊德性"与"道问学"的先后顺序存有不同的主张，两种学说的差异不仅使得此后的王朝统治者对二者采取了迥乎不同的尊抑态度，同时使其各自的弊端在人们的理论实践过程中不断地被显露，而这恰恰成为阳明心学诞生的滥觞。一方面，王阳明对陆学中不合政权要求的部分做了淡化处理，从而为王朝统治者的统治提供必要的合法性支持；另一方面，阳明心学在精神层面上将行为标的与成圣主轴确定为自身，将对王朝统治者的效忠只作为自心道德的物质显现。正是在对朱、陆两种政治倾向的调和之中，阳明心学映出其自身的理论光彩，从而为后世提供了极具思想价值的龟镜与借鉴。

潘叶青《融合与互动：宋明时期心性变化与三教关系的演变发展》［《山东农业大学学报》（社会科学版）2021年第3期］一文指出，三教异同是宋明理学的一个重要议题。朱熹因严守三教界限而主张"天下无二道"，认为儒家与佛老的差异在于认心为性。王阳明则主张三教融通，认为三教差异在于见道有偏全。焦竑进一步发展王阳明的三教观，主张三教殊途同归，三教差异在于教。三教关系的变化实际上是心性论的变化。朱子因此认为"圣人本天，释氏本心"，王阳明则认为圣人既本天亦本心，焦竑认为三教心、性、理皆同，本心之学皆为圣学。朱熹、王阳明、焦竑对三教的不同认识加深了儒、释、道在心性论上的互动与融合。

2. 王阳明与陆九渊的比较研究

2021年的阳明学界，不见相关研究论著。

3. 王阳明与陈献章的比较研究

马寄、毕天航《王阳明是否与陈白沙一脉相承？——对束景南〈阳明大传——"心"的救赎之路〉"乙丑之悟"的检讨》［《五邑大学学报》（社会科学版）2021年第1期］一文指出，在黄宗羲"有明之学，至白沙始入精微……至阳明而后大"的暗示下，后世不少学人认为白沙、阳明一脉相承，束景南在《阳明大传——"心"的救赎之路》一书中亦持这一观点。束景南这一观点建基于其新见"乙丑之悟"之上。该文聚焦"乙丑之悟"，检讨白沙、阳明是否存在一脉相承的关系。首先，"乙丑之悟"之说存在着三个罅漏。其次，依据乙丑年及此前一段时间阳明话语，阳明思想回归儒家，而非白沙心学。最后，束景南采取四种策略，论证乙丑年阳明接受了白沙"心法"——"默坐澄心，体认天理"。通过一一辨析，认为"默坐澄心，体认天理"并非白沙"心法"，由是推断阳明接受白沙"心法"一说未免过于武断。

4. 王阳明与湛甘泉的比较研究

黄明同《甘泉心学及其与阳明心学之关涉》［《贵阳学院学报》（社会科学版）2021年第6期］一文指出，湛若水是明代著名的教育家、思想家、政治家，是岭南大儒陈献章的衣钵传人，创立了博大而精微的甘泉心学。其"仁者与天地万物一体"，在本体论方面，揭示宇宙的整体性，揭示体与用的统一性；其"随处体认天理"，完善与发展陈献章的"静养端倪"，揭示人的道德觉醒，是人的涵养与认知的关键，揭示人的涵养与认知不受时空、方式的限制，揭示人的涵养与认知的普世性；其系统的"合一"论，彰显明代心学对宋代理学支离观的检讨与决裂。湛若水在京结识王阳明。二人一见定交，立志"共兴圣学"，友情深厚，在学术上相互切磋、论辩。虽一主"随处体认"，一主"格物致知"，同为心学而学术有异，但异中有同，是"大同""小异"。甘泉心学与阳明心学，乃明代星空的双子座。

吴祖松《论"甘泉四句"——湛甘泉对王阳明"四句教"的改造》（《哲学研究》2021年第6期）一文指出，湛甘泉多次对王阳明"四句教"及相关内容予以回应并做出了系统性改写。湛甘泉、王阳明虽然都肯定了心体的无滞性，但甘泉更坚持心体的实有性、至善性和持续发用性，对"四句教"容易引起本体虚空化、价值虚无化及流入佛老等风险有高度警觉。甘泉的改写避免了对首句的误读及歧义的发生，维护了儒家的立场，但对人"向上一机"的激励和诱导作用弱化了。阳明着重从理上讲"知善知恶"是良知的性能，而甘泉强调良知本有不代表良知现成，良知的自然发用在现实层面不一定能充分实现，必须要有"达"的工夫，"知善知恶"一路扩充就是"达"也就是"致"，所以他合讲后两句，替阳明补上了"致良知"的宗旨，彰显了本体与工夫合一之义。另外，他反对阳明释"格物"为"正念头"，认为"格物"是一切工夫，落实于意心身家国天下，并非"为善去恶"所能涵盖，而第三句"心之神"的提出指明了道德实践的依据和动力，建立起与前两句的内在联系。甘泉改写后的四句构成了一个义理浑沦的理论体系，可称为"甘泉四句"。

5. 王阳明与张载、王夫之的比较研究

赵嫦《论"造化"的实在性——以王阳明、张载造化思想为例》[《贵阳学院学报》（社会科学版）2021年第5期]一文指出，"造化"乃天道生生之大德，生生是儒家本体意义上实然性的存在，造化便亦如是。在王阳明看来，"良知是造化的精灵"，"造化"以神、以化予良知，良知是造化之根上开出的精灵之花，造化"生生与灵觉"的实在使良知虚性下落，良知心体中"气"的面向反证了造化的实然。而张载之"造化"，以"易"道义理的引取，其天地之心、太虚大化的主宰性意象，因"先识造化"的创生次序及入德之途将生生之"易"的神性拉近，正向凸显了其"气"象直接性的实在。王阳明、张载"造化"思想超越性地分别反补与加深了各自心、气本体的原有指向，即良知气向、气之实向，以此，本体义上的造化之实有，亦得以彰显。

6. 王阳明与刘蕺山、黄宗羲的比较研究

2021年，不见相关研究。

（三）阳明心学与西方哲学的比较研究

易倩怡《阳明心学与普罗提诺灵魂学说对比研究》（《经济研究导刊》2021年第2期）一文指出，明朝的王阳明与古罗马的普罗提诺是不同世纪不同地域的哲学家，他们的学说不谋而合都包含着"心"与"灵魂"的研究，都有一种神秘主义的色彩。阳明心学与西方宗教思想也有接近之处，而普罗提诺作为西方天主教哲学的起源，他们的学说有相似之处，他们学说的对比与研究有其价值与意义，尤其是他们的学说在今天依然能够指导人们重视内心的力量，不忘初心，戒骄戒躁，给当前充斥着物质与利益的社会带来一泓清流。

唐锦锋《王阳明的"良知"与康德的"自由意志"之比较研究》（湖北大学博士学位论文，2021年5月）一文指出，在中西伦理思想史上，王阳明和康德无疑是极具代表性的两位思想家。王阳明真正实现了儒者"内圣外王"的理想追求，集"立德、立功、立言""三不朽"于一身，是现

实化的儒家理想人格形象，他开创的"阳明学"是继"程朱理学"之后深刻影响中国社会精神面貌的重大学术流派。康德是德国古典哲学的创始人，他开启了德国唯心主义和康德主义哲学流派，深刻地影响了近现代西方哲学，是继苏格拉底、柏拉图和亚里士多德之后，西方思想史上最伟大的哲学家之一。以王阳明的"良知"和康德的"自由意志"为题的中西伦理思想的比较研究，有助于我们认识这两位具有代表性思想家伦理思想的异同，有助于我们认识中西伦理精神之间的差异与相似之处，乃至促进我们在更加广阔的时空范围内开展对自我文明的反思与批判，增进对自我文明的认知，促进中西文明之间的认识与了解，进而促进中西文明之间的互学与互鉴，增进中西文明之间的相互交流与共同发展。这种伦理思想上的比较研究将立足于全球化交往实践纵深发展的客观实际，以中国文明的现代化转型和当代人类社会面临的共同问题为现实诉求，通过比较的研究、认知与交流、反思与批判、解构与建构，建设既有中国文明特色，又能面向世界与未来的现代化的中国伦理精神。具体章节内容如下：第一章，"良知论"与"自由意志说"。主要从两个方面来概述王阳明与康德的生平及其伦理思想。首先，论文考察了王阳明与"良知论"，内容侧重于王阳明的家世，以及个人的成长经历，其中比较突出地阐述了发生在他思想形成过程中的三次重大转折，并具体研究了促成这种重大转折过程中的个人际遇、学术因缘与社会因素的影响。在介绍王阳明的"良知论"时，主要从本体、工夫、境界三个方面进行论述，全面展示王阳明道德思想的全貌与具体内涵。其次，论文考察了康德的生平及其思想的形成与发展，在概述的过程中，按照时间顺序简单介绍了他的重要哲学著作，并重点分析了康德的道德哲学与其时代哲学背景之间的深层次关联，通过"唯理论与经验论的争端""休谟的怀疑""卢梭的批评"的论述，展示了康德的道德哲学所要回答的时代之问。在介绍康德的"自由意志说"时，主要从"自由意志"之界定、"自由意志"之法则、"自由意志"之实现三个方面进行论述，揭示康德道德哲学思想的全貌与具体内涵。第二章，道德的先天根据。分别考察"良知"与"自由意志"的先天性，辨明论证"良知"是先天而内在的，"自由意志"是先验而超验的观点，并考察了这种差异性产生的原因，"天人合一"与"主客二分"的中西思维方式。第三章，分别考察了王阳明与康德在道德修养与教育问题上的主张。王阳明的道德修养是通过工夫的修炼完成的，康德的道德修养则要求认识道德律，认识绝对命令的三个公式。王阳明的道德教育立基于"良知"的普遍性，积极引导社会大众"致良知"，培养具有圣贤气象的道德人格。康德的道德教育主张对社会大众进行理性思维训练，使他们认识到"自由意志"的纯粹性，感受到道德的崇高，激发他们对道德的敬重感，促进大众道德行为的实践。在充分对比研究的基础上，论文研究了王阳明重视实践的历练而康德强调理性的训练的深层原因，"重践履"与"重知识"的不同中西伦理传统。第四章，分别考察了王阳明的"良知论"和康德的"自由意志"说所指向的道德的至高目标。王阳明的道德理想是成就圣贤人格，实现"万物一体之仁"，而康德认为有道德的人有理由去追求"德福一致"的实现，它是理性赋予人生的最高价值目标。在比较"万物一体之仁"和"德福一致"的基础上，论证王阳明的"良知论"和康德的"自由意志说"所共同具有的德性优先性以及禁欲主义的特征，并辨析这些特征在程度上的差异性。第五章，道德哲学的"人性论"。内容分别考察了王阳明"良知论"和康德"自由意志说"中有关"人性"的主张，比较他们有关"人性"的结构、本质的论述。第六章，道德哲学的"动机论"。内容分别考察了王阳明"良知论"和康德"自由意志说"的"动机论"特征，并指明"动机论"的道德学说存在着动机检验上的困难，根本无法判断一个人的行为动机是否出自"良知"或"自由意志"。最后，围绕着道德的"自律"与"他律"问题在王阳明的"良知论"与康德的"自由意志说"之间进行比较，论证了王阳明的"良知论"是不完全的道德自律学说，而康德的"自由意志说"是完全的道德自律理论。结语部分——"良知"与"自由意志"的"和合"，主要探讨王阳明的"良知论"与康德的"自由意志说"可能的"和合"。该文得出结论：王阳明的"良知论"与康德的"自由意志说"至少能够在五个方面进行"和合"，从而为能够开创出既具有民族性又具有现代性的，既能立足当下又能面向未来的，属于中国新时代的伦理与道德精神提供助力。

帅萌《王阳明与海德格尔"良知"比较》（《西部学刊》2021年第7期）一文指出，"良知"一词在日常生活中有着较高的使用频率，王阳明的"良知论"与海德格尔的"良知呼唤"代表着对"良知"这一概念的两种不同理解方式。王阳明的良知观念来源于孟子，是道德性本体，并通过知行合一实现"致良知"的目的。海德格尔的"良知"可以理解为一种"呼唤"，人自身需依靠其来找回本真。整体看来，在二者的哲学体系中，"良知"所蕴含的道德性意味不同，两人对于"良知"的作用与重要性判定也有差异，但是二者的学说又都面向人的生存层面，体现人性关怀。

梁子晴《胡塞尔现象学视阈下王阳明认识论再阐释》（《名家名作》2021年第4期）一文指出，阳明心学的立足点主要是伦理实践方面，但其认识论的建构却有着围绕主体的意向性来进行的特征，其所具有的主体性向度与胡塞尔现象学具有异曲同工之妙。

游柱然、胡英姿《王阳明与杜威德育思想比较研究：基于本体论和认识论的视角》［《绍兴文理学院学报》（人文社会科学）2021年第2期］一文指出，王阳明与杜威是分属中西方、有重大影响力的哲学家和教育家，对他们的思想进行比较可为创新发展当前德育理论方法提供哲学智慧和跨文化视角。一方面，两者在诸如良知与经验、致良知与工具主义等概念上差异明显。另一方面，两者在德育相关哲学内涵上惊人相似：都主张道德认知的主客一元、身心合一，反对知行分离；均强调人的主体精神，以人的体验感受为中心，反对绝对主义、权威主义；都注重情感与想象的作用及德育过程中的审美经验。两人在德育方法上的独到之处，如王阳明的直觉顿悟和杜威的科学探究，以及他们有关控制人欲望中的消极因素或利用其积极因素来推进道德学习的思路，对当前德育实践和教育改革均有较高的启迪意义。

索乐琪《马基雅维利与王阳明道德观异同比较研究》（《今古文创》2021年第40期）一文指出，王阳明与马基雅维利为中西方重要哲学家，因其所处社会政治环境等的不同，其学说关于道德观念的部分存在共通之处与差异。对二者著作阅读对比，发现其主张存在差异，对道德规范不可盲目遵守的认可。主要为：王阳明认为道德规范可因事而异，马基雅维利认为不能；王阳明认为道德规范应该且可能被彻底接受遵守，马基雅维利认为道德规范不能也不可能被全部遵守；王阳明认为道德观念是存在于个人内心的，马基雅维利认为道德观念是与外在道德规范相等同的；王阳明认为道德自身具备意义，马基雅维利认为道德自身不具意义。对比可见，王阳明与马基雅维利对道德规范与道德践履的矛盾问题做出了不同解释，对于处理现实生活中道德选择有着借鉴意义。

四、王阳明与地域文化研究

王阳明的一生是传奇的一生，其活动范围遍布大半个中国，举凡其活动的省域（称为"阳明先生过化之地""阳明先生遗爱处"），在相当长的历史时期对当地的政治、社会、教育、文化皆产生了深远的影响。近年来，随着阳明文化的普及推广，王阳明与地域文化的研究逐渐成为阳明学研究的学术增长点。

通过对 2021 年王阳明与地域文化方面研究成果的梳理，基本可以盘点出王阳明与浙江（余姚、绍兴、台州）、贵州、江西、福建、安徽、广东、广西等地之关联。

2021 年 10 月 31 日下午，作为"2021 宁波（余姚）阳明文化周"重要活动之一，"同擎心灯　共启心路——全国阳明史迹保护研究联盟第二次联盟大会暨阳明文化研学线路研讨活动"在浙江余姚举行。

杨德俊编著《王阳明行踪遗迹》（贵州大学出版社 2021 年 10 月版）一书，以图文并茂的形式，将全国各地的王阳明与阳明学遗迹予以汇总。

吴从祥《越地文化与阳明学》（中国社会科学出版社 2021 年 7 月版）一书，系统探析了阳明学与越地文化之间的关系，同时阐述了越文化、阳明学对东亚文明产生的深远影响。在倡导文化自信、弘扬中国传统文化价值的今天，深入探讨越文化、阳明学对践行社会主义核心价值观的历史资源作用，回顾总结越文化、阳明学对于推进东亚文明的历史经验和现实启示，无疑具有深刻的学术意义与重要的现实意义。

何善蒙、王静《阳明祠祀与阳明心学的发展：浙、黔、苏、赣四地考论》（孔学堂书局 2021 年 10 月版）一书，以浙、黔、苏、赣四地为例，对王学与阳明祠庙以及地方社会变迁的相互关系进行了梳理和研究。

张炎兴《王阳明故居之碧霞池、天泉桥再考》[《绍兴文理学院学报》（人文社会科学）2021 年第 1 期]一文，根据相关文献和《王阳明故居碧霞池考古调查报告》认为，碧霞池应比现在的往西至西小河拓长一倍，天泉桥在现伯府"石门框"前道路的南端，在碧霞池中居于中心位置。从整个建筑布局来看，伯府北起假山，以假山中点为中轴线，经过伯府大厅的"石门框"及大门前深入碧霞池的一段道路，伯府的南端终于天泉桥。伯府北南两端的假山和天泉桥，让整个伯府的建筑生动了许多。另外，绍兴阳明故居设计方案，应把王畿的"洗心亭"也考虑进去，以更加有力地体现阳明故里的心学价值。

张明《明代阳明心学在黔南地区的传播及其影响》（《赣南师范大学学报》2021 年第 4 期）一文指出，黔南是贵州境内以布依族、苗族为主体的少数民族聚居区。自明代中期开始，阳明心学在黔南地区得以传播。一百余年间，以都匀为中心的黔南地区崛起成为黔中王门的"五大重镇"之一。以阳明心学为主流的儒家文化促进了黔南教育文化的发展，使黔南成为贵州儒学文化最发达的少数民族地区之一。

张克伟《王阳明谪黔之史迹文踪》（《地方文化研究》辑刊，2021 年卷）一文认为，从学术思想的角度而言，谪官龙场三载是王阳明学说思想体系之奠基时期。王阳明在漫长之居夷处困过程中不断探索生命意义及学术追求，对其所悟出之格物要旨及知行合一学理之提掇，由切近到腾离，由致用到求是；或由事功到学理，由行动到静观，沉潜反思，理论内涵得以渐次完备。故而，该文对王阳明谪黔之史迹文踪进行了梳理阐述。

向晓钟《追思大儒王阳明与古邑沅陵的奇遇——山水南来亦胜游杖藜一过虎溪头》（《前进论坛》2021 年第 3 期）一文指出，湘西小城沅陵是明代辰州府治，钟灵毓秀。造化有缘，大儒王阳明贵州"龙场悟道"前后曾一度流连沅陵。正如《诗经·野有蔓草》所云："邂逅相遇，适我愿兮。""龙场悟道"之后，一道吏部公文擢王阳明为江西吉安府庐陵县知县。这次阳明没有全部选择来时的那条古驿道赴任，他有意乘轲沅水而东。沅水发源于贵州东南云雾山中，上游叫清水江。他由龙场东南而下，过贵阳，西出凯里、锦屏，就看到这条清亮的大江。

李晓方、陈劲松《江西阳明文化的理论创新与开发利用》（《赣南师范大学学报》2021年第2期）一文指出，江西是成就王阳明学术与事功最重要的地域，在阳明文化的形成与发展中具有重要地位，具有传承正、遗存多、分布广、影响深等特点；阳明文化的创新性发展，要坚持以马克思主义为指导、以服务需求为导向、以学术创新为基础；阳明文化的创造性转化，可与廉政文化建设、公共文化建设、文化旅游产业发展相结合；江西阳明文化资源的开发与利用，要处理好学术研究与开发利用、省域内外阳明文化、省内阳明文化与其他特色文化、传承弘扬与走向国际等之间的关系。

王剑波《民间文献中的王阳明事迹与意图——以大余县杨梅村〈王氏族谱〉为例》（《地方文化研究》辑刊，2021年卷）一文认为，大余县杨梅村《王氏族谱》明确记载了王阳明在当地的关联事迹，其事迹尚难考证。同时这种现象说明当地既迎合了时代潮流，又体现了其内在的利益诉求，代表了广大民间群体的普遍心理特征。

张山梁《力争毫厘间　万里或可勉——〈王阳明与福建〉值得商榷的若干问题》（《闽台文化研究》2021年第2期）一文指出，由福建省政协文化文史和学习委员会主编的《王阳明与福建》一书于2020年11月出版，对于福建省挖掘、传承、弘扬阳明地域文化具有积极意义，然而书中却存在一些瑕疵。筛选书中的不确之处，粗略汇总为十个问题，逐一辨析商榷，待再版之际得以适当修正，以避免日后产生不必要的学案，达到嘉惠学人的目的。同时认为编著地域文化书籍应该重视地域特色，强调田野考察、实地访谈的必要性。

张山梁《阳明学与南靖》［《贵阳学院学报》（社会科学版）2021年第6期］一文指出，明正德年间，南靖县境内发生山民暴乱，王阳明率兵莅境讨平，并析割里图而添置新县，加上其门人、后学亦曾到南靖县任职、讲学，因此，南靖是王阳明过化之地、阳明心学的传播地。从王阳明在靖邑治乱，革弊补益，其门生胡希周、后学陈宗愈担任南靖知县，顺应民心，广施仁政，后学李材、黄浩在斯地传播心学，教化民众三个方面，进一步阐述了王阳明及其门生、后学在南靖经济、社会、文化等方面发展中的积极贡献。

张山梁《漳州阳明学发展阶段探析》（《教育文化论坛》2021年第1期）一文指出，漳州是紫阳、阳明二圣过化之地，文化底蕴深厚。明代中后期的一百多年间，先后有黄直、何春、陈九川、施邦曜等一批阳明门人莅漳或任职、或谪戍，利用其政治影响力讲授不辍，刊刻书籍，致力于传播阳明心学，使之在漳郡发扬光大，嘉惠后学，从而推动一大批漳籍学子舍旧闻而好为新论，入宗王门。纵观漳州阳明学的发展，历经三个重要阶段，具有三个明显的闽南地域特色，成为"闽中王门"弘扬传承、创新传播的一个重要节点，深度影响了漳郡的文化生态，促进了闽南地区的文化繁荣进步。

周梅清《〈左江道修复王文成公敷文书院碑〉内容及其考释》（《河池学院学报》2021年第2期）一文指出，《左江道修复王文成公敷文书院碑》立于明万历十三年（1585），自敷文书院建成后，广西及南宁现存的明代志书中基本上查找不到该碑文的记载，清代志书虽有收录，但错漏甚多，民国《邕宁县志》的记载亦多有出入。该碑文填补了明代志书记载之缺失，勘误清代及民国志书之记载，对于保存地方资料文献具有重要的作用。

吴孝斌《王阳明在广西来宾》（《文史春秋》2021年第12期）一文，对晚年王阳明在广西来宾的行踪予以考述。

樊恩纳《王阳明在广西的教化实践探究》（广西大学硕士学位论文，2021年5月）一文，对王阳明在广西实施的教化实践予以细致论述。

五、王阳明著作文献的整理与研究

当今学界关于王阳明著作文献的整理与研究，主要涉及王阳明的基于文献《传习录》《大学古本》《大学问》《朱子晚年定论》《居夷集》《王文成公全书》等，以及明清以来历代学者刊刻的阳明先生文集（《阳明先生则言》《阳明先生集要》等），以及研究王阳明与阳明学的其他重要资料诸如《阳明先生年谱》而展开。而阳明佚文的收集整理与研究，也是阳明文献研究的一个学术特色。兹把2021年的阳明学文献整理及相关研究成果梳理如下。

（一）《传习录》的译注出版与综合研究

1.《传习录》的译注出版

2021年书市上有多种版本的《传习录》，主要学术版本是深圳大学黎业明的注译本。黎业明译注《传习录》（上海古籍出版社2021年6月、11月版）一书，以明隆庆六年谢廷杰刊本《王文成公全书》所收录之《传习录》为底本，对校本、参校本合计达19种之多，精心点校，详尽注释，带领读者进入心学的殿堂，领悟阳明的气象，体证良知的光辉。

2.《传习录》综合研究

2021年10月10日，央视综合频道《典籍里的中国》第11期走进《传习录》这部立志、立言之作，立德、立身之典，与3位读书人一起为大家解读"知行合一"思想的真谛。节目围绕集中体现王阳明哲学思想的语录体著作《传习录》展开，通过讲述书中最富有特色的"知行合一"思想，传承注重实践、实干兴邦的重要理念，并从王阳明波澜壮阔的人生命运中，感悟"知是行之始，行是知之成"的先贤智慧。《传习录》通行本为3卷，约8万余字，成书原因与另一部儒家典籍《论语》非常相似，都是弟子对老师言行、思想的记录和整理。

周曦《论〈传习录〉中的精英儒学》（《新纪实》2021年第7期）一文指出，心学源出于理学，朱熹理学对阳明心学影响深远。《传习录》作为一部文学著作以文学体裁体现王阳明的心学思想，同时对朱熹理学多有吸纳借鉴。王阳明的精英儒学是针对传统的犬儒主义而提出。王阳明通过《传习录》表达了其儒学精英主义思想，意在强化反犬儒主义功能。

潘玉爱《王阳明与当代教育的对话——以〈传习录〉为例》[《贵阳学院学报》（社会科学版）2021年第4期]一文指出，巴西教育家保罗·弗莱雷提出批判性教学，是透过一种对话关系的建立，以激发和培养学生，并以行动实践改变社会。王阳明《传习录》的模式是与弟子之间的学与教，是一种对话的学习模式，而互动学习论认为学习活动是由学习者的行为、心理历程及外在环境互相作用所形成的。从《传习录》可看到王阳明教学的论述，一方面可探讨其教学目的和内容，另一方面以时今所流行的教育理论相参、检视，或许可由他的教育方法与内容再延伸与多元智力理论相互讨论，为现今教育提供不同教育的意义与价值。在此，一方面从王阳明的教育内容观照现今教学理论；另一方面，在"知行合一"的原则下，寻找一种培养认知和行动和谐的生命主体的教育思维。

（二）王阳明文献的影印与《阳明先生文录》等文献的综合研究

1. 王阳明与阳明学文献的影印出版

2021年6月23日，贵州大学中国文化书院荣誉院长张新民，贵阳孔学堂书局总编辑苏桦、副总编辑张发贤，贵州师范大学阳明文化研究院教授王进等一行7人前往阳明文化（贵阳）国际文献研究中心进行调研，并召开"阳明心学：文献、研究与传播"主题座谈会。

2021年7月23—25日，"采薇·阳明学文献论坛"在四川成都环球中心举办。本次论坛的研讨主题是"阳明文献的源流及其整理状况""阳明学的历史定位及其当代价值""阳明后学研究""域外阳明学研究"。

《美国普林斯顿大学图书馆藏〈王文成公全书〉（郭朝宾本）》（12 册，影印本，巴蜀书社 2021 年 12 月版）一书指出，郭朝宾本《王文成公全书》是《王文成公全书》在历史上的初刻本，长期埋没，给有关的学术研究造成了不少困扰。2020 年 10 月，扬州广陵书社影印日本国立公文书馆藏郭朝宾本《王文成公全书》，是为郭朝宾本《王文成公全书》自刊刻 400 多年以来第一次影印行世。《美国普林斯顿大学图书馆藏〈王文成公全书〉（郭朝宾本）》为初刻本的第二次影印，作为王阳明 550 周年诞辰的献礼，传世典藏。美国普林斯顿本与日本国立公文书馆本为同版异本，但普林斯顿本中仍有不少十分重要的文献细节，足以佐证《王文成公全书》的版本源流。以初刻本的两种传世原本合观，可以构建出《王文成公全书》版本源流的关键环节，最大程度地恢复《王文成公全书》的历史原貌。

邹建锋主编《王阳明稀见版本辑存》（82 册，影印本，广陵书社 2021 年 4 月版），较之目前通行的阳明文献影印整理（翟奎凤、黄振萍编辑的《阳明文献汇刊》两编、《阳明文献集成》等），在选目上与《阳明文献汇刊》《阳明文献集成》皆无重复，收录了众多阳明文献的珍稀版本。"总目录"依次为：《传习录》，明嘉靖二十三年德安府刊本；《传习录》，明嘉靖三十年孙应奎衡湘书院刊本；《传习录》，明嘉靖三十三年钱镗本；《传习录》，明刊本；《传习录》，清宣统二年成都国学研究会刊本；《传习录》，民国十四年扫叶山房石印本；《阳明先生文录续编》，明嘉靖十四年赵昌龄等贵阳刊本；《阳明先生文录》，明嘉靖三十六年胡宗宪刊本；《阳明先生文录》，明嘉靖二十九年闾东刊本；《阳明先生文录》，明嘉靖三十六年董聪刊本；《王文成公全书》，明隆庆六年郭朝宾刊杭州本；《王文成公全书》，明隆庆六年谢廷杰刊本；《王文成公全书》，清刊本；《王阳明先生全集》，清康熙二十四年刊本；《王文成公全书》，民国二年中华图书馆影印本；《详注王文成公全书》（倪锡恩注），民国二十四年扫叶山房石印本；《评注王文成公全书》（许舜屏评注），民国十八年中原书局排印本；《阳明语录》（胡家栋编），明万历三十一年刊本；《阳明先生集要》（施邦曜辑），清乾隆五十二年济美堂刊本；《阳明先生集要》（施邦曜辑），清光绪五年贵州扶风山阳明祠刊本；《王阳明文选》（陆弘祚批选），明刊皇明十大家文选本；《皇明经世文编》（陈子龙等编），明崇祯平露堂刊本；《明臣奏议》（孙桐生编），清光绪十六年林懋森刊本；《历朝武机捷录》附《国朝武机捷录》（商周祚注评），明刊本；《经世全书·经武汇编·文成外编》，明刊本。

　　束景南、查明昊编《王阳明全集补编》（增补本，上海古籍出版社2021年3月版）一书，收录了《王阳明全集》以外的内容，是研究王阳明生平思想不可或缺的文献资料。自2016年《王阳明全集补编》推出以来，整理者又陆续辑得王阳明佚诗佚文多篇，又获得《武经七书评》《大学古本傍释》及《大学问》完本，遂有此次增补。一是增补初版中未收之篇目。诗文部分：据国家图书馆藏明嘉靖刻《阳明先生别录》、日本早稻田大学图书馆藏明嘉靖三十四年闾东序刊本《阳明先生文录》，补入日本学者永富青地辑录遗漏之公移，计150余篇。据上海涵芬楼影印隆庆本、《续四库全书》影印万历本、哈佛大学汉和图书馆藏乾隆刊刻本《大学古本傍释》，辑补入《大学古本傍释》完本，据万历刻百陵学山本《大学问》完本辑补《大学问总论》；据《杨一清集·集部献纳稿》收录王阳明在正德七年代杨一清所作《为急大本以图治安以尽修省事》等，共计20余篇。语录部分，据日本学者永野实、永富青地、三泽三知夫校注，张文朝译《阳明先生遗言录·稽山承语》整理，补入《阳明先生遗言录》《稽山承语》。增补文字近16万。二是删除5篇（首）初版误辑之篇目。具体篇目为《题温日观葡萄次韵》《题倪云林春江烟雾图》《满江红·题安化县石桥》《望江南·西湖四景》《京师地震上皇帝疏》。三是订正初版文字识读、标点、考订中的疏漏。如当代学者苏成爱据明天启元年徐光启序、茅震东考订之《武经七书评》，作有《批评武经七书校注》，今据以订补初版疏失。

　　欧阳祯人主编《王阳明经典篇章导读》（武汉大学出版社2021年9月

版）一书，共分3编，以北宋五子、朱陆为背景，依托于中国哲学，特别是儒家心性之学，参考近现代以来各种研究成果，从王阳明的《传习录》入手，以《王阳明全集》为底本，根据时间的先后顺序将王阳明经典篇章进行系统编排，并在每篇选文后作注释及现代性解读，较为全面地展现了王阳明的心学思想和发展脉络。

2.《阳明先生文录》的版本研究

2021年，不见相关研究。

3.《朱子晚年定论》研究

2021年，不见相关研究。

4.《居夷集》研究

2021年，不见相关研究。

5.《大学古本旁释》研究

2021年，不见相关研究。

6. 王阳明佚文研究

2021年，不见相关研究。

7.《王阳明年谱》的整理

2021年，不见相关研究。

8.《皇明大儒王阳明先生出身靖乱录》研究

侯钧才《心学"成圣"视域下"三言"修仙故事的主旨分析》（《咸阳师范学院学报》2021年第5期）一文指出，阳明心学以成圣为导向，是一种为己之学。晚明三教合流，阳明"内圣"观念与"三言"修仙故事中的"净心去欲"思想本质上是一致的，都更有利于对普通民众进行教化；冯梦龙采用"预述"的方式，向人们传达"成仙"的可能性，使之具备了道德实践的可能性；冯梦龙笔下的神仙，具有合理的世俗情感，对普通民众更有吸引力。受到晚明主情思潮的影响，成仙并不意味着要背情离俗，这种通达的态度使"三言"修仙故事中传达出来的"情教文化"成为一种更高层次的为己之学。

　　应该指出，王阳明哲学范畴的系统解读、王阳明诗文思想的阐释以及中西哲学比较视域下的阳明学研究，还有出版界关于王阳明文献的大规模影印以及王阳明与地域文化的持续挖掘，是 2021 年阳明学研究中的一大亮点。

中篇

阳明后学研究

王阳明一生的活动轨迹几乎遍及大半个中国，与之相随的是其讲学活动也遍布大江南北，形成了王门诸派。依照黄宗羲《明儒学案》的地域划分法，主要有浙中、江右、南中、楚中、北方、粤闽、泰州七大派，还有江右李材的止修学，以及近年来学界同仁陆续发掘并得以确认的黔中王学、蜀中王学、徽州王学等。

一、阳明后学综合研究

2021年学界同仁关于阳明后学综合研究的学术成果主要涉及阳明后学文献整理与年谱编纂、阳明后学的道统、分派等相关议题的阐释。

2021年4月11日，由浙江省社会科学院哲学所研究员钱明担任首席专家的国家社科基金重大项目"阳明后学文献整理与研究"结题鉴定会在浙江省社会科学院召开。复旦大学教授吴震、华东师范大学教授陈卫平、湖南大学教授朱汉民、复旦大学教授何俊、武汉大学教授张杰（欧阳祯人）组成专家组进行鉴定验收。该项目提交鉴定的最终成果有18种，其中研究类专著10部，包括《地缘、血缘与学缘的交织——中国人文和自然境域中的王阳明及阳明学派》《浙江心学思潮研究》《泰州学派思想研究》《台州阳明学研究》《黄绾与阳明学派研究》《阳明心学的本体学研究：中西比较的视野》《王阳明之欧美传播与研究》《比较阳明学：以中日韩三国为视界》等。

2021年10月22日，"浙江文化研究工程重大课题《阳明后学年谱系列（第一辑）》开题论证会"在绍兴文理学院召开，所涉及的阳明后学年谱主要是《黄绾年谱》《顾应祥年谱》《季本年谱》《徐爱年谱》《钱德洪年谱》《董沄年谱》《程文德年谱》《唐枢年谱》《王畿年谱》《蔡汝楠年谱》《王宗沐年谱》《许孚远年谱》《张元忭年谱》《周汝登年谱》《陶望龄年谱》等。

彭丹《阳明学道统思想研究》（山东大学博士学位论文，2021年5月）一文指出，虽然阳明学和道统论都是学界研究的热点，然而阳明学道统思想的研究一直以来较为薄弱。固然从整体来看阳明学的确少谈"道统"一词，但阳明学者的道统意识十分强烈，具有道统意蕴的论述也十分丰富。该文紧紧围绕本质性与历史性两个道统论的关键维度，通过对不同类型道统思想的细致分析，以期勾勒出阳明学道统思想的整体面貌。第一章总体讨论阳明学道统思想的由来、表现形式和发展轨迹。朱子学以凸显精神文化意蕴的道学来理解道统，阳明学继承了这一立场。不过在具体表述上，从阳明而下，阳明学者较多使用宗、脉两个概念来表达自我的道统关切。其中，宗偏向本质型维度，而脉偏向历史性维度。由所宗不同，阳明学可以分为以良知、仁、身、性概念为中心的四个道统思想类型，其中以致良知为宗和以求仁为宗是两种前后相继的主要类型。在以道学理解道统之外，基于对实际治理秩序的强调，随后晚明阳明学出现了治、学二分，以治统摄学统的道统思想新局。第二章主要论阳明学对"十六字心传"的理解。"十六字心传"是朱子学道统思想的中心论点。阳明在朱子理学道统论的背景下，早期以源于"十六字心传"的心学为主旨论述道统，阳明后学不论具体立场为何，都不否认圣学为心学的基本观点。就道心人心的关系而言，阳明和大部分后学都持"心即理"的观点，对道心人心坚持一种天理人欲的对立理解；少数后学则将道心人心视为一种非一非二的体用关系。不过虽然立论各异，阳明学者都能将道心把握为主体性价值的内在根源，这就和朱子学的理解区分开来。阳明学者多有将中视为圣学之宗的提法。总体来说，"十六字心传"在阳明学道统思想中处于一个既重要又缺少独立性的位置，可以在总体上确定阳明学的道统思想是一种心学道统论，但不能以此判定各学者道统思想的具体意涵。第三章专论阳明学中以良知学为中心的道统思想。阳明起初以心学衡定圣学，在自身良知学成熟以后，便大肆宣讲良知学，以良知为中心定位圣学。阳明道统谱系的突出特点是推重颜子和周、程二子。阳明的大多数一传弟子接踵继武。浙中王门一传侧重揭示在中之体，江右王门一传关注工夫，归寂派王门一传偏重寂、静等观念，他们以良知学为核心各有侧重地建立各自的道统论述。良知学的道统地位在阳明从祀时达到了高峰。但是阳明二传弟子以后，除了一些浙中王畿后学以外，鲜有以良知为中心而建立道统论述者。随着良知学权威的下降，良知道统论不可避免地走向了衰落。第四章考察阳明学中以仁学为中心的道统思想。阳明在致良知之外，特别重视一体之仁并在晚年大力提倡，但始终没有完全将其提至道统论述的层面。蒋信以万物一体为宗，在阳明弟子中独树一帜。在他们的影响下，以仁为宗的道统思想在二传以后弟子中得到了张扬。江右王门二传仁、心并重，浙中王门二传大力渲染仁体的宇宙意义，黔中王门注意发挥仁体合内外寂感的本质，天台一系的学者建立万物一体之仁的道统历史铺陈，泰州后学颜钧、何心隐则在道统中直接孔仁。这些学者的道统论述与致良知为宗者的不同就在于，以求合内外的仁为旨归并以此来定义心体，在谱系上以仁学为中心而回归孔孟。此外，以修身为宗旨的道统思想将身体性作为道德实践的根本，宗性的道统思想以性为首出的观念，此两种道统思想可以视为仁学道统思想的同调。第五章讨论晚明阳明学道统思想的新局。阳明后学中主张三教合一论者有一种平视三教的正统主张，不特别标榜道传的儒家系谱，这以李贽、焦竑二人为代表。而更多的三传以后弟子以治、学两条线索组织道统论，治之统系虽以学为根本，却将学之统系兼摄。江右王门胡直后学邹元标、郭子章并列治、学两条谱系；浙中王门陶望龄的道统论也有着道事合一和道不即事两条线索；泰州罗汝芳更是推尊明太祖，以孔孟之学佐唐虞之统的最早代表。在这几者之外，泰州后学杨复所与管东溟的道统理论，在鲜明地以治摄学的同时又融摄三教，将"道统"包含广大社会政治伦理秩序建立的意蕴表露得更为显豁。这样，代表治统的明太祖获得了超然的道统地位，道统中实际秩序治理的内容得到了一定程度的独立，但这也造就了道统被治统融合的风险。第六章观察阳明学的传道观与传道实践，这是从较为现实和对阳明学者自身较近的时间点中发见道统思想的特点。阳明学者通常都有着较为鲜明的任道意识，有的学者对道的承担意识还特别强烈。阳明学者的传道观有着丰富多样的内涵，既受到禅宗传灯观念和宗族观念的深刻影响，又蕴含着道的普遍存在和独断承担这一对不可调和的矛盾。阳明后学对于孰为阳明后之正传意见分歧不一，主要有江右、浙中、泰州三种看法，这表明阳明学作为一个整体不断地走向分化。和一般认为不同，总体上阳明学的传道实践并不非常普遍，只在浙中和泰州王门的若干人物中有所表现。最后，余论论述该文的分析对理解阳明学历史发展逻辑和建设当代道统理论两个方面的启示。对道统思想史的阐释，可以观察出阳明学与晚明学术发展的某些趋势与特点；而传统儒学本身要求道治合一的内在结构特质，也值得当代道统建构论者深思。

黄琳《"人病"抑或"法病"？——形上形态建构下的阳明后学》（《中国哲学史》2021年第4期）一文指出，现成派以为良知"现成"即"在"，从形上理路以观，潜隐着以良知为一超验纵摄之物，惟通过觅、悟、守得此隐蔽的道德本体根基，其中涉及工夫论形态与形上形态的逻辑关联。心学语境中的"意"有理想、纯粹的意志，与现实、经验意念的范畴相区分：纯粹、理想的意志发自心体、性体、知体的道德本体，心统摄性情、思志，具有统合理与情、思与志，做出现实价值判断的功能与职能。心受情感、思志的干扰，不必然做出符合先天心体"理想意志"的价值判断，良知心体、性体、知体亦不应僭越心自以为做出现实的价值判断。厘清"心体"与"心"，是深入理解阳明后学论争纷纭的关节。

王凯、成积春《儒家的突围与失落：阳明心学之发生及其狂禅化问题探究——以制度与文化为视角》（《学术探索》2021年第8期）一文指出，阳明心学及其狂禅化进路是一场儒家文化的自我革命，是儒家革命真精神的体现，这也是专制制度不能容忍的，后来其向民间社会发展，希望依靠所谓的民间社会资源与专制制度支持的程朱理学争夺文化权力，这在专制时代同样是不可能实现的。就自身而言，阳明心学及其后学的文化革命过于空谈心性，并没有处理好儒家义利之辩等问题，且矫枉过正，最终流于泛道德主义的空谈。

孙德仁《阳明后学的复卦诠释进路及其走向——以王畿、颜钧、罗汝芳为中心》（《周易研究》2021年第6期）一文指出，阳明后学对《周易》复卦的诠释主要集中于宇宙图景和工夫次序的表达，在宋明诸儒中特色鲜明。王畿、颜钧、罗汝芳等人主导王门后学的复卦诠释方向，不仅形成了以"天地之心""不远复""七日来复"为中心的诠释主题，还在各自的诠释进路中显现出王门后学的易学话语特征与走向。王畿、罗汝芳以主体化的方式将"天地之心"的本体主宰义消解于当下造化之机，从而逸出朱子与阳明的复卦诠释方向。"不远复"被阳明后学视为第一义工夫，王畿、罗汝芳将其界定为一念即觉的见在、现成工夫，聂豹则指出其诠释进路易流于自然感应知觉的弊病。"七日来复"在颜钧强调本心发用流行、率性而为的诠释视野下，凸显出心学的主体体验性与工夫次序性，为心学工夫的宗教性神秘主义表达提供了思想基础。

二、浙中王学研究

关于浙中王学，系指明代中后期浙江行省区域内的阳明后学。黄宗羲《明儒学案》卷十一《浙中王门学案》"小序"云："姚江（阳明）之教，自近而远，其最初学者，不过郡邑之士耳。龙场而后，四方弟子始益进焉。"①说明浙中是阳明学的发祥地和最早的传播地。黄宗羲在《浙中王门学案》中列徐爱、蔡宗兖、朱节、钱德洪、王畿、季本、黄绾、董沄、董毂、陆澄、顾应祥、黄宗明、张元冲、程文德、徐用检、万表、王宗沐、张元忭、②胡瀚③等19人为浙中王门学者，黄宗羲《浙中王门学案》"小序"中有范瓘、管州、范引年、夏淳、柴凤、孙应奎、闻人铨、黄骥、黄文焕、黄嘉爱、黄元釜、黄夔等12人为浙中王门弟子④，又在《泰州学案》《甘泉学案》中为周汝登、陶望龄、刘塙⑤、唐枢、蔡汝楠、许孚远⑥等6名浙籍王门学者立传。还有，《明儒学案》"附案"中有永康阳明学者应典、周莹、卢可久、杜惟熙等4人，以及慈溪阳明学者颜鲸1人。⑦统计《明儒学案》，其中提及的浙江籍阳明学者达42人之多。此外，袁黄（袁了凡）、季本弟子徐渭，也属于阳明学者。

---

① 《黄宗羲全集》第7册，第245页。
② 《黄宗羲全集》第7册，第246—247页。
③ 《黄宗羲全集》本《明儒学案·浙中王门学案》不载"胡瀚"此人，而中华书局标点本《明儒学案》（1985年版，2008年修订版）在张元忭之后有"教谕胡今山先生瀚"的"胡瀚学案"。
④ 《黄宗羲全集》第7册，第245—246页。
⑤ 《黄宗羲全集》第8册，第112—137页。
⑥ 《黄宗羲全集》第8册，第226—264页。
⑦ 《黄宗羲全集》第8册，第993—998页。

（一）浙中王学综合研究

2021年学界关于浙中王学综合研究的论文有1篇，专著有1部。

张宏敏《台州阳明学研究》（上海古籍出版社2021年4月版）一书，主要围绕台州阳明学者的交游与文献而展开，对台州阳明学"思想"内涵、特质进行了深度的学术发掘与学理阐释，使得台州阳明学的学术内涵与独特价值比较丰满地显现出来。

邱高兴、黄成蔚《晚明浙江阳明心学的儒佛会通》（《社会科学战线》2021年第2期）一文指出，晚明时期，多种思潮并兴，程朱理学、阳明心学、事功之学、佛学等活跃于当时的历史舞台。各种思潮互相辩驳、影响、会通，其中阳明心学和佛学的会通尤有特色。浙中王学左派代表人物王畿、周汝登援佛入儒，以"四无句"突出了对阳明"四句教"中"无善无恶"侧面的强调，并将"虚""无"等概念脱敏，从佛老专有概念这一窠臼中剥离出来，突出儒家使用这些概念的优先性与合法性，并将其上升到"千圣之学脉"的高度。他们基于儒家立场，以阳明心学传人自居，但不讳言佛教，常引入佛教概念来说明儒家思想。晚明时期服膺阳明心学，同时又有佛教信仰的居士也有不少，如陶望龄、陶奭龄兄弟等既是阳明学的坚定维护者，同时对佛法又有信仰，他们极力会通儒佛，对佛教义理有较深入的理解，是阳明心学与佛学会通的另一种形式。晚明心学与佛学会通的时代特征，也交汇于"浙党"这一群体身上。他们在朝为官，在政治上参与晚明党争，同时因成长于浙江这方水土，深受阳明心学与佛学会通思潮的影响。援佛入儒、儒佛交融、亦儒亦佛，浙江阳明心学与佛学的会通呈现了儒佛关系的复杂性和多面性特色，是晚明"三教一致"思想格局的重要组成部分。

（二）浙中王门学者个案研究

本报告关注的"浙中王门学者"，主要是《明儒学案》中《浙中王门学案》《甘泉学案》中的浙江籍阳明学者：徐爱、蔡宗充、朱节、钱德洪、王畿、季本、黄绾、董沄、董毅、陆澄、顾应祥、黄宗明、张元冲、程文德、徐用检、万表、王宗沐、张元忭、胡瀚、唐枢、蔡汝楠、许孚远等，还有阳明学界关注较多的闻人铨、孙应奎、袁了凡、徐渭等人。兹对学界同仁2021年对浙籍阳明学者的研究成果综述如下。

1. 徐爱、蔡宗兖、朱节研究

2021年，学界同仁未有与徐爱相关的研究成果；由于文献不足征，学界尚无展开对蔡宗兖、朱节生平学行的深入研究。

2. 钱德洪研究

钱德洪，号绪山。尝读《易》于灵绪山中，人称绪山先生。王玉明《钱绪山哲学思想研究》（河北大学硕士学位论文，2021年5月）一文指出，作为阳明门人的钱绪山，其思想体系中虽含诸多有价值的部分，但在其师阳明的笼罩下便显得黯然失色。又因为研究的需要，将其和龙溪长期进行对立式的学术考察，绪山因而被冠以"不识本体之要"。尔来数百年，或认为绪山仅承师说而已，或认为其但得工夫一偏，其实都不符合绪山思想的实际。因此，对绪山的哲学思想进行全面的梳理，对探究广义的阳明学来说，抑或追问整个后阳明学时代的精神内涵而言，都有所裨益。绪山在哲学上的首要贡献，是从"元亨利贞"四德的意义上，以太极来界定良知，转而提出"知体"的概念，并且进一步区分性体、心体和知体的异同，展示出其对本体内涵有着独到而深刻的认识。而关于良知本体的特性，"无善无恶"和"动静无间"作为绪山对阳明本体思想认识的承续，贯穿着其思想发展的始终。绪山循持阳明的基本观点，将"善恶"作为一种伦理意义的存在，同时又将"至善"定义为一种绝对的形上依托，并将"动"和"静"进行了有机的统一，以此破除人们心中固有的二元观念。而在致良知的途径上，绪山认为立志和为学应作为工夫的基本前提，并且以"意"去理解世界的现象性，以"诚意"去化解人们对本体"虚灵"的误解，从而寄希望于扭转中晚明时期人伦世界的"纵欲着空"和"不知人事"。绪山将工夫设立在"为善去恶"的逻辑基础上，将心体收摄于工夫的意义和价值中，即认为，"为"和"去"所展开的动态过程，其实就是心体的自然呈现。故其强调"着衣吃饭，即是尽心至命之功"，又认为"本体有何可见，觉处即是本体"，突出了人在事上精炼的重要性。同时，深忧人们把"人欲"误当成本体的"明觉"，从而走上"欲望肯定论"。绪山在"诚意说"的基础上进一步提出了"无欲论"，并从静、敬、戒、惧的相关角度对无欲真体进行了贞定。如果说绪山以"诚意"为宗，是侧重"正"的路径，而无欲论的阐述，便是以"负"的方法将"致良知"纳入整个工夫熟后的清明境界，从而完成对过分依赖工夫的"解缚"，这也便是绪山晚年所深刻体悟到的"勿忘勿助"之真精神。总而言之，绪山的哲学思想从"渐"出发，但能不忘乎"顿"，在工夫和本体的双重角度上阐明了他独特的"致良知"路线。在晚明这段思潮中，绪山之学虽有克弊之愿景，但在学理上不够完善，在传播上有所阻隔，在适应整个社会发展趋势上亦有其历史的局限性，故其学说虽有一定理论回响，但并没有引起时人的注意。在当前这个时代，绪山注重"事上精炼"和"诚意工夫"等价值内涵，仍具有非常重要的现实意义。

张实龙、张星《坚守与妥协：钱德洪编辑阳明文稿的智慧》(《中国出版》2021年第4期)一文指出，钱德洪一生致力于编辑阳明文稿，他所编的《王文成公全书》在阳明心学传播中起着巨大作用。钱德洪编辑阳明文稿既有坚守也有妥协，坚守的是讲学明道，妥协的是照顾社会心理和为未悟者设法。在坚守和妥协之中，体现出钱德洪"致良知"的编辑智慧。

3. 王畿（王龙溪）研究

2021年，阳明学界对王畿的气学、"四无说"及其在阳明学中的定位问题等进行了研究，相关学术成果如下。

汪学群《王畿先、后天之学的蕴义》[《贵阳学院学报》(社会科学版)2021年第2期]一文指出，王畿先、后天之学的蕴义丰厚，包罗范围十分广泛，主要涉及正心与诚意、体与用、本体与工夫、顿与渐的关系。其思想基调是在先、后天统一的基础上谈先天，比较倾向于先天之学，其特色是以良知为主轴，绾正心与诚意、本体与工夫及体与用、顿与渐等为一体。因此，不能简单地把王畿的学问归结为先天之学，把钱德洪的学问归结为后天之学。

董甲河《王畿与江右王门工夫论之比较》（《武陵学刊》2021年第5期）一文指出，王畿与江右王门互动频繁，共同探讨致良知工夫论议题。二者工夫论的不同点在于，王畿强调凡圣的同一性，提出良知见在说，以直达良知本体为主，觉化私欲为辅，属于顿悟路线；江右王门强调凡圣的差异性，痛感私欲对于良知本体的强大遮蔽作用，重视致良知工夫，认为良知主宰与扫荡私欲同等重要，属于渐修路线。二者致良知路线的差异主要是因为根器不同，王畿是上根之人，江右王门诸子是中下根之人，但两种路线并非截然对立，而是可以相互取益、共跻圣域的。

邝妍彬《王龙溪"见在良知"思想研究》（南京师范大学硕士学位论文，2021年5月）一文，对王龙溪"见在良知"思想予以系统化。

张文婷《王龙溪心学视野下的易学思想研究》（安徽大学硕士学位论文，2021年5月）一文，对王龙溪心学中的易学思想予以综合研究。

4. 季本研究

2021年，学界不见有研究季本的论者。

5. 黄绾研究

张宏敏编校《石龙集》（上海古籍出版社2021年4月版）一书，再现了阳明学者黄绾的生命历程与学术思想，涉及较多重大历史事件以及家族情况、师友交游、仕宦活动等。《石龙集》的整理，可使读者获得台州思想文化史、浙江阳明学派学术史的一手文献史料，从而推动明代台州学术思想史、浙江历史文化史的深入研究。

6. 董沄、董毂、陆澄、顾应祥、黄宗明、张元冲、程文德、徐用检研究

2021年，不见有浙中王门学者董沄、董毂、陆澄、黄宗明、张元冲、程文德、徐用检研究专论。与顾应祥研究有关的论文有2篇。

王为、李明杰《〈测圆海镜〉版本源流考》（《图书情报研究》2021年第3期）一文指出，《测圆海镜》又名《测圆海镜细草》，金末元初学者李冶撰，是我国古代的一部数学名著，也是现存最早的一部天元术代表作，对后世影响深远。李冶去世后被刊刻，在元、明、清三代多次再版。《测圆海镜》可分为两大版本系统：一是《测圆海镜（细草）》12卷本；二是《测圆海镜分类释术》10卷本，其中涉及顾应祥刻本，以图示的形式展示不同时间段出现的各《测圆海镜》版本，揭示各主要版本之间的源流关系。

曲兆华《周述学测望知识初探》（《自然科学史研究》2021年第2期）一文指出，《历宗算会》是明代著名学者周述学辑撰的一部传统数学著作。周述学将杨辉算书中有关证明和附图蕴含的基于出入相补原理的容横容直原理作为他理解一系列测望算法的依据，按照单表测望、重表再望、重矩测深、三望、四望等大的类别对算题进行重新分类。相比于顾应祥，周述学的分类更加合理，类别名称也更加统一，显示了他对测望问题和算法有着更深刻的理解。

7. 万表研究

2021年，不见有浙中王门学者万表的研究专论。

8. 王宗沐、张元忭、胡瀚研究

2021年，不见有浙中王门学者王宗沐、胡瀚、张元忭的研究专论。

9. 徐渭研究

2021年系明代杰出文学家、书画家、戏曲家徐渭诞辰500周年。

3月12日是徐渭的诞辰日，由浙江工业大学之江学院人文学院与柯桥区文联联合主办的"墨远文长——纪念徐渭先生诞辰500周年书画作品展"在柯桥区美术馆举行。

5月19日—21日，由中国美术家协会、浙江省文学艺术界联合会、绍兴市人民政府主办的"徐渭诞辰500周年纪念暨徐渭故里开放仪式"在新落成的浙江绍兴徐渭艺术馆举行。此次纪念徐渭诞辰500周年系列活动形式多样，由"全国美术高峰论坛·绍兴暨徐渭诞辰500周年纪念""徐渭诞辰500周年纪念暨徐渭故里开放仪式""畸人青藤——徐渭书画作品展"三部分组成。

4月29日—5月9日，为纪念徐渭诞辰500周年，杭州吴山城隍阁联合古字画修复及复制机构停云馆推出了"吴山汇观，翰墨文长——纪念徐渭诞辰500周年古代文人画联展"。

2021年徐渭研究的学术论文达110余篇，主要围绕以下几个主题展开。

（1）徐渭与阳明学关联研究

姜洁《阳明心学对徐渭艺术风格的影响》（《今古文创》2021年第37期）一文指出，徐渭因直接承学于浙中王门，兼收并蓄王畿、季本二人的学术思想，并融合个人经历、秉性形成其独树一帜的绘画艺术风格与文学创作观念。其文学艺术与绘画艺术的创作观念与艺术风格存在一定的暗合之处，并在交融与互动中深刻体现出对阳明心学的批判接受。

周关洪《强心铁骨似狂实真——王阳明心学影响下的徐渭书法浅谈》（《书法赏评》2021年第1期）一文指出，明代中叶以后商品经济发展迅速，国内外贸易发达，以商品流通为重点的市镇大量出现。商贸兴旺发达后，社会风气崇尚金钱至上，追求物质享受，生活方式改变。此时阳明心学崛起，打破了程朱理学的独尊地位，在思想界引起震动，对当时的社会政治、文化艺术等各个方面产生了深远的影响。从小聪慧、过目不忘、被誉为神童、自认为"贱而懒且直"的徐渭就生活在这样的时代背景里。

（2）徐渭的生平学行研究

江兴祐《徐渭与胡宗宪》（《西泠艺丛》2021年第8期）一文指出，徐渭是在犹疑之中入胡宗宪幕府的，为胡宗宪代笔100多篇表启，替胡宗宪稳固与朝廷的关系出了不少力。胡宗宪极其爱惜徐渭的才华，不仅在娶妻、建屋、科考等方面大力予以支持和帮助，而且在人格上尊重徐渭。徐渭入李春芳幕府后，却因胡宗宪案件受恫吓并自杀。被救活后又因间歇性精神病发作而杀妻，遭受7年牢狱之灾。这种大起大落的人生经历，以及固有的个性和对书画艺术的见解，使他在书画创作上形成了自己强烈的个人风格，从而达到艺术史上的高峰。应该说，徐渭在胡宗宪幕府虽然只有短短的5年时间，但这段经历却影响到他后半生的许多方面，尤其是在书画创作上。

李嘉文《苦辣甜酸遍尝，嬉笑怒骂平生——徐渭：侠客、酒神与局外人》（《美术文献》2021年第7期）一文指出，徐渭文采斐然却运逢不济，最终落得潦草离世的下场。命运的悲剧让他潦倒一世，却也成就了他传奇的一生。有人说他是一介纯粹文人，有人认为他是当时社会的"多余人"，其实他是当时社会图景下怀揣酒神精神的侠客，是一个似傲似玩、颓然自放的局外人。

郑志群《书写徐渭——以明清传记为中心》（《传记文学》2021年第11期）一文指出，徐渭作为明代文坛的标志性人物，产生了诸多传记，这些文本主要涉及颇为复杂的三个方面：①"奇"与"畸"的体认分歧。在他传中的徐渭形象是"奇"，在自序中，徐渭的自我认同则更多地带有"畸"的色彩，而对"奇"的描绘可看出传记的文学特征；②"文"与"道"的认同偏差。在自序中，徐渭除了表达自己"文"的一面，也看到了"道"的一面，而他传则集中在其"文"的方面，在"文"的认同中又折射出徐渭与他人的紧张感；③"真"与"法"的焦点移动。这与晚明文学思想的递嬗密切相关。

邹自振《论徐渭对汤显祖的影响与启迪——纪念徐渭诞辰500周年》[《绍兴文理学院学报》（人文社会科学）2021年第4期]一文指出，徐渭大汤显祖29岁，二人从未见过面，却因反对"前后七子"的复古主义而同声相应，同气相求。明代的戏曲从徐渭开始，出现了浪漫主义与现实主义相结合的创作热潮。徐渭的《四声猿》是明代杂剧的压卷之作，其积极浪漫主义创作手法直接影响了汤显祖，并为"临川四梦"所借鉴。徐渭经历了由传统命运向人的解放艰难蜕变过程中的痛苦和折磨，汤显祖则通过对真理的蹈扬和对恶情的鞭挞，强调了对理想世界的追求和憧憬。《四声猿》是"临川四梦"的导引，"临川四梦"是《四声猿》的升华与飞跃。

（3）徐渭的文学思想研究

牛丽芳《徐渭"真我说"及在文学创作中的体现》（浙江师范大学硕士学位论文，2021年5月）一文，对徐渭的文学思想主旨即"真我说"予以系统研究。

（4）徐渭的书画、戏曲等艺术创作研究

李俊贤《试析徐渭书法的历史文化价值》（《明日风尚》2021年

第3期）一文指出，徐渭是明代著名的书法家，他独具一格的行草书风，在情感表达方面已经达到炉火纯青的境界。徐渭的书法作品在笔法、结构以及章法等方面，都力求突破传统的限制，充分展现自身个性。他首创了巨轴书法这一全新的形式，并在书法史上掀起一股新的浪潮。他不仅继承了前代赵孟頫的复古书学思想，还将书法与绘画进行融合，大胆突破，进而形成其独特的书法风格。文章在研究徐渭书法艺术特色的基础上，进一步探讨徐渭书法在历史文化方面的价值，从而为书法学习者提供相应的参考和借鉴。

刘正成《不破不立有新法：徐渭对挂轴书法的视觉形式创造》（《中国书法》2021年第10期）一文指出，徐渭在前期创作中挂轴较少，即使有也是幅面较小。到万历八年（1580）60岁以后的晚年，其书写高堂大轴骤然增多，这应该就是他对笔法创造更为成熟的时期。而这期间，徐渭在笔法、章法、墨法的视觉形式上进行了新的创造，开启了近古500年来的书法大改变。

杨二斌《徐渭"本色"观念的书法美学价值阐释》（《中国书法》2021年第10期）一文从徐渭的"本色"观念出发，以书法为中心对其美学价值进行阐释。徐渭书法的外在形式表现为突破晋唐宋元的技法体系，在"势""象"的"重构"中，形成别于古典书法的审美面貌；内在本体则表现为"心"为"本色"之根本，"情"为"本色"表达之通道，而"真"为"本色"之核心。

胡宸《徐渭书法对传统的拓延》（《中国书法》2021年第10期）一文指出，徐渭奇人形象深入人心，但这种形象可能会阻碍对徐渭艺术风格形成及其价值的深入分析。作为优秀的书法家，徐渭艺术的变形与夸张是凭借炉火纯青的精湛技艺，用独特的个人风格完成对传统的拓展与延伸。

申旭庆《徐渭的佯狂与狂狷书风》（《中国书法》2021年第10期）一文指出，当代学术界有种观点认为徐渭狂狷书风与其精神疾病有关，并把徐渭与凡·高作比较研究。通过考察徐渭家世、书作、书论等，发现徐渭不仅具有深厚的书法传统功底，而且其行为怪诞并非精神异常而致，应属于伴狂避世。

刘颖《浅析徐渭绘画美学思想》（《明日风尚》2021年第14期）一文指出，徐渭绘画美学的形成源自他所处的那个生活时代。当时是一个旧的美学风范理应衰落却被人为因素而强制延续的环境，新的美学思想本应当创新或者扩张，却被那个时代所限制。而徐渭所带来的价值正是新生艺术所需要发展的要求，也是中国艺术或中国美术从传统古典慢慢艰难步入近代的开拓性标志，文章将时代思潮对徐渭绘画美学思想所带来的影响做了探析。

袁文婧《基于尼采美学理论解读徐渭艺术创作的思想》（《中国包装》2021年第8期）一文，以徐渭不平凡的生平遭遇和内在情感寄托为出发点进行分析，结合"日神精神"与"酒神精神"的显著特征来解读徐渭矛盾挣扎又"真我"坚守的艺术创作思想。

赵铃《徐渭的绘画美学思想及其现代性意蕴研究》（《文物鉴定与鉴赏》2021年第22期）一文指出，徐渭平生以诗、书、画、戏剧四绝著称于世。徐渭的绘画集中展现了"书画合一"的境界，他善于将狂草的意蕴融入绘画中，以至于最终的成品展现出大气磅礴、气势恢宏的特点。徐渭的绘画中所突出的美学思想主要表现在强调本色自然的创作意识、强调生动的艺术创造、舍形而悦影的美学观点、突出冲突之美等方面。其主要的现代性意蕴主要体现在强调以"自我"来"表现"绘画对象、将情感性的内容上升到艺术本体论的高度等方面。

安晶《徐渭戏曲思想中的"自然人性论"——以〈四声猿〉为例》（《中国音乐》2021年第6期）一文指出，徐渭是中国戏曲史上极其重要的剧作家，其以"自然人性论"为指导的戏曲思想，尊重个性，肯定人欲，提倡人情，不失为明中后期戏曲界的一股新流。

柳晓丹《清寂暗入直方地　梦笔夺神未可知——论徐渭与董其昌的艺术特征与哲学精神》（《美术文献》2021年第11期）一文，从北宋画家崔白的《双喜图》鉴赏入手，分析明朝晚期徐渭与董其昌的艺术特征与中国哲学精神。

（5）域外的徐渭研究

高玉海、徐凡哲《徐渭研究在俄罗斯》［《绍兴文理学院学报》（人文社会科学版）2021年第6期］一文指出，徐渭和汤显祖的文学创作分别代表明代杂剧和传奇的最高成就，但相对而言，徐渭在海外所受到的关注远远小于汤显祖。在20世纪后期至21世纪以来，俄罗斯汉学界对徐渭的杂剧创作、戏曲理论、诗歌散文乃至榜联题词均有研究，其中马利诺夫斯卡娅和尼科尔斯卡娅两位女汉学家一前一后，前肇其端而后扬其波。她们对徐渭研究的纵深度甚至准确性均可商榷，但她们关注的广度与研究视角对国内的徐渭研究有一定的借鉴作用。

10. 孙应奎、闻人铨、许孚远研究

2021年学界不见有研究孙应奎、闻人铨的专论。

陈鹏、聂毅《许孚远心性论辨析》（《中国哲学史》2021年第3期）一文指出，许孚远的心性思想主要是在批评阳明后学，尤其是现成派王学的背景下形成的。为矫正阳明后学一任灵明、空谈本体之弊，许孚远融气入心，主张心性"非一非二"；标举性体的至尊至善义，力主"无善无恶不可为宗"；并尝试以觉论性。许孚远心性论在整体上显示了综合朱王的思想线索，从修正王学的角度说，它着力于确立心性的客观性维度以及强调"密缮身心"的实修工夫。许孚远修正王学的思想宗旨和庄敬严整的精神气象，对刘宗周产生了深远影响。

曾莹莹《许孚远思想的实学特征研究》（云南师范大学硕士学位论文，2021年5月）一文指出，许孚远身处阶级矛盾和民族矛盾尖锐以及社会、政治危机四伏的明朝中后期，这个时期朱学衰颓阳明心学兴盛，逐渐流行起阳明后学末流以"无善无恶"为宗的"空寂寡实之学"。为挽救社会危机，反虚务实，许孚远以孔子为宗，把复性当作学问归宿，试图复兴实用儒学。对其思想所蕴含的实学色彩，目前学界并未进行过多的叙述。该文第一章主要梳理许孚远的生平事迹和著作以及他的思想渊源，旨在了解其思想形成的社会背景和思想背景，以便掌握其思想形成的原因。第二章主要在本体论的意义上探究许孚远思想的实学特征。第三章主要在心性论的意义上研讨许孚远思想的实学特征。第四章主要在工夫论的意义上研讨许孚远思想的实学特征。许氏力主实修下学上达，主要体现在三个方面：其一，强调"克己"工夫的重要性，并订正格物，强调精一执中。其二，主张于日用动静中默识天则，断绝玄言妙谈，不存知见以凝养天德呈现道体。其三，去蔽为明以复归性初。第五章主要判定许孚远思想之实学色彩所具有的影响和价值。其一，许氏主张实体、实性、实修的实学，纠正了阳明后学的禅化之弊。其二，许氏以孔子为宗，注重朱子理学，这对后世以及明末清初在回归宋学、先秦孔学上起到一定的影响和推动作用。其三，许氏思想所体现的实学特质为明末清初实学思想的发展打下了坚实的理论基础，开启了明末清初的实学之风。

刘丽莎、文碧方《论许孚远的"克己"思想》（《人文论丛》辑刊，2021年卷）一文认为，许孚远上承湛若水、唐枢，下启冯从吾、刘宗周，是明代具枢纽地位的思想家。许孚远以"克己"为宗旨，对"克己"的强调贯穿他为学的始终。他的"克己"思想不仅承袭了王学"心即性"的心本体论，而且将朱学之严苦实修的工夫论融摄进来，形成了他独特的"克己"思想。他之所以形成这样一种克己思想，与甘泉学派师承影响和纠心学流弊现实需要两个方面关联甚深。

11.蔡汝楠研究

2021年学界不见有研究蔡汝楠的专论。

12.唐枢研究

2021年学界不见有研究唐枢的专论。

13.袁黄（袁了凡）研究

2021年学界同仁对作为阳明学者袁黄的生平著作进行了综合研究。

严蔚冰《养生养性袁了凡》（《中医健康养生》2021年第7期）一文指出，袁了凡先生出身于医学之家，曾祖父袁颢、父亲袁仁都是饱读经典、兼通医道的学者，袁了凡得父教诲，读万卷书，行万里路。修身养性，著述甚繁。袁了凡善于学习，总结父辈传下的经验和自己的心得，著书立说教育后人。其著述繁多，包含甚广，但为后人熟知，更是因其修身养性方面的成就。所著有《摄生三要》《静坐要诀》《祈嗣真诠》《训儿俗说》等。大家熟知的《了凡四训》由《立命之学》《改过之法》《积善之方》《谦德之效》四部分组成。

齐畅《万历朝鲜战争初期袁黄朝鲜行迹新考》（《外国问题研究》2021 年第 2 期）一文指出，袁黄为明朝名士。其所著《了凡四训》成为传世经典，然而作为文儒，其以赞画身份赴朝鲜参加万历抗倭援朝战争的行迹，明清史料却一带而过，在其个人文集中亦语焉不详。该文以朝鲜史料为线索，钩稽袁黄在朝鲜的基本行迹：战事初期经略宋应昌驻扎辽东，袁黄作为宋应昌的代表先行渡江赴朝承担与提督李如松和朝鲜方的沟通工作；军旅之余，他与朝鲜文臣论学，试图推行陆王之学受阻。

林志鹏《从"良知之教"到"立命之学"——由袁了凡其人其学看儒学转向及阳明心学的世俗化、民间化》[《云南大学学报》（社会科学版）2021 年第 6 期]一文认为，阳明心学的精神品格之一，在于寻求自我意识的发展。袁了凡是汇通三教的阳明后学，其"立命之学"与阳明心学的"主体性自觉"一脉相承，深具阳明心学色彩，在士庶阶层中产生广泛影响。对"立命之学"的支持和反对，分别代表了明末清初阳明心学的支持者与反对者两派，儒学转向及阳明心学的世俗化、民间化于斯可见。"立命之学"用"神道设教"的方式进行儒家伦理道德劝化，堪称"世俗版"的"良知之教"。"立命之学"和《功过格》的传播，从一个侧面说明阳明后学在明末清初"劝善运动"中扮演了重要角色。

蔡丽娜、吴世彩《从修身与养生论袁黄〈祈嗣真诠〉求子观》（《中华中医药杂志》2021 年第 2 期）一文指出，袁黄在当时礼制失序、三教融合与养生之风盛行的社会背景影响下，著《祈嗣真诠》一书，不仅以积善的教化将个人的善恶行为与有无子嗣相联结，寓生育子嗣于自身的道德修炼之中，使修身以宗教的形式、儒家的思想和医家的理念为表达，成为维护求子者生育力的策略，又将以聚精、养气、存神为核心的内丹养生引入对提升男性生育力的讨论。袁黄从道德修身与内丹养生出发，使求子观在宗教、伦理与医学的联动中及在养生长寿的实践中，成为激发和指导民众修养适合生育之身心的有效方法。

　　李钦才《袁了凡调息静坐养生研究》（江西中医药大学硕士学位论文，2021 年 5 月）一文指出，袁了凡师从王阳明得意门徒王龙溪，对泰州学派的罗近溪之学亦有研究和推崇。从其遗著看，袁了凡精通易理、儒学、佛法、道学、医道，尤其在养生学上的研究颇有造诣。该文第一章简要介绍袁了凡生平，包括家族变故、中举出仕、为官经历、归隐著书、致力扬善等。第二章简要介绍袁了凡养生文献研究，主要对《静坐要诀》《答严天池问调息书》和《答马瑞河问静坐书》《祈嗣真诠》与《摄生三要》这些著作与书信进行介绍，简述袁了凡所要表达的养生思想和内容。第三章主要介绍袁了凡调息静坐背景，从其调息静坐的实践原因和主张两方面着手。调息静坐原因有四，受佛教思想、儒家文化、道家思想及家族家风影响。调息静坐主张主要从两方面论述，明确目的志向和持戒调心。第四章主要介绍袁了凡调息静坐方法体验研究，包括静坐实践经验研究和调息实践经验要诀。调息与静坐相互联系，息息相关，密不可分，分两部分研究时主要是侧重点各不同，一部分侧重静坐，一部分侧重调息，这样更利于阐释清楚。静坐实践经验研究包括静坐姿势与气息调整、调息静坐入定前和入定中要诀。调息实践经验研究包括六妙门等调息之法。第五章具体阐释袁了凡调息静坐的特点和养生思想总结。其特点为善心寡欲，相得益彰；汲取佛道，为儒所用；步骤有序，体系明确。其养生思想，先从其哲学思想入手，再根据实际情况从调息静坐方面进行归纳整理，从其所呈现的修习工夫及调息静坐所带来的修心养身和养生倾向进行总结。调息静坐可保养精气神，其可聚精、存神、养气。聚精是以先天之精的固摄和后天之精的调养为准则，使其自身精力充沛，不失其精，更有利于共养精气神。养气以胎息养元，调息静坐运行整个身体诸气，以便养气炼形存性。存神主要是对心神和元神的保聚，神凝则气聚，神散则气消。养生者务实其精，养身者务违其气，养气者务宁其神，精气神得调养者，康强体健。其次，调息静坐修德养性，积善积德、寡欲清心、慈悲仁爱、兼济乡族。形成了了凡先生独特的养生思想，即精气神人身三宝的调养、修德养性、动静结合和明志寡欲，调养情志。第六章讲述袁了凡调息静坐的影响，主要从袁了凡晚明时期和近代蒋维乔、丁福保及现代国学大师南怀瑾等方面阐述。得出以下结论：（1）袁了凡调息静坐养生思想包括聚精养气、存神调心、修德养性、寡欲恬静、动静结合养生、情志养生。（2）袁了凡调息静坐的经验主以心体调理，从明志到持戒再到祛除欲根最后寡欲恬静，具有一定的实践指导性。（3）袁了凡调息静坐体系完整，思路清晰，具有中医康复养生价值。同时，值得被繁忙的现代人所借鉴，去寻求心灵的安顿，从繁忙中解脱出来。

14. 其他浙中王门学者的研究

朱和双、曹晓宏《作为"阳明后学"的陶希皋、陶珽与陶珙交游新证》（《楚雄师范学院学报》2021年第1、2期）一文指出，浙江黄岩是元末明初著名文学家、历史学家陶宗仪的故乡，其后裔在明嘉靖间被充军到云南姚安军民府。作为"阳明后学"流播到云南（以罗汝芳、李贽为代表）的捍卫者，陶希皋、陶珽与陶珙最终以科举世家的强大惯性改变了晚明时期"滇学"（尤其是蒙学、禅宗及书法）的整体面貌。因姚安"三陶"的落款常见有"台中""台山""天台""黄岩"和"西南""滇南""姚阳"诸郡望，说明他们对自己不得不屈身边徼蛮夷之地流露出了消极的情绪，进而借助于《径山藏》摆脱其家族的"内地化"禁锢。

张立文、董凯凯《永嘉学视野中的理体学与心体学——项乔的理气心性论》（《浙江工商大学学报》2021年第6期）一文指出，项乔体会"四书五经"之言，就是体悟圣贤的心学，进而融通义理。他认为，阳明发朱熹之所未发，"致良知"是其独创之见。良知作为天理而主于虚，虚能容物，推致良知于事物。虚实一源，显微无间。项乔的"致良知""求放心"之学，是在圆融孟子、《中庸》和阳明心体学，并融通朱熹的观点而阐发自己的独创见解，进而探索理气和道器的关系。项乔融突和合程朱理体学与陆王心体学旨在归本圣贤经典的理想人格，高扬随事在物即行的德性，终成心体学的事功学。

　　通读上述所列浙中王学研究论著，我们可以发现，2021 年浙中王学研究的亮点是钱德洪、王畿、徐渭、袁了凡的专案研究。尽管浙中王学人物的专案研究（主要集中在王畿、徐渭）已经取得了不少的学术成果，但是还有很多课题要去完成，比如：《顾应祥全集》《季本全集》《万表全集》《许孚远集》《袁黄全集》的全面搜集与编校整理，蔡宗兖、朱节、陆澄、黄宗明、徐用检等阳明学者佚文逸事的搜集整理也应一并进行，个别阳明学者的专案深究有待深入开展（比如季本、张元忭、程文德思想的深入研究等），唐枢、蔡汝楠、许孚远与阳明心学之间的学术关系需要进一步阐释，《明儒学案》中《泰州学案》中的周海门、陶望龄、刘塙亦应一并纳入"浙学王学"进行考量，而浙中王学与江右王学、南中王学、粤闽王学的互动研究有待深入开拓，浙中王学对阳明良知心学的学术贡献究竟如何也要评估。而编撰浙中王学学术年谱，也是一项有意义的学术工作。总之，一部贯通性质的《浙中王学通史》（或《浙中王学通论》）有待撰著。

三、江右王学研究

江右王门，顾名思义，意指阳明良知心学的江右传人，抑或指称江西籍阳明弟子门人及后学群体。黄宗羲在编撰《明儒学案》之时，专辟8卷即卷十六至卷二十三，来述评"江右王门学案"，且宣称："姚江之学，惟江右为得其传，东廓、念庵、两峰、双江其选也。再传而为塘南、思默，皆能推原阳明未尽之旨。是时，越中流弊错出，挟师说以杜学者之口，而江右独能破之，阳明之道赖以不坠。盖阳明一生精神，俱在江右，亦其感应之理宜也。"①

（一）江右王学综合研究

2021年，学界同仁关于江右王学综合研究的论题，主要涉及江右王学文献整理与王阳明在赣州龙南的专题研究。

郭诺明校注《李材四书学著作四种 南皋邹先生语义合编》（江西教育出版社2021年8月版）一书，是对江右阳明后学的文献整理，选取的对象为文集尚未整理出版的李材与邹元标，所涉的李材四书学著作4种，分别为《大学古义》《道性善编》《论语大意》《崧台讲义》；邹元标的有《南皋邹先生语义合编》。

周建华、幸伟《王阳明南赣后学研究》（江西高校出版社2021年8月版）一书，对赣州籍阳明学者生平事迹等予以了梳理。

李晓方主编《王阳明龙南史料辑录》（中国书店2021年8月版）一书，

---

① 《黄宗羲全集》第7册，第377页。

对王阳明在江西龙南留下的大量活动遗迹和地方文献记载进行了整理，这些散落的史料碎片勾画出在王阳明龙南的历史轨迹，为丰富研究提供了珍贵的史料。

周建华、张贤忠编著《阳明心韵》（江西人民出版社2021年8月版）一书，对王阳明征"三浰"的背景、过程，在龙南的王化德政，王阳明在龙南民间流传的故事传说，以及与在龙南有关的奏章、诗文、后学都作了阐述。

牛磊《试论江右王门的宗族伦理建构——以王阳明、罗洪先、聂豹、邹守益为例》（《中共宁波市委党校学报》2021年第1期）一文指出，阳明学兴起后，江右地区的阳明学者从理论创新与社会实践两方面着手，致力于将宗族缔造成一道德的、教化的、伦理的"共同体"。值得注意的是，作为宇宙万物的本体实在、心体之呈现的"万物一体之仁"，构成了阳明学者对宗族伦理进行建构的理论基础。其目的，是希望通过"万物一体之仁"的实信与实行，实现良知与天地万物的交流沟通，从而开出光明宏阔的生命真境。

（二）江右王门学者个案研究

黄宗羲《明儒学案》卷十六至卷二十三《江右王门学案》为江右王门学者立学案27个，涉及学者33人，分别是：邹守益（附：邹善、邹德涵、邹德溥、邹德泳）、欧阳德、聂豹、罗洪先、刘文敏、刘邦采、刘阳（附：刘秉监、王柳川）、刘晓、刘魁、黄弘纲、何廷仁、陈九川、魏良弼、魏良政、魏良器、王时槐、邓以讃、陈嘉谟、刘元卿、万廷言、胡直、邹元标、罗大纮、宋仪望、邓元锡、章潢、冯应京。

此外，《明儒学案》卷五十三《诸儒学案下一》中的舒芬[1]，也是南昌进贤籍的阳明门人，《传习录·下》中有不少舒芬问学阳明先生的记载。[2]

---

① 《黄宗羲全集》第8册，第614—615页。应该指出，黄宗羲不认可舒芬为阳明先生门人。
② 《王阳明全集》第83、110页。

还有，郭子章也是晚明时期的江右籍阳明学者。

1.邹守益研究（附：邹善、邹德涵、邹德溥、邹德泳研究）

2021年学界没有研究邹守益、邹善、邹德涵、邹德溥、邹德泳等的专论。

2.欧阳德、聂豹研究

2021年学界没有研究欧阳德的专论。

牛磊《归寂致知：聂豹的易学思想》［《宁波大学学报》（人文科学版）2021年第2期］一文指出，作为阳明后学"主静"派的代表，聂豹的思想主旨以主静归寂为核心命题。聂豹认为，心体归寂方可证得良知，但是在时人的理解中，虚寂向为佛道二教所独擅。为了给归寂之学"正名"，聂氏充分发掘《周易》经传的思想资源，力图说明虚寂思想也是儒学的固有内容，并非佛道二教的专属。借助对易理的诠解，聂豹希望在一个更高的起点上将易学容纳到阳明学的框架之内。其基本理路可以概括为：物有万殊，揭虚寂以为归；事有万变，立主静以统汇。

3.罗洪先（罗念庵）研究

2021年，研究罗洪先的论文有1篇，涉及对罗洪先的良知学研究。

冯小平《罗念庵良知思想研究》（西南大学硕士学位论文，2021年5月）一文指出，罗念庵作为江右王门中的重要一员，虽未曾亲炙于王阳明，但是通过与阳明后学长期的论辩和不断地做工夫，体悟到了阳明良知之真义。在阳明后学"只讲良知，不讲致和"流弊肆起的背景下，念庵之学于扶持王学大厦赖以不坠有功，因而在晚明思想界中享有极高的评价，"天下学者，亦遂因先生之言，而后得阳明之真"。因念庵未尝一日得及阳明门下，所以他参究良知的过程是曲折的。也就是说，他的思想是不断变化的。学界一般根据《明儒学案》认为他的思想有三变，是而念庵体认的良知本体和工夫有前后期的不同。该文在呈现念庵体认的良知本体时，以其超越"归寂"说为界。在此之前，念庵通过追问"知之所以良"体认良知，认定良知之"良"（体）是保证发而为良（用）的关键，安立此"体"，则"动静出入，咸有着落"，吾人不随境异，不受欲望所扰，遂主张

"心有定体"，这种分良知体用为二的理解方式，近于双江，远于阳明；而后随着工夫进境的提升，认为以二分方式承想良知，难免"执寂有处""执感有时"，故而对良知有了新的理解，即"寂感一体"，同时暗含着"心无定体"的观点，意味着对"归寂"说的超越。在重新体认寂感关系的基础上，对动静关系有了新的认识，赋予静本体论上的意义，以至静形容良知本体，是念庵的发明。总体上，念庵更偏重从本体义理解良知，与阳明、龙溪偏重从自然明觉义理解良知有所不同。在致良知工夫上，念庵因"欲根不断"无法肯信当下知善知恶之知即是良知，故而反对"依良知"，主张"致良知"。念庵之"致良知"是"致"良知之义，是涵养本体，所以他的致良知工夫是涵养本体的工夫。工夫与本体一样，也有前后期的不同，分别为"无欲主静"和"收摄保聚"，后者较前者而言，不再拘泥于静坐的形式，于动境、静境皆能落实，时时"收摄保聚"，时时"致良知"，透显出"即用即体"的理念，近于阳明、龙溪浑一性的思路。与阳明只将静坐视作权法相比，念庵把静坐看得极重，这是其学被诟病的原因之一。然结合他晚年为乡里均平赋役、奔走乡间事务来看，他已然打通动静二境，于事上磨练，并未因静坐绝伦弃物。在工夫的助益下，念庵臻至"全体大用"之境，心体物而无不在，感而遂通，在经世中致用，不失儒家明明德之旨。基于此，我们可以说，念庵的思想包含本体、工夫、境界的完整内容，而又以良知为核心，是故该文以此把握念庵的思想。今人对念庵之学属于王学系统多有质疑，认为其反诸濂洛、白沙主静之学是朱学一脉，该文基于念庵"断除欲根"的问题意识，结合他体认的良知本体以及所臻之境，肯认其阳明学者的身份。念庵之学在超越"归寂"说的同时，亦对因"见在良知"泛滥而渐失其旨的王学有扶持之功，其学应在王学中享有一席之位。

4. 刘文敏、刘邦采研究

2021年，学界没有研究刘文敏、刘邦采的专论。

5. 刘阳研究（附：刘秉监、王柳川）

截至2021年12月，尚未有学者对刘秉监、王柳川开展专题研究。

6. 刘晓、刘魁、黄弘纲、何廷仁、陈九川、舒芬、魏良弼、魏良政、魏良器、邓以讚研究

2021年，学界没有研究刘晓、刘魁、黄弘纲、何廷仁、陈九川、舒芬、魏良弼、魏良政、魏良器、邓以讚的论著。

2021年12月5日，由武汉大学中国传统文化研究中心举办的"阳明学思想与文献工作坊"第三期"《陈九川集》与抚州阳明学"以线上线下相结合的方式展开，来自中国人民大学、中山大学、南昌大学、中国社会科学院、天津社会科学院、浙江省社会科学院、贵州师范大学、西安交通大学、上海古籍出版社等科研机构及出版社的阳明学研究学者30余人与会，就《陈九川集》与抚州阳明学展开学术研讨。

7. 王时槐（王塘南）研究

2021年，学界关于王时槐的研究著作有1种。

程海霞《良知学的调适：王塘南与中晚明王学》（中国社会科学出版社2021年10月版）一书指出，中晚明良知学的走向是阳明后学研究的一个基本问题。作为王阳明的二传弟子，江右思想家王塘南在良知学的"展开"与"转折"之间，开创出良知学的"调适"路向。此既体现在本体论上，又体现在工夫论上。在本体论上，不论是对心性本体的由体而用而体用合一式的理解，还是对心性本体与经验世界关系的中道诠释；在工夫论上，不论是对彻悟本体的工夫原则的把握、对先默识后敬存的工夫框架的建构，还是对研几与收敛这两种特色工夫的强调：皆是此种"调适"路向的丰富展现。由此形成了塘南思想集中晚明王学之大成、熔宋明儒于一炉的特征，从而奠定了塘南思想在宋明儒思想序列中的独特地位。

8. 陈嘉谟研究

2021年，学界没有关于陈嘉谟的研究论著。

9. 刘元卿研究

2021年，学界研究刘元卿的论文有1种。

魏志远《"识仁择术"：刘元卿对耿定向心学思想的继承与发展》[《井冈山大学学报》（社会科学版）2021年第3期]一文指出，针对明中

期以来部分儒家学者在为学工夫中陷入体用分离的弊端，刘元卿继承与发扬耿定向"真机不容已"之旨与"学有三关"说，构建起以"体用合一"为特征的学说体系。通过论证"生生不容已"之本心，刘元卿明确了自然之欲与不容已之本心的体用关系。在为学工夫方面，刘元卿奉行孔子的"一以贯之"之道，主张以"欲明明德于天下"的为学志向来引领"诚其意"工夫的落实，最终实现外在工夫与内在本体的自然统一。

10. 万廷言研究

2021年，学界没有研究万廷言的论著。

11. 胡直、邹元标、罗大纮、宋仪望、冯应京研究

2021年学界没有研究胡直、罗大纮、宋仪望的论著，邹元标的文献有1种得以整理，研究冯应京的论文有1篇。

郭诺明校注《南皋邹先生语义合编》（江西教育出版社2021年8月版）一书，以讲学者曰会语，说经者曰解义，故总名曰《语义合编》。

杨曼丽《〈月令广义〉医药养生研究》（江西中医药大学硕士学位论文，2021年5月）一文指出，《月令广义》是明代冯应京编撰、戴任续成的时令类文献，收录于《四库全书存目丛书》。该书所记范围相当广泛，涉及生活中的方方面面，其中"摄生""卫生""饮食""宜忌"等条目内蕴含大量关于养生方面的内容。

12. 邓元锡研究

刘桂娟、吴航《邓元锡〈皇明书〉研究综述》（《职大学报》2021年第5期）一文指出，邓元锡《皇明书》是继郑晓《吾学编》之后，私家修成的第二部纪传体明史。记事上起明太祖朱元璋，下迄明世宗朱厚熜。明清以降，邓元锡及《皇明书》递为后世学人所关注。总体来看，前贤在邓元锡的生平、交游、学术思想以及《皇明书》的编纂与史学价值等方面，已取得一定的研究成果，为我们继续推进《皇明书》研究奠定了学术基础。今后研究应以深入探讨《皇明书》的史源与史流为基础，注重《皇明书》体例创新之处、《皇明书》所蕴含的理学思想以及利用《皇明书》研究明代史实问题等。

13. 章潢研究

2021年学界不见研究章潢的论著。

14. 郭子章研究

王小虎《"崇奢"还是"隆礼"——"新子学"视域下郭子章〈奢俭论〉的辩证逻辑》[《湖南工程学院学报》(社会科学版)2021年第2期]一文指出,郭子章从群体和个体两个角度谈论"奢俭"问题,提出"礼法之奢"非"崇奢"的重要观点。

周永平《郭子章〈黔记〉研究》(西华师范大学硕士学位论文,2021年5月)一文指出,郭子章是明朝在贵州巡抚任上一位有名的人物。他治书宏大,在《明史·艺文志》中记有其著作25种,246卷;在《四库全书》中则存目21种,296卷。《黔记》属于地方志(贵州志)的范畴,内容涉及明朝郭子章巡抚期间当地哲学、政治、经济、军事、法律、历史、地理、工艺、文学等,是研究明时贵州历史的重要文献资料。

赵巍巍《征播之役战争书写研究》(河北师范大学硕士学位论文,2021年5月)一文指出,征播之役是发生在明朝万历年间朝廷派兵平定播州土司杨应龙的战役。这场战役结束了杨氏土司在播州长达700多年的统治,自此播州地区改土归流,置于朝廷的统治之下。该文从书写征播之役的散文、诗歌、小说等不同的文体入手,探讨不同文体下战争书写的特点。第一章对征播之役的散文书写进行了探讨。书写征播之役的散文主要是李化龙与郭子章二人所作公文,如奏议、咨文、牌票等,按照不同的书写对象,这些公文大致可以分为上行文、平行文与下行文三种类型。第二章对征播之役的诗歌书写进行了探讨。不同于散文和小说,诗歌的书写更加注重情感的抒发。第三章对小说《征播奏捷传》的战争书写进行了探讨。

何姝睿《郭子章佛教思想研究》(武汉大学硕士学位论文,2021年5月)一文指出,郭子章是晚明儒释合流大潮中颇具代表性的人物,但目前学界关于郭子章的思想研究较少。该文即以郭子章本人的著作为依据,以其孙辈为其编写的《资德大夫兵部尚书郭公青螺年谱》为线索，对郭子章的佛教思想进行了研究。第一，立足于《资德大夫兵部尚书郭公青螺年谱》与相关书信，介绍郭子章生平及主要事迹，通过对其家庭背景、著作及交友的考证，可以一览郭子章思想形成的原点和前提。第二，从青原山学风浸润、老师胡直的思想引领、家庭变故和平播之役多角度切入，追溯郭子章佛教思想形成渊源。郭子章出身书香门第，26岁拜师胡直，在早期的政治生涯、学术生涯中儒者身份更为突出，然而在平播之役之后，便笃信佛教、致力于推动荆杏双修，这样的思想转变以及儒者、佛教徒的双重身份让其思想有了与众不同的张力、特色，多角度的溯源将为剖析其佛教思想内容提供更为清晰的背景考量。第三，划定郭子章信仰的佛教宗派，介绍其佛教思想内容及特点。从郭子章著作及相关文本出发，可以搜寻出关于其信仰的佛教宗派的理论和实践证据，归纳出其融汇儒家经世致用的因果感应论、"天下无二道"的儒释关系论、"无生"即"生生"、真心为本的佛教思想。在此基础上，可以发现其思想具有明显的特点，即经世务实、注重因果感应类的神秘梦境体验，与其《周易》思想交相辉映。

通读2021年学界关于"江右王学研究"论著，我们可以发现，尽管江右王学文献整理与江右王学人物的专案研究（主要集中在邹守益、罗洪先、陈九川、欧阳德、王时槐）已经取得了不少的学术成果，但是还有很多课题要去完成，比如：像《陈九川集》《魏良弼、魏良政、魏良器合集》《舒芬集》《邹元标集》《陈嘉谟集》《郭子章全集》《宋仪望集》的编校整理，宜尽快完成；刘文敏、刘邦采、刘印山、王柳川、刘晓、刘魁、黄弘纲、何廷仁、邓以赞、罗大纮、邓元锡、章潢、冯应京等阳明学者佚文逸事的搜集整理应一并进行，如果时机成熟可以考虑编撰《江右王学全书》；个别江右阳明学者的专案研究有待深入开展，比如陈九川、郭子章思想的深入研究等；而江右王学与浙中王学、泰州学派、南中王学、粤闽王学的互动研究，有待深入开拓；江右王学对阳明良知心学的学术贡献究竟如何，也要全面评估。总之，一部贯通性质的《江右王学通史》有待撰著。

再有，近年来，相比于浙江（"浙中王学"）、贵州（"黔中王学"）、江苏（"泰州学派"），江西省域层面以"江右王学"为专题召开的学术研讨会略少。建议江西省内有关高校科研机构，比如南昌大学、江西师范大学、江西省社会科学院、江西省委党校整合省内外的阳明学研究学术团队，围绕"江右王学"申报国家级重点、重大科研项目，进而举办高水平的"江右王学学术研讨会"，以推动江右王学的深入研究，以不负黄宗羲《明儒学案》"姚江之学，惟江右为得其传……阳明一生精神，俱在江右"的评定。

四、止修学派研究

　　"止修学派"源本于《明儒学案》卷三十一《止修学案》，黄宗羲将其置于"粤闽王门学案"之后、"泰州学案"之前。鉴于"止修学案"案主李材系江西丰城人，同时其父李遂师从阳明先生，而李材系王门之"宗子"邹守益的传人，故而本报告在编写过程中置李材所开创的"止修学派"的研究现状于"江右王学研究"之后。

　　2021年，不见关于李材（李见罗）与止修学派的研究成果。

　　通读目前学界已有的李材研究论著，我们可以说李材与止修学派的研究已经开启，但是还有很多课题需要完成，比如《李材全集》的编校整理宜加快进行，还有"止修学派"群体的文献史料也需要辑编。这样，才能为李材学术思想的深入研究提供基础文本，进而研究李材生平学行（可以考虑编写《李材年谱》《李材评传》）、李材与止修学派对发展阳明学的学术贡献及其在阳明后学发展上的历史地位。

五、南中王学研究

南中王门，主要指明代南直隶（今安徽、江苏、上海）地区的阳明门人。阳明在世时，南中王门弟子有王艮（见"泰州学派"）、黄省曾、朱得之、戚贤、周冲、冯恩、程默等；阳明殁后，浙中王门钱德洪、王畿讲学于此，江右王学邹守益、欧阳德、何廷仁官于南都，从之者甚众，[①]诸如贡安国、查铎、沈宠、萧念、萧良幹、戚补、张榮、章时鸾、程大宾、郑烛、姚汝循、殷迈、姜宝、周怡、薛应旂、唐顺之、唐鹤征、徐阶、杨豫孙等。黄宗羲《明儒学案》卷二十五至卷二十七专辟"南中王门学案"，予以论列。

（一）南中王学综合研究

张祥林《王阳明在滁州》（黄山书社2021年1月版）一书，力图从王阳明波澜壮阔、历经磨难沉浮的生涯中截取在滁州这一段轨迹，探究阳明学说在滁州的承前启后及其对后世的影响。

刘聪、王黎芳编著《水西书院志》（宗教文化出版社2021年5月版）一书，辑录现存南直隶宁国府泾县（今安徽省宣城市泾县）水西书院的资料，由正文6卷（水西概况、营建学田、会约祀典、会语答问、传记、赠序诗文）和附录2卷（龙溪会语、水西书院大事记）组成，使读者能一窥明清两朝数百年水西书院讲学的盛况，了解水西书院形成和发展的历程。

---

① 《〈明儒学案〉〈宋元学案〉黄宗羲之案语汇辑》，第89页。

（二）南中王门学者个案研究

目前学界对南中王门学者的个案研究，主要体现为对戚贤、黄省曾、朱得之、薛应旂、唐顺之、徐阶等阳明学者的研究。

1. 戚贤、黄省曾研究

2021年，学界不见有研究戚贤的论文。

贺玉洁、杨遇青《黄省曾文学复古观诠论——以其与王阳明、李梦阳的思想交涉为中心》[《新疆大学学报》（哲学·人文社会科学版）2021年第4期]一文指出，明代中叶，文坛风会流衍变迁，以复古求新变成为此期文学发展的内在动力。吴中文人黄省曾博学好古，以古文辞名世。他拜师问道于王阳明，千里论文于李梦阳，并旗帜鲜明地提出"不复古文，安复古道"，将恢复儒家道统视为此期古文复兴的内涵与旨归。其最终确立的文章性道说，是阳明心学与复古文学相融通的一次有益的理论实践，也是对传统的"文以载道"观的重新判释与运用，对明代文学史有着独特而重要的意义。

2. 朱得之研究

2021年，学界不见有研究朱得之的论文。

3. 薛应旂研究

2021年，学界不见有研究薛应旂的新论。

4. 唐顺之研究

2021年，关于唐顺之研究论文有若干篇，内容涉及唐顺之的生平事迹与文献、文学思想。

李德锋《明中叶唐顺之的史学世界》（中华书局2021年11月版）一书，深深植根于明代中叶的政治、思想和史学背景中的唐顺之史学研究，内涵丰富。书中指出，唐顺之的史学一生多变，大致经历了由早期对经典的研习，到后期编纂理论和历史评论的成熟。其日常应酬和为官职责所在，撰写了一定数量的传记、巡查记录，参与了实录的誊抄，成为明皇朝史的有机构成。唐顺之史学在启蒙和经世致用方面，对其后明朝史学的发展产生了直接而广泛的影响。另外，唐顺之还以其"晚岁之出"丰富和深化了我们对"国史"和"野史"互动关系的认识。

芮赵凯《疾病与人情——再论唐顺之晚岁之出》（《历史教学问题》2021年第6期）一文指出，唐顺之晚岁出仕这一举动因严嵩、赵文华的参与，历来颇多争议。爬梳唐顺之数十年间与诸人的往来信件可知，在经历了早年仕宦生涯两度罢官的挫折后，其专心于研学及授徒，嘉靖二十九年（1550）罹患囊痈重症后，身体状况急转直下，于世事更无挂念。然而阁部重臣严嵩、徐阶、聂豹、赵文华等人数年来为其复官多番运作，最终在嘉靖三十五年（1556）获嘉靖帝同意，得以起复。唐顺之晚岁出仕，一为报答严、徐等人援引厚恩，二为尽臣子致身之义。至于自身的福祸已置之度外，实乃舍生取义之举。

杨骁勰、马勇《论唐顺之〈荆川先生精选批点《史记》〉》（《玉溪师范学院学报》2021年第5期）一文指出，有明一代，出现大批《史记》评点著作，唐顺之《荆川先生精选批点〈史记〉就是其中产生时间较早的一种。该书在明清两代的书目中鲜有著录，且至今未被学界予以充分重视。然而，此书不仅是一部以文学性为选文标准的《史记》选本，还是一部从文学角度批点《史记》的评点本；由于产生时间较早，该书的批点为当时及后世多种《史记》评点著作所承袭、引用，沾溉后世，影响颇著。

李德锋《明唐顺之〈左氏始末〉刍议》[《南开学报》（哲学社会科学版）2021年第2期]一文指出，唐顺之《左氏始末》改《左传》编年体为纪事本末体，突出了纪事原则，但标目也存在以人分类的现象，甚至是名实不副的情况。《左氏始末》以《左传》作为基本史料来源，还充分参考了《国语》《史记》和后出的其他文献，是对这些文献的综合运用。这些体现了传统体裁由以纪年、记人向纪事转变过程中的变化，反映了唐顺之本人对春秋时代"无义"的整体历史评价，突出了在传统"以史证经"的思路下，对史学价值的特别认可。

徐勇、欧阳康《经纬文武的大家——试论唐顺之在蓟镇核查军务与诗文创作》（《孙子研究》2021年第6期）一文指出，明嘉靖三十七年（1558），唐顺之二次复出后不久，受命来到蓟镇核查军务，历时两个多月。这段时间，唐顺之认真核实当地驻军情况，并向明廷进行了详细汇报。他曾4次上疏，从不同角度提出各类巩固边防的建议。唐顺之和戚继光曾切磋过枪法，两位都是文武兼备之人，带兵经验非常丰富且著述颇多；而唐顺之在核查军务中提出的这些思想，亦被十余年后到蓟镇戍守的戚继光所吸收。唐顺之还在考察风土人情、山川地理之余，寄情于蓟镇秀丽的山水之间，写下了近40首诗作和1篇赋，为这段短暂而不平凡的军旅生涯增添了文学色彩。

刘尊举《从观念到文本：唐顺之古文与八股文的文体互动》〔《西北大学学报》（哲学社会科学版）2021年第4期〕一文指出，唐顺之古文与八股文之间的文体互动建立在观念会通的基础上。"真精神"是唐顺之论文的宗旨与命脉，也是他对古文与八股文的共同要求。"法寓于无法之中"是唐顺之理想的法度观，包括"文之必有法"和"神明之变化"两个层面。共同的创作宗旨和衡文标准是文体会通的基本前提，严谨而通达的法度观则赋予其实践品格。在"以古文为时文"和"以时文为古文"的创作实践中，唐顺之的古文和八股文实现了真正意义上的文体互动。我们可以在这一独特的文体现象中把握明代古文的细部变化及其变化动因与机制，并从中感知明代文章家探索文法的现实驱动力及其用力之所在。

5. 徐阶研究

刘梦琦、胡淑娟《论徐阶诗歌的内蕴——以〈少湖文集〉为例》（《文教资料》2021年第9期）一文指出，徐阶《少湖文集》7卷及其《世经堂集》是诗人整个创作历程及人生经历的真实写照。《少湖文集》体裁广泛、内容丰富，该文对诗人生平交游、诗歌内容及艺术风貌进行了全面的论述。

6. 查铎研究

2021年学界不见有研究查铎的专论。

2021年南中王学研究的亮点是对唐顺之的研究。总体而言，目前学界缺少南中王学系统、综合性的研究成果，而王阳明在"南都"的讲学活动也有深入挖掘研究的必要。相较于浙中、江右王学，南中王学研究的力度相对不足，一个可能的原因是现行行政区域的划分把明代"南直隶"析分为今天的江苏、安徽、上海，致使南中王学研究较为分散。当下，一个重要的学术工作是编校整理"南中王学全集"（诸如《戚贤集》《徐阶集》《黄省曾集》《朱得之集》《查铎集》等），进而开展南中王学专案研究或"南中王学思想"综合研究。

六、楚中王学研究

　　楚中王门是指今湖北、湖南区域的阳明学者群体。《明儒学案》卷二十八《楚中王门学案》卷首载："楚学之盛，惟耿天台一派，自泰州流入。当阳明在时，其信从者尚少。道林、闇斋、刘观时出自武陵，故武陵之及门，独冠全楚。观徐曰仁《同游德山诗》，王文鸣应奎、胡珊鸣玉、刘瓛德重、杨礿介诚、何凤韶汝谐、唐演汝渊、龙起霄止之，尚可考也。然道林实得阳明之传，天台之派虽盛，反多破坏良知学脉，恶可较哉！"①黄宗羲这里提到的楚中王门学者有：湖北黄安籍的耿定向、耿定理兄弟，已划入"泰州学派"②；武陵籍门人有蒋信、冀元亨、刘观时，此外还有王应奎、胡鸣玉、刘德重、杨介诚、何汝谐、唐汝渊、龙止之等人。

（一）楚中王学综合研究

　　2021 年，学界不见有楚中王学综合研究的专论。

（二）楚中王门学者个案研究

1. 蒋信研究

　　2021 年，不见有研究蒋信的专论。

2. 冀元亨研究

　　2021 年，不见有研究冀元亨的专论。

---

① 《明儒学案》第 7 册，第 727 页。
② 《黄宗羲全集》第 8 册，第 66—83 页。

　　通观目前学界的楚中王学研究成果相对较少，2021年更是没有任何成果。为此，我们建议下一步在继续挖掘楚中（湖北、湖南）阳明学者名录的基础上，编校整理《楚中王学集》，进而深入研究阳明学在楚中的传播与发展。

七、北方王学研究

　　"北方王门"提法见于黄宗羲《明儒学案》卷二十九《北方王门学案》，是指明代中后期在北方地区（山东、河南与陕西）研究和传播阳明心学的学者群体，主要有穆孔晖、张后觉、孟秋，尤时熙、孟化鲤、杨东明，南大吉等，还有王阳明早年弟子王道（后学宗程朱，脱离"王学"阵营）以及活跃于明末清初的鹿善继等人。

（一）北方王学综合研究

　　杨朝亮《北方王门学案研究》（商务印书馆 2021 年 11 月版）一书认为，黄宗羲《明儒学案》中有《北方王门学案》，专记北方王门后学穆孔晖、南大吉、尤时熙、张后觉、孟秋、孟化鲤、杨东明等 7 位学者，而事实上，北方王门后学尚有如刘魁、颜钥、张信民、赵维新等一批信奉阳明心学者，以及明末清初河北的鹿善继、晚年讲学河南辉县的直隶孙奇逢及其后学等。他们积极探索阳明心学中"心"之内涵，重新认知和发展了"良知"学说；用自己的实际行动践行了阳明心学重志节、重事功、重实践的鲜明特点；极其重视教育事业和道德教化，或设立学堂，或创建书院，或举办讲会，始终把教育当成兴政之本和治国之策，把教化作为事务放在首要位置。

　　杨朝亮、胡志娟、宫新越《试论明中后期东昌王学学术特征》（《运河学研究》辑刊，2021 年卷）一文认为，黄宗羲《明儒学案》一书中有《北方王门学案》一目。该案列名学者 7 人，其中穆孔晖、张后觉、孟秋为山东聊城人。事实上，明朝中后期北方王门后学中聊城籍者并非仅有此 3 人，较著名者尚有王道、赵维新、逯中立、王汝训等，他们亦皆崇信阳明心学。可以说，东昌王学在形成与发展过程中形成了具有自己鲜明特征的阳明心学学术。如，对"心"的内涵、对"良知"说等理念皆进行了深入的探讨和研究，形成了独特的系统理论体系，为阳明心学于北方尤其在山东运河流域一带的传播和发展做出了应有的贡献。

李敬峰《阳明心学在关中地区的传播与接受》［《北京理工大学学报》（社会科学版）2021年第2期］一文指出，阳明心学在关中地区的传播与接受是一个关注较少、研究不深但又颇具价值的学术问题。阳明心学在关中地区的传播与接受经历了初传的辩难与阐扬、晚明的鼎盛与会通、清初的延续与修正、晚清的维系与终结，显豁出阳明心学传播与接受的"关中模式"：一是未能取代张载关学、程朱理学在关中地区的主导地位；二是呈现出起伏不显、波折不大的抛物线式传播态势；三是以会通朱王为基调。这种模式所映射出关学与阳明心学的交融与互动，一方面不断生成和更新着关学，推动关学心学化、全国化；另一方面，亦促使阳明心学实现自我重构和完善，将阳明心学在可能的衍化方向上提揭（显豁）出来，拓展和深化阳明心学的理论维度，成为探究阳明心学"在地化"的一个具体而生动的个案。

（二）北方王门学者个案研究

1. 穆孔晖研究

2021年，学界不见有研究北方王门学者穆孔晖的论文。

2. 王道、张后觉、孟秋、赵维新、尤时熙、孟化鲤、王以悟、张信民研究

2021年，学界不见有研究北方王门学者王道、张后觉、孟秋、赵维新、尤时熙、王以悟、张信民的论文，但有2篇研究"河洛王学"的论文。

钟治国《河洛王学的"万物一体之仁"说通论》［《西南民族大学学报》（人文社会科学版）2021年第4期］一文指出，河洛王学是自明嘉靖而始延宕至明末在洛阳及其周边地区形成的一个阳明学流派，以尤时熙及其

弟子孟化鲤、再传弟子王以悟和张信民等人为主要代表。这一学派特重阳明的"万物一体之仁"说，以求得此一体之仁为根本学的，以见之于日用伦常的知分、安分、尽分为核心工夫。天人一理，万物一体，良知、仁德万物皆备，皆统摄于此原本的一体流行之中。缘是，致良知就是求此"万物一体之仁"，在工夫上便是任运人人本具的良知、仁德的自然呈露，安于见在之分，随所遇而尽其分，是为"第一义"的顺适工夫理路。同时，用工夫以复本体的工夫理路未被忽视，他们多从常人如何用功的层面上主张无我以复真我、去嗜欲之遮蔽以复本体之精明的工夫，表现出了丰富、整全、切实的工夫面相。

钟治国《论河洛王门学者孟化鲤的一体、安分之学》（《现代哲学》2021年第6期）一文指出，孟化鲤之学承袭了其师尤时熙之说而更趋平实、细密。孟氏认为孔门的学问唯在求仁，求得天地万物一体之仁是为学的根本目的。其万物一体之仁说融贯了宇宙论和心性论两种诠释理路于一体：天地以生物为心，而人是天地之心，人与天地万物原本一气贯通；故天地之心即人之心，天地生生之仁即人之心性之仁。由此，在工夫论上，学者需要突破一身、一家之小我的局限——是为无我，去除私欲私智对此仁的遮蔽——是为无欲。由是，孟氏又屡屡阐扬安分之学，主张在见在、当下的职分、分位上用功，随各人之分量气力而尽其分，立己立人，成己成物，知行合一，以达至万物原本一体的仁的境界。

3. 杨东明研究

2021年学界不见有研究杨东明的论文。

4. 南大吉研究

2021年9月25日—26日，"天下同祭南大吉逝世480周年暨阳明心学终南山论坛"在陕西渭南和西安举办，来自山东、河南、浙江、四川、北京和陕西当地的学者、作家、政务人员、企业经营者、传统文化爱好者，以及南氏宗亲会代表汇聚一堂，隆重纪念明代陕西先贤南大吉，讨论心学与关学的关系以及阳明心学赋能新时代的现代意义。

刘鑫《南大吉"致良知"思想的当代高校美育习得透视》〔《科学咨

询》（教育科研）2021年第7期］一文指出，"以致良知为宗旨"是关学代表人物南大吉思想的重要目标与理论定位。在"致良知"宗旨的引导下，南大吉思想形成了"识良知—辨良知—致良知"的内在机制，为获得"良知"而"致"的过程勾勒了南大吉思想的动态发展轨迹，也内蕴着思想的"习得"衍化。在美育的意义逐渐彰显、地位日益重要的当代社会，如何从"致良知"推广到"致美育"，将"致良知"思想进行美育领域的现代性转化，是目前值得关注的问题。

胡鑫栏《南大吉诗歌辑佚与研究》（西北大学硕士学位论文，2021年5月）一文，结合南大吉的文学交游情况，分析了南大吉的文学思想及其诗歌的内容题材、艺术风格。全文由研究与整理两部分组成，分为上、下两编。"引言"交代选题背景，介绍选题意义、研究综述、研究重点与研究方法。"上编"第一章考察南大吉的家世、生平及著述。南大吉生于耕读世家，身历弘治、正德、嘉靖三朝，早年参与文学复古，晚年弃文入道，在理学和文学两方面均有建树，著有《瑞泉集》《少陵纯音》，编有《渭南县志》《绍兴府志》。第二章考证南大吉的文学交游。南大吉是关陇作家群体中的重要一员，他与何景明、康海、马理、吕柟等文学大家均有交游，从各自的作品中可以看到彼此之间思想交流与相互影响的痕迹。第三章分析南大吉的诗歌。南大吉诗崇杜甫，主张文以载道，提倡言为心声。诗歌题材丰富多样，整体诗风雄健、慷慨、古朴，表现出尚节重义的特征。在写作技法上，他讲求字词的推敲与锤炼，善于运用倒装手法，诗句新鲜活泼、不落窠臼，极富表现力。下编为南大吉的诗歌辑佚。遍寻与南大吉相关的史志碑文、明人文集、诗歌总集，除去与《南大吉集》所辑诗歌重复部分，共辑出南大吉诗歌107题144首。

5. 鹿善继研究

唐明贵《鹿善继〈论语说约〉的诠释特色》（《齐鲁学刊》2021年第2期）一文指出，《论语说约》是鹿善继教授学生的教本，不仅能体现鹿氏的学旨，还能集中反映其经学思想。在书中，他既传承和发展阳明学，倡言心本论和反求诸心，又扬弃程朱理学，力图调和朱王之学。既注重实践，主张将知行合一与实践搭挂起来，认为认知心性、修养习性都离不开实践，又注重合学业与事功为一体，在《论语》学史上和阳明学传播史上都占有一定的地位。

陈寒鸣《〈鹿善继学谱〉自序并后记》（《衡水学院学报》2021 年第 6 期）一文指出，鹿善继以气节彪炳史册，同时他也是一位重要的思想家，所创燕南王学在晚明儒学史和思想史上独放异彩，故其堪称"北方王门"的领军人物。只是黄宗羲《明儒学案》虽列"北方王门"，却摈善继于外，将其归入"诸儒学案"未必允当。由于近世未对鹿氏著作整理出版，致使今人多不知善继其人其学。

吕昀曈《鹿善继的四书学研究》（中央民族大学硕士学位论文，2021 年 5 月）一文，选取北方燕南地区的代表性人物鹿善继为研究对象，以经典诠释学作为研究手段，深入分析其四书学的诠释特点，以及基于对《四书》的诠释而构建起的心学体系。鹿善继生于三代忠孝节义之家，他在德行上讲究不亏本心，不争名利，不畏强权，在政绩上尽忠爱国，勤政爱民，在学行上有慨然必为圣贤之志。家学渊源、陆王思想、王门后学、程朱理学以及与东林人士的交往是鹿善继四书学的重要思想来源。鹿善继基于个人知识与经历等的理解，融合《四书》作者与自身的视域，因此他的四书学有自己的诠释特色。他对《四书》的诠释带有鲜明的王学色彩，同时又对程朱理学有所撷取。在诠释方法上强调以意逆志，在诠释取向上注重理学概念与儒学经典的统合归一，并且因为兼采佛道和各家的观点而呈现出超学派的特点。通过对《四书》的诠释，鹿善继构建了自己的心学体系。该文从本体论、工夫论和知行观入手，揭示鹿善继《四书》诠释中所蕴含的义理思想，试图还原其心学体系的全貌。鹿善继以心为体，认为人心与天并大，故能参天地之造化，并且心是万物生成的根本，还是身体的主宰。心之本体具有真性，其真诚而不掺一毫意气，如同人性本善，天命之性就是万物一体的仁心。以心为体，则工夫亦要在心上做。"做人"首先要立志成圣成贤，并且通过"正心诚意"的工夫克服自私自利之心，恢复被遮蔽的心体之真。以心之本体为提衡便能知耻，知耻方可行慎独工夫。长期的集义养气能修"不动心"的工夫，最终达到破惧的境界。同时，鹿善继以心学诠释《四书》还重点强调了躬行实践的工夫，提出日用伦常中的孝悌才是为人之本，心性的涵养要借助礼乐，才能达到内心"中和"的状态。他对实践的强调符合阳明"知行合一"之旨，其知行观涵盖了本体与工夫。认知亦是以良心为提衡，不昧心、不自欺便是知。同时，只有落实在具体的日用伦常之事上的知才是真知。所以他论学时提出的"反求"思想包括了"反求之心"与"身实践之"两个环节。对于为学的态度，他主张学时便是乐时，"时习"的工夫要求奋发提起本心，然后不间断地实践其所学，才能感受到心体流行而带来的真正的乐。鹿善继完善了心学思想体系，扩大了心学在燕南地区的传播，他的四书学对丰富明代四书学思想的个案研究具有不容忽视的地位。其对后世的影响不仅体现在学术上，更体现在事功的落实与人格的塑造上。

北方王门研究是 2021 年阳明后学研究的一个聚焦，南大吉、鹿善继研究是 2021 年北方王门个案研究的热点。通览学界近来的已经公开发表的北方王学研究成果，所取得的学术成绩应予以肯定。尤其是《北方王门集》的编校出版，为当下的北方王学研究提供了基础文本；但是《北方王门集》尚未将北方王门学者诸文集涵括在内。我们期待《北方王门全书》的整理出版。但是对北方王学的研究应该视作一个研究整体，尽量打破山东、河北、河南、陕西的省域界限，进行综合研究。当然，我们有理由期待《北方王学通史》专著的撰著与出版。

八、粤闽王学研究

粤闽王学，顾名思义，意指明代中后期广东、福建籍的阳明门人弟子。黄宗羲《明儒学案》卷三十专辟"粤闽王门学案"，主要为"行人薛中离先生侃""县令周谦斋先生坦"二先生立学案，此外还有方献夫、薛尚贤、杨骥、杨仕鸣、梁焯、郑一初、马明衡等7人的小传。①

（一）粤闽王学综合研究

2021年11月26日—27日，由福建江夏学院主办，福建省哲学学会、福建省闽学研究会协办的"第二届东南阳明学高峰论坛"在福州举办。来自全国各高校和科研机构的60余名专家学者在云端围绕"走向世界的阳明学"这一主题展开研讨，阐释阳明心学的传播与接受、影响与价值，并对阳明学在福建、广东的传播予以研讨。

黄黎星、唐君涵《明代名宦吴文华与王阳明心学关系探析》（《闽江学院学报》2021年第3期）一文指出，吴文华为明代中后期德、才、勋、文俱显之名臣。吴文华生活的时代，恰是王阳明心学传播、盛行的时代。从《济美堂集》的相关文章可以推知，吴文华敬仰王阳明其人，服膺王阳明心学。吴文华与阳明学传人交往颇多，有刘津、许孚远等。在《济美堂集》中，吴文华对王阳明心学的融通与阐发，见诸其论学阐理的几篇文章，有将孔孟之语、程子之解与王阳明心学相融通，有对"人人自有良心"奥义的阐发，有对"君子矜而不争"的思辨阐释等，均可以显示吴文

---

① 《黄宗羲全集》第7册，第761—763页。

华对王阳明心学的赞同与彰扬。

（二）粤闽王门学者个案研究

当今学界对粤闽王门学者个案的研究集中为对方献夫、薛侃、马明衡、郑善夫的研究。

1. 方献夫研究

2021年，学界不见有研究方献夫的论文。

2. 薛侃研究

2021年，学界不见有研究薛侃的论文。

3. 马明衡研究

2021年，学界研究马明衡的论文有1篇。

侯张岭《马明衡〈尚书疑义〉研究》（曲阜师范大学硕士学位论文，2021年5月）一文指出，《尚书疑义》在明代《尚书》学史上占有一定地位，一直以来都被看作明中期 "反蔡'传'"的著名《尚书》学著作。然而《尚书疑义》并非有意与朱熹学派立异，实际是针对《书经大全》而作。《书经大全》以蔡沈《书集传》为主，囊括了宋、元学者的《尚书》学观点，是明代士子科考的重要参考文献；马明衡认为其所载先儒经说不尽合乎"圣人之道"，遂作《尚书疑义》以驳正。因蔡沈、朱熹的经说在《书经大全》中居于核心位置，影响最大、数量最多，所以《尚书疑义》驳正二说最多。正是出于这样的撰作目的，《尚书疑义》所引宋、元学者经说绝大部分来自《书经大全》；而马明衡又多参较汉、唐学者的观点，因此《尚书注疏》同样是《尚书疑义》援引先儒经说的重要来源。就《尚书疑义》的引书来源与范围来看，马明衡或取汉唐学者观点，或取宋元学者观点，或以己意论断，不专主一家一学。就《尚书疑义》对先儒的态度来看，马明衡信经疑史，对于宋儒多有苛责，似有由"宋学"返"汉学"、以"古义"反蔡"传"的学术倾向。事实上，马明衡对于先儒经说的判断与取舍仍然是以是否合乎"圣人之道"为参考标准的。马明衡兼览汉、宋学者经说，或继承、或驳正，形成了自己的《尚书》观。如他虽然认同《尚书》是经孔子整理而成的观点，但同时又怀疑存在不合义理之处的某些篇目并非孔子所录；他虽然认为《尚书序》并非孔子所作，但与蔡沈鄙弃《尚书序》的极端看法不同，他认为《尚书序》并非全然不可信，学者解经仍需依靠《尚书序》；他虽然认可晚出古文经与孔安国传的真实性，但同时又怀疑某些篇目的经、传之文存在问题。基于对《尚书》的总体认识，马明衡在其已经形成的《尚书》观的基础之上，针对《尚书》各篇的具体问题，提出了自己的见解。如：《泰誓》篇，他反对古注疏提出的文王"受命称王"说与武王"观兵示弱"说。《顾命》《康王之诰》篇，他认为康王着冕服受顾命、诰群臣之举不合乎礼制。《康诰》《酒诰》《梓材》3篇，他认为是武王书而非成王书。其他如《武成》《洛诰》《多士》《西伯戡黎》《金縢》各篇，马明衡也有自己的不同见解。《禹贡》与《洪范》作为《尚书》中的重要篇目，自汉唐以来逐渐成为专门之学。相较于其他各篇，马明衡对于这两篇的相关问题着墨更多。如《禹贡》篇，他反对汉唐学者划分山脉的"三条四列"说以及蔡沈的"两条"说，提出了自己划分山脉的观点。《洪范》篇，马明衡继承了先儒解经重"阴阳五行"与"灾异感应"的解经特点，以及古注疏对于"皇极"二字的训释。《尚书疑义》解经重"义理"，具有改易经文、掺杂时事、以经解经等解经特点，丰富的理学思想以及一定程度的复古倾向。

4.郑善夫研究

2021年，不见有研究郑善夫的论文。

通观近年来粤闽王学的研究论著，虽然有《薛侃集》《方献夫集》《莆田马氏三代集》的编校整理，但是相关的研究工作则有待进一步加强，可以开展"粤中王学文献集成""薛氏家族与阳明学研究""阳明学在广东的传播与流变"，以及"闽中王学文献汇编""阳明学在福建的传播与流变"的专题研究。

九、泰州学派研究

《明儒学案》卷三十二至卷三十六为《泰州学案》，因该学派创始人王艮系南直隶泰州人，故名曰"泰州学派"，主要指今天江苏泰州一带的阳明学者，但还包括与泰州王学所倡学术宗旨相近、有学脉传承的一批江西、四川、广东、浙江、湖北、福建、江苏籍的阳明学人。《泰州学案》所选阳明学者，即泰州王门学者有王艮、王襞（附朱恕、韩乐吾、夏叟）、徐樾、王栋、林春、赵贞吉、罗汝芳、杨起元、耿定向、耿定理、焦竑、潘士藻、方学渐、何祥、祝世禄、周汝登、陶望龄、刘塙等21人。此外《泰州学案》"小序"录泰州学派学人颜钧、梁汝元（何心隐）、邓豁渠、方与时、程学颜、钱同文、管志道等7人。此外，李贽也是泰州学派一系的阳明学者，因其思想属"异端"，黄宗羲不为其立"学案"。实则从师承、学脉上讲，汤显祖（师从罗汝芳）、徐光启（师从焦竑）、袁宗道、袁宏道、袁中道等，也属"泰州学派"中的阳明学者。

（一）泰州学派综合研究

2021年1月4日，是我国明代哲学家、泰州学派创始人王艮逝世480周年纪念日，"王艮逝世480周年纪念仪式"在江苏泰州崇儒祠举行。泰州市社科联主席张涛表示，纪念先贤，缅怀先贤，就要结合新时代新思想新实践新生活，着力推动泰州学派文化创造性转化、创新性发展，不断提升优秀传统文化的凝聚力和影响力，持续激活优秀传统文化的生命力和创造力，让泰州学派焕发出新的时代价值，让泰州城市文化立起来、强起来。

周群《泰州学派研究》（南京大学出版社2021年6月版）一书，是一部对泰州学派进行全面研究的专著。基于文献，该书对泰州学派成员的组成提出了新的看法，突出了泰州学派的历史特征以及泰州学派的核心思想内涵，对此前泰州学派研究中鲜有论及的赵大洲、邓豁渠的思想进行了深入分析，肯定了其在泰州学派传衍中的作用。通过文献细读，该书对传统的学术观念提出了一些质疑，分析了泰州学派思想家们通过不懈努力为儒学注入的鲜活因子，分析了泰州学人豪杰精神背后的经世情怀，为客观评价泰州学派的历史作用提供了学理依据。

杨国荣《以事行道——基于泰州学派的考察》(《文史哲》2021年第6期）一文认为，以"得君行道"和"觉民行道"来划分理学的两种形态，并将王学以及作为王门后学的泰州学派作为"觉民行道"的主要范例，构成了余英时考察宋明理学的重要之点。然而，这一看法并不合乎思想的实际演化过程。以泰州学派而言，其重要特点首先体现于把"事"和"道"联系在一起。历史地看，正是"日用即道"，而非"得君行道"或"觉民行道"，构成了儒家的重要传统，明代王学包括泰州心学的重要特点，在于上承和突出了这一传统，并由此进而提出"以事行道"。在泰州学派那里，"以事行道"不仅涉及日用常行，而且关乎广义的经世活动，后者既包括人和对象的相互作用，也指向社会治理和人与人之间的交往过程。"以事行道"以人为行事主体，肯定"以事行道"，在逻辑上也包含对人的作用的关注，后者体现于泰州学派所提出的"造命由我"观念。对主体力量的注重，逻辑地导向对自我的理解和定位。在"淮南格物说""明哲保身论"中，泰州学派这方面的思想得到了具体的体现，后者可以视为"以事行道"的观念在社会领域中的进一步展开。

王慧林《阳明心学与晚明文学平民化》(《哈尔滨职业技术学院学报》2021年第1期）一文指出，阳明心学特别是泰州学派，为促进儒学的世俗化，把文学从高高在上的天堂拉向人间，由"娱己"转向"娱他"，这种世俗化的转变，使明代文学更多关注底层民众，展现世俗生活，彰显市民生活情怀与价值观念。总之，晚明文学的平民化与阳明心学的盛行不无关系。

　　童伟《任道与任情共生——审美现代性视域下泰州学派的"身""道"两难》(《江苏社会科学》2021年第1期)一文指出,在明代"身"与"道"崩裂的时代难题下,泰州学派标举知行合一、践履儒家道统、突出士人之"身"的自觉反思意识,在"身""道"互动中重塑士人主体的审美感知经验——自任于道的担当意识、恃道持道的自尊自信以及觉民行道的极致乐感。而越是自觉地践履儒家审美理想的"身""道"一贯性,"身""道"两难带来的风险则累积越盛,"任道"在很大程度上导致"害身""杀身"。在对"任道"后果无法回避的自觉体认中,泰州学派反向强化了"爱身""保身"的私性自主意识,从而加速了任情纵欲等自然情性话语的"旅行",促成了中国审美现代性独特的双重指征:任道与任情共生。

　　刘霞《论泰州学派的精神内核及当代价值》(《长沙航空职业技术学院学报》2021年第3期)一文指出,泰州学派在江苏文化、思想、教育史上具有突出地位,是江苏文脉创新和发展的重要支流。

　　钱晔《泰州学派文化传播与流行原因考察》(《汉字文化》2021年第10期)一文指出,泰州学派起源于明代中晚期,经历了三个阶段发展,成为一门儒家显学。考察其发展与传播历程,可以发现,泰州学派的传播与流行是有着合理的内在逻辑的。泰州学派传播与流行的原因主要有三个方面:学派思想契合市民阶层的要求;传播手段亲民化、多样化;学派领袖以自身品格感染群众。

　　钱成《论泰州学派"平民儒学观"对通俗文艺思潮之影响》〔《常州大学学报》(社会科学版)2021年第2期〕一文指出,泰州学派"百姓日用即道"思想,推动了晚明儒学平民化时代通俗文艺思潮的形成与流行。具体到泰州学派产生、流行的核心地区——泰州而言,明清以来泰州戏曲"倍盛于前",成为"江南文脉"视域下地域文化的突出代表,也成为"江南文化"渡江北上的现实体现。泰州戏曲文化的勃兴,一定程度上根源于泰州学派"百姓日用"平民儒学思想和"言情"文化思潮。从泰州戏曲文化的繁荣,可见泰州学派的文艺思想深刻影响了晚明以降诸多艺文活动,是社会转型时期启蒙思想积极、主动推动文化发展的生动实践,在社会教化和文艺发展进程中有着独特的地位和影响。

郑文宝《学术破局与实践拥趸：泰州学派村治伦理的二元进路》（《武陵学刊》2021年第6期）一文指出，泰州学派是一个特殊性的存在。这种特殊性在伦理思想史上体现为世俗化的学术取向，在伦理生活史上体现为务实性的村治伦理实践。泰州学派学术重心下移到村治伦理，既体现了儒学摆脱体制依附进行自我救赎的学理需求，又体现了泰州学人躬行务实的学派气象。泰州学派将伦理道德认知通过讲会宣传、宗族治理、乡约规范等途径濡化给平民百姓，在治村路径上进行了多元化的尝试和探索，形成了特色鲜明的学术标志，树立了中华传统道德文化的践行典范。

焦若水、马治龙《历史叙事中的国家与社会关系再审思——以泰州学派为考察》［《暨南学报》（哲学社会科学版）2021年第3期］一文从"复线历史"叙事视角出发，以明代泰州学派为考察对象，通过对历史结构和社会行动者的双重刻写，重构历史叙事的现场感，尝试探究中国公共性生成的历史线索。明代中后期市场经济的兴起颠覆了士农工商的固有社会等级秩序，经济社会结构变迁造就了一批民间知识分子，泰州学派的良知之学、"淮南格物说"和泰州门人的宗族建设实践，以公共性达成了国家与社会的权力互动，催生出兼具时空结构和底层意识的社会雏形，超越了国家—社会范畴的二元对立关系，为解释中国社会公共性生产提供了一种新的分析范式。

朱义禄《论泰州学派对日本明治维新思想的影响——以梁启超〈节本明儒学案〉为中心的考察》（《贵州文史丛刊》2021年第1期）一文指出，《节本明儒学案》是梁启超在流亡日本时所刊行的书籍。梁启超编撰此书的目的，是为修身养心用的。但此书关于泰州学派的批语，表明梁启超关于泰州学派对日本明治维新思想的影响有着较为深刻的分析。梁启超认为，有着维新思想的日本志士仁人，"行事与泰州学派相近""可为今日我辈之模范多也"。

（二）泰州学派学者个案研究

泰州学派的个案研究以王艮、王栋、王襞、林春、徐樾、颜钧、何心隐（梁汝元）、罗汝芳、杨起元、耿定向、李贽、焦竑、徐光启、管志道、汤显祖、周汝登、陶望龄、赵贞吉、邓豁渠等人为代表。本书中权把"赵贞吉、邓豁渠"归入"蜀中王学"。

1. 王艮（附：王栋、王襞）研究

2021年，有关王艮研究的论文有4篇，专著有1种。

杨鑫《王心斋家训译注》（上海古籍出版社2021年7月版）一书指出，《王心斋家训》共十四章，条理分明，内容涉及良知、日用、学乐、格物、安身、造命、进退、出处等诸多层面，可以说囊括了一个人在世生活的全体。每篇均分为"原文""今译""简注""实践要点"四部分。

舒丽娟、周群《王艮的"途之人皆明师"与全民教育》（《学海》2021年第6期）一文指出，与传统儒学言师甚谨不同，平民思想家王艮基于"百姓日用即道"的理论背景和"大成学"的社会理想，提出了"途之人皆明师"的命题。这一命题堪称全民教育的极致之论，体现了王艮的经世情怀。善，是王艮体认的师道核心，是"途之人"为师的可能条件，即事明理，是施教的主要途径。王艮对师道的创新性泛化，倒逼全民为学，复活了儒学的现实基因。师的泛化，为冲破传统创造了条件，诱发了晚明李贽等挺立主体精神的社会思潮的兴起。

张爱萍《论王艮身本工夫的中正之道特质》（《延安职业技术学院学报》2021年第3期）一文指出，王艮心学提倡身即良知、日用即道，重视身本，实现于人的道德修养层面便是"鸢飞鱼跃"之境。在这种合一趋向认识论的影响下，其心学思想中的工夫论内容尤其体现了中正之维度。其中，明哲保身论、诚意正心之关节以及乐学之辩集中表现了王艮身本工夫的中正特质。研究王艮身本工夫的中正维度，对理解和把握其心学思想具有一定的意义。

赵立庆《以身为本：王艮儒学思想研究》（山东大学博士学位论文，

2021年5月）一文指出，王艮的儒学思想是中晚明市民生活的理论表达，其实质是"身本儒学"。通过梳理可以发现，东西方无不经历了一个由心本论到身本论的过程，但从生活儒学来看，身本并非意味着把身看成是形而上的存在，而是生命的自由活动。在工夫论域中，衍生出"安身立本"的内圣工夫论和"亲民爱物"的外王工夫论，而且内圣工夫和外王工夫内在贯通。王艮建立了一个以"身"为本体、以"安身"为工夫、以躬身实践为旨趣的身本儒学体系。由此，"身"从理本体、心本体中解放出来，成为身心合一的具有现代价值的个体。从身体意识与身体美学看，"身"所表示的人类身体则是单个的人或特殊的社会自我，它基本上是由社会关系与累积起来的习惯、价值和气质来塑造的，而塑造的过程则是学习、经历、行为和反思。目前学界关于王艮的研究主要围绕两个方面：一是王艮儒学的思想史意义，如从阳明后学、泰州学派，这是整体视角；二是阐发王艮儒学思想的某个侧面，如"百姓日用即道""淮南格物"等，这是局部视角。总的来说，还缺乏一种系统的体系研究。因此，构建王艮身本儒学的哲学体系及其所体现的现代个体思想是该文的核心问题。该文在分析前人研究的基础上，运用生活儒学、社会人类学和比较哲学方法，从本体、内圣工夫和外王工夫三个维度阐述王艮身本儒学的主要内容和思想价值。

崔海东《王艮义理的两重结构与道家化倾向》[《贵阳学院学报》（社会科学版）2021年第6期]一文指出，心斋心学义理有两重结构。第一重结构，在本体上以良知是自然天则，先天具足，当下即是；故在工夫上不假安排，直接以百姓日用是道；在发用上则以淮南格物为基础，安身为本，倡明哲保身之说。第二重结构，在本体上将心体定为未发之中；在工夫上知中修中养中执中，致中和之乐；在发用上则秉持道德的理想主义，欲建设王道社会。此两重结构，表现出较大的矛盾性与冲突。第二重义理是在宋明道学领域内的正常发育，而第一重将人性自然化，此类于庄子，以日用为道又无异于魏晋玄学越名教而任自然，以保身为宗旨无疑又近于杨朱等人，从而使自身渐离阳明心学，在无意间滑至道家的方向。

2021年，不见研究王栋、王襞的论文。

2. 林春、徐樾研究

2021年，学界不见有研究林春、徐樾的专论。

3. 颜钧（颜山农）研究

朱义禄《论王艮的"大成学"及其接续者颜钧的"大成仁道"说》[《贵阳学院学报》（社会科学版）2021年第1期]一文指出，王艮在晚年想以"大成学"来概括自己的学说。他一直想用口授心传的办法，把"大成学"传给徐樾，结果是传给了替代徐樾来探视病情的颜钧。颜钧接过王艮的"大成学"，发展为"大成仁道"说。颜钧此说由"大中哲学""耕心樵仁""制欲非体仁"三部分组成。颜钧的"大成仁道"说，上承王艮"大成学"，下启其学生罗汝芳"赤子之心"说。颜钧是泰州学派的文脉得以薪火相传的重要人物。

桑东辉《颜钧忠孝思想钩沉》（《武陵学刊》2021年第6期）一文指出，颜钧作为明代泰州学派的重要传人，其忠孝思想对明代中后期思想界和民间道德建设有着十分重要的意义。作为服膺阳明心学和王艮乐学精神的平民儒者，颜钧非常重视从道德心性来切入民间教化。他极大地抬高了心学的道德作用，并将心学与从《大学》《中庸》中提炼出的"大中学"结合起来，构成了其道德伦理的形上基础。在此基础上，颜钧将忠孝思想作为民间教化的核心，通过《劝忠歌》《劝孝歌》等民众喜闻乐见的形式，将孝悌忠信等道德精神渗透到广大民众中，旨在构建一个上下有序、人人和睦的理想社会。从客观来看，颜钧的忠孝思想受时代和教化对象等的局限，呈现出理论上相对浅显而实践效果较为突出的特点。

颜炳罡《明代乡村教化与当代乡村文明建设》（《乡村论丛》2021年第3期）一文指出，"圣谕六条"是明代教化的核心价值观，无论是木铎老人的宣谕，还是王阳明、王廷相等地方官员的乡约、社学等宣教，拟或是王艮、颜钧等民间学者的讲学，都没有脱离这一核心观念且让这一观念在乡村中不断强化且深入人心。在中央、地方官员、民间贤达三方互动下，明代乡村教化取得巨大成效，是明代社会长期稳定且持续繁荣的精神保证和价值支撑。

4. 何心隐（梁汝元）研究

童伟《叙事有序如何可能——何心隐道统叙事的先验法则》［《湖南大学学报》（社会科学版）2021年第4期］一文指出，在对儒家正统思想脉络的道统叙事中，"数"确保叙事有序，它内在于"事"的展开变化，也显现于承祧道统的次第。明代泰州学派学者何心隐的道统叙事吸收了南宋理学大儒蔡沈的范数易学。"数"是人的在世体验进入叙事所遵循的先验形式法则，也是哲学意义上对一切演变的量化表达图式。"数"分"奇""偶"：《周易》象偶，以"二"为进阶表示稳定性和对立转化，在对立稳定中蕴含隐蔽的关联；《洪范》数奇，代表变化的绝对性和渐进性，故而连续不断的变化以"三"为进阶。叙事之所以有序，依赖于"数"在奇、偶交错阵列中推进，其中太极数"九"、皇极数"五"象喻连贯叙事的价值极点或转捩点。"数"中包孕"史"或"事"渐变发展之理，契合"经"中之理"仁"，是明代经史合一的重要中介范畴。

王苗苗《何心隐心性论研究》（新疆师范大学硕士学位论文，2021年5月）一文，系统地对何心隐的人性论理论开展了综合研究。

5. 罗汝芳（罗近溪）研究

2021年，有关罗汝芳的研究论文主要有以下数篇，内容涉及罗汝芳的伦理思想、德性思想、"赤子之心"论。

盛珂《"从无入有"：罗近溪"孝弟慈"说对阳明良知学的修正与发展》（《中国哲学史》2021年第4期）一文指出，罗近溪针对以王龙溪为代表的王门后学"虚玄而荡"的流弊，"从无入有"，"专以孝弟慈为本"，试图修正阳明良知学说可能存在的问题。一方面，以"孝弟慈"彰显良知本体"纯然至善"；另一方面，以"孝弟慈"的真实、自然之情，充实良知本体化可能造成的虚玄之病。近溪后期更以"孝弟慈"发展阳明良知思想在外王论述方面的不足。"孝弟慈"既可以指"不学而知，不虑而能"的先天良知，还指向人的现实存在的三种基本人伦关系，以及处理这三种关系的理想状态。近溪通过将人的全部现实生活都归结为这三种基本人伦关系，将政治问题转化为道德问题，使得"孝弟慈"能够由内圣直达外王，成为贯彻始终的理论宗旨。

耿加进《泰州后学罗近溪工夫思想的真精神》(《汉字文化》2021年第10期)一文指出，罗近溪是泰州学派的重要传人，其对王阳明、王心斋学问的真精神领会最为深刻。罗近溪把"克己"释为"能己"，是对人之本身的高度肯定；提倡体仁的积极工夫路径，体现了对人性及其力量的充分肯定；提出"捧茶童子却是道"的观点，把普通人的日用常行上升到了道的高度，揭示了人性的平等，表达了对人性的肯定与尊重。

梁美玲《罗汝芳德性思想研究》(新疆师范大学硕士学位论文，2021年5月)一文对罗汝芳的德性理论予以系统研究。

石霞《罗近溪心性思想研究》(山东大学硕士学位论文，2021年5月)一文指出，罗近溪是阳明心学一脉的重要人物，被称为"泰州学派唯一特出者"。研究近溪的心性论，对于全面了解近溪学术，深入了解近溪与中晚明阳明学的关系，评价近溪哲学在泰州学派和宋明理学发展史上的地位具有重要意义。该文在前人研究的基础上，以心性之学为研究内容，从心性本体论与心性工夫论两方面切入讨论近溪思想的哲学建构与核心关切。第一部分论述近溪的心路历程与思想背景，讨论近溪对宋明儒学的继承和发展。近溪思想不仅直承颜山农，沿袭阳明心学心性传统，他还近承明道论仁、远承孔孟心性哲学，因而对罗近溪心性之学展开研究势必要系统客观地梳理近溪思想的学术渊源与思想开拓。在这一过程中，近溪服膺心学，并在面对朱子和阳明问题中确立了回归先秦儒家传统的思维向度，凝聚了重新诠释、融会贯通的勇气。此外，近溪思想的建构与其时代背景密切相关。时下"见在良知"与"现成良知"思想盛行，流弊甚深，或是执着于义理分解，虚空冒认良知，或是任取当下，陷良知于情识，二者皆将良知当光景玩弄了。如何进一步发扬阳明良知学，同时克服玄虚和情识等光景之弊，就成为近溪心性思想的基本出发点。第二部分论述近溪以"赤子之心"为本旨的心性本体论。近溪在继承阳明心性一元论观点的基础上，认为"心"乃强立之名相，主张以"生生"释"赤子之心"。以"生生"为纽带，赤子之心乃心性合一处，具有天命之性、良知本心、孝弟慈三种内涵，成为一个具有超越地位又贯通形上、形下，让天德仁体当下有所落实的心性本体了。此个心性本体先天具备，是於穆不已之天命的当下呈现，日用常行莫不是天机活泼。第三部分论述近溪以"孝弟慈"为核心的心性修养论。赤子之心为良知本体，孝弟慈作为赤子之心的自然发用，构成了近溪心性工夫的主要内容。此个孝弟慈不仅是体悟赤子生生之仁的入手处，更需要不断因时推进，是落实"天下归仁"理想的根本路径。通过对近溪"孝弟慈"之工夫的具体落实次第的论述，对近溪修养工夫论的特色予以说明，进而阐明近溪对中晚明学术流弊的修正之功及其与晚明学术流弊的关联。第四部分论述近溪心性论的归属、特质并给予评价。该文力图通过对近溪心性本体论及其工夫修养论的论述，对近溪的学派归属、思想宗旨、历史影响问题进行简要的论述，通过与阳明王学以及阳明后学其他学派的对比，通过泰州王学门内学者相关思想的比较，以"心性"作为连接超越与实践道德支撑和理论依据，展现罗近溪以"赤子之心"作为圣贤之学落实于个体的生命实践，并将"孝弟慈"道德实践扩充至黎民百姓、家国天下的"心性"思想构架。

6.杨起元研究

2021年，学界不见有研究杨起元的论文。

7.周汝登（周海门）研究

王学路《浙东阳明学"功过格"的思想与实践——以周汝登、陶望龄、陶奭龄为例》（浙江大学硕士学位论文，2021年5月）一文，涉及对周汝登"功过格"实践工夫的论述。

兰军《万历年间周汝登的书院讲学实践》（《南昌师范学院学报》2021年第5期）一文指出，周汝登是继王守仁、王畿之后浙中绍兴阳明学代表，其学术思想的传播主要借助于书院讲学活动。万历年间，嵊县鹿山书院、海门书院、绍兴阳明书院构成周氏越中讲学的主要基地，周氏学说也借助书院由家乡嵊县传布于绍兴府城。伴随其学术思想之成熟、门人弟子之增多，海门逐渐由剡地讲学士人领袖成长为继王畿之后浙中阳明学宗主。

8. 陶望龄研究

2021年，学界不见有研究陶望龄的论文。

9. 陶奭龄研究

2021年，学界不见有研究陶奭龄的论文。

10. 刘塙研究

2021年，学界不见有研究刘塙的论著。

11. 耿定向研究

魏志远《"识仁择术"：刘元卿对耿定向心学思想的继承与发展》[《井冈山大学学报》（社会科学版）2021年第3期]一文指出，针对明中期以来部分儒家学者在为学工夫中陷入体用分离的弊端，刘元卿继承与发扬耿定向"真机不容已"之旨与"学有三关"说，构建起以"体用合一"为特征的学说体系。通过论证"生生不容已"之本心，刘元卿明确了自然之欲与"不容已"之本心的体用关系。在为学工夫方面，刘元卿奉行孔子的"一以贯之"之道，主张以"欲明明德于天下"的为学志向来引领"诚其意"工夫的落实，最终实现外在工夫与内在本体的自然统一。

木斋《略论〈金瓶梅〉的作者及其写作缘起》（《哈尔滨师范大学社会科学学报》2021年第1期）一文指出，《金瓶梅》是明万历时代以李贽为代表反对程朱理学"存天理、灭人欲"思潮在文学领域的必然表现。该书是以卫道士耿定向作为基本原型的揭露批判小说，崇祯本第一回以耿定向的生日作为全书故事的开端，并将其卒年月日分别安排在书中官哥儿和孝哥儿的生日，西门庆之死的病因"痰火"，以及误用药剂、晕眩泄泻等，从耿定向的乞归九疏中抄来；山东兰陵别名温陵，李温陵可以确认是《金瓶梅》的作者。

木斋《〈金瓶梅〉主要人物原型论》（《哈尔滨师范大学社会科学学报》2021年第3期）一文指出，《金瓶梅》中的主要人物，几乎都来源于与李贽、耿定向相关的现实原型，其故事写作背景则主要是李贽在湖北麻城一带的生活经历。分析这些人物形象的现实原型及其相关史料来源，可以发现《金瓶梅》实际上是耿、李论争的延续，进一步则可以说是有明一代思想史中"心学"分道扬镳的延续,是李贽由"心学"而走向独立的"人学"的具象阐发。

12.李贽研究

2021年学界有关李贽的研究,集中在李贽生平事迹研究、"童心""真心"说思想研究、文学艺术教育思想研究以及李贽思想综合研究与李贽著作文献研究上。

（1）李贽生平事迹研究

董恩林、吴帆《李贽之死新探——以黄麻士绅纠葛为中心的讨论》（《黄冈师范学院学报》2021年第2期）一文指出,万历三十年（1602）李贽自刎于京城狱中,而早在李贽寓居黄麻期间,李贽的悲剧便已埋下了伏笔。李贽曾寓居湖北黄安、麻城十余年,其间与耿定向、周思久、梅国桢等黄麻士绅有过密切的交往,并相继得到他们的资助与庇护。然而,黄麻士绅间关系错综复杂,其间利益纠葛使李贽被迫卷入地方纷争中。李贽先因与耿定向争论而成为众矢之的,后又因梅国桢私人关系不断遭到舆论威胁和暴力攻击,最终成为黄麻士绅纠葛的牺牲品。

（2）李贽的"童心""真心"说研究

林曼萍《从文艺美学的角度看李贽"童心说"的局限性》（《广东石油化工学院学报》2021年第5期）一文指出,李贽的"童心说"产生于明末清初。作为一个具有时代启蒙意义的学说,"童心说"受到后人众多的赞扬。学术界对"童心说"的研究,大多局限在对其根源性和进步性的探讨上。然而,"童心说"作为一个特殊文化背景下的文艺美学理论范畴,它的产生必然会带有某些历史局限性,诸如"童心说"这一文学理论的价值追求、理论的适用范围等。

柳文华《李贽"童心说"的内涵及影响》（《凯里学院学报》2021年第4期）一文指出,李贽的"童心说"是其思想核心,强调自然而为、绝假纯真。李贽思想的形成与晚明腐化的政治背景与自我不断探索的求真精神相关。"童心说"中包含肯定人情私欲与人人平等的观念,并且首次将戏曲提升到"至文"的高度,影响了晚明时期袁宏道、汤显祖、冯梦龙及凌濛初等人重欲尚情的人性解放思想。

龚建伟《私欲与是非——对李贽"童心说"伦理意蕴的二重思考》（《学理论》2021年第8期）一文指出，李贽的"童心说"发源于阳明心学、王学左派和泰州学派，同时受到其他一些思想的影响。在李贽看来，童心是人的真心，而人的私欲也发源于此。宋明理学扭曲了人的童心，让人的私欲不能得到真实的表达。而基于"童心说"，人也应当有属于自己的是非观念。私欲与是非是李贽"童心说"的二重向度，而这两点最终统一于李贽的"真心"这一个体主义伦理观。虽然不太彻底，但是这一观点对传统观念仍然有颠覆性，起到了一定的启蒙作用。

郗佩佳《李贽"童心"思想及其教育价值研究》（山东师范大学硕士学位论文，2021年5月）一文指出，童心思想是李贽思想的核心，其中蕴含着丰富的民主色彩和现代精神。综观已有研究，研究者多从哲学、文学等视角探讨童心思想的价值，教育领域中对李贽童心思想的研究则相对空白。李贽本人和教育活动的联系是密切的，其童心思想中也蕴含着丰富的教育意蕴，因此缺乏这方面的研究无疑是一大遗憾。该文主要采用文献法进行研究。第一章介绍了"童心"思想的产生和演变过程；第二章对"童心"思想的内涵进行了具体分析；第三章分析了李贽童心思想本身所蕴含的教育价值；第四章从童心角度出发，对当代学校教育中存在的问题及其解决方法进行了探讨。

张馨雨《李贽"真人"人格思想内在逻辑探析》（《现代交际》2021年第5期）一文指出，李贽异于传统的人格思想将矛头指向封建正统思想的绝对权威，与当时的社会历史条件及其个人独特的生活经历有关。"真人"是李贽对理想人格的整体概括。

（3）李贽文学、艺术、教育思想研究

刘亚娟《1949—2020年李贽文论研究综述》（《开封文化艺术职业学院学报》2021年第3期）一文指出，李贽的文论思想对同时代及后世的文学创作都有重要影响，尤其他的小说评点对清代小说评点理论影响至深。1949年以来，李贽文论研究分为发展期、繁荣期、多元融合期三个阶段。

研究重点由"童心说"的阐释、《水浒传》评点、文艺美学思想扩展到李贽散文、戏剧、音乐理论，研究范式向文化诗学转移。到了21世纪，研究范围和方法显现出多元化的趋势，但西方话语的介入、过度阐释、文化研究的泛化，也体现出当下中国文论研究中的症结。

胡小剪《李贽教育思想及其当代启示》（《才智》2021年第8期）一文指出，李贽的教育思想内容较为丰富，提出的"识、才、胆"兼备的教育目标论、宽松自由的"异水"教育环境论、"真实受用"的教学内容观、"教惟在于因人"的教学方法论等教育思想，不仅具有一定的历史影响，而且对当代的教育教学改革具有重要的启示意义。

（4）李贽思想定位及其综合研究

龚建伟、周青龙《对李贽个体主义道德观的文化反思》（《边疆经济与文化》2021年第5期）一文指出，李贽认为每个人都有"真心"，这是在人类诞生之初便有的东西。基于"真心"的概念，李贽建构了自己独特的价值观念，对晚明时期的儒家传统文化进行了深刻批判，但是在进行批判的同时并未注意弥补自身理论的缺陷，因而留下了一些矛盾之处。尽管他在批判时仍然不可避免地受到了传统文化的熏陶，李贽思想的价值还是应该被肯定。

张英《李贽思想"异端性"的三重表现》（《今古文创》2021年第45期）一文指出，晚明思想家李贽建立了以"童心说"为核心的思想体系，后世称他为"异端"思想家。李贽思想与主流社会格格不入，他的思想的"异端性"有三重突出的具体表现：一是表现在伦理价值取向上，他号召挣脱一切束缚，追求人人平等和个性自由；二是表现在政治经济理想上，他发出"普天之下，更无一人不是本"的呼号，并坚持重商和理财的观点；三是表现在文艺创作思想上，他宣扬"绝假纯真"的童心，注重时人所不看重的文艺创作的真性情的情感表达。

王宝峰《狄百瑞"儒家个人主义"视域下的李贽思想研究》（《周易研究》2021年第4期）一文指出，狄百瑞以"消极的个人主义"与"积极的个人主义"为视角，深入探究了李贽思想的学术价值。从他的论述可见，李贽的"消极个人主义"实质上是一种"外在的消极的个人主义"与"内在的积极的个人主义"相统一的个人主义。这种个人主义和何心隐基于"《大学》范式"、家庭本位的"积极的个人主义"一样，都属于不同于西方个人主义的"儒家个人主义"。批判继承及创造性发展"儒家个人主义"，对于创新李贽哲学研究，进而探索中国传统文化的世界化、现代化具有重要的理论价值和现实意义。

孙君恒、韩兆笛《李贽的君子观审视》（《黄河科技学院学报》2021年第6期）一文指出，李贽的君子观，强调儒家为人处世关键在于实际效果，眼睛向下，着重百姓日常生活；认为评价历史人物要注重其历史上的真实贡献。李贽对小人的才能给予肯定，不赞成小人一无是处的传统说法，这也是客观的做法。他还对妇女的价值给予肯定，提倡性别平等、人格平等。李贽对于伪君子的抨击一针见血，掷地有声，更是有目共睹。但是，他的君子观念非常零散，前后说法不一致，显示了很大的局限性。

（5）李贽著作与文献研究

王相如《李贽〈藏书〉评宋代人物探析》（《扬州教育学院学报》2021年第4期）一文指出，李贽《藏书》是根据历代正史编写而成的一部评人物、论得失的著作，成书之后，打破了唐、宋以来的传统史学观点。而《宋史》成书仓促，内容繁杂，未能反映当时的史实全貌，因此当时明朝重修宋史的风气盛行。文章选取李贽在《藏书》中对宋人的评价部分展开详细论述，从而在李贽个人的评价中分析李贽的价值倾向。

曹姗姗、李艳红《李贽历史人物评价标准的新路径》（《广西社会科学》2021年第12期）一文指出，李贽《藏书》对历史上的800多个人物进行重新评价，反对以义理纲常为唯一的评判标准。李贽提出历史人物评价具有相对性，他在历史发展脉络中评价帝王，在以史实为依据中评价臣子，提出了"无求备于一人"的大臣观，急世之所急、注重功效的名臣观，德行合一的儒臣观，智信仁勇严的武臣观，修己安民的外臣观等。李贽在历史人物评价标准上走出新路径，敢于依据时代、人物特性透析人物行为，揭示政治、社会、经济等与历史的关系，为历史人物评价树立新范式。

　　陈刚《忠义缘何在水浒？——李贽的豪杰观与〈《忠义水浒传》序〉之再解读》（《求是学刊》2021年第6期）一文指出，《〈忠义水浒传〉序》是《水浒传》主题解读中一篇极为重要的文字，然而关于该"序"深层内涵的解读尚难以让人完全满意。李贽眼中的豪杰往往有着强烈的入世情结、鲜明的侠之气概与超凡的能力要求，而水浒英雄恰好完美地符合了李贽心目中的豪杰标准。在万历二十年（1592）的历史背景下，李贽《〈忠义水浒传〉序》中对于梁山英雄的崇拜，不仅指向文学世界中的人物，还和张居正、梅国桢、林道乾等三个历史人物密切相关。李贽此文的写作目的是想通过对江湖之盗的高扬，来反衬朝廷能力之不足，进而曲折地表达一种对于朝廷用人的抨击与批判，并在其中表达李贽自我的人生寄寓。

　　木斋《论李贽写作〈金瓶梅〉始于〈水浒传〉评点》（《哈尔滨师范大学社会科学学报》2021年第2期）一文指出，《金瓶梅》当是在李贽评点《水浒传》过程中构思酝酿渐次形成，其中经历了由改写李逵故事到《清风史》再到《金瓶梅》的构思和写作历程。从《水浒传》第二十四回开始，产生以武松故事横截出去另写一部小说的创意，到清风寨故事，开始确立书名为《清风史》，《清风史》是《金瓶梅》最早的书名；评点潘巧云和裴如海通奸故事，确立了《金瓶梅》的基本风格和主题，给《金瓶梅》定下了基调，即"描绘妇人"，一如"郑卫之诗"。

　　木斋《论佛学思想对李贽及〈金瓶梅〉的影响——以李贽诗中"波罗忍辱"和"婆须蜜多"为中心》（《哈尔滨师范大学社会科学学报》2021年第4期）一文指出，佛学思想对于李贽突破程朱理学有着重要的启蒙作用，李贽诗作中所使用的"波罗忍辱"和"婆须蜜多"两个佛教典故，有助于我们理解李贽与耿定向、梅澹然之间的交往纠葛，从中亦可发现李贽创作《金瓶梅》的大致构思。

　　戴允晖《李贽〈藏书〉的史学思想研究》（云南师范大学硕士学位论文，2021年5月）一文指出，李贽是一个极富争议性的思想家。其《藏书》的写作背景为当世社会变动之时。因此《藏书》的意义，除了其个人意识之外，更具有对社会的深刻反省与批判。《藏书》的写作起于万历十年（1582），历时17年才刊刻出版。作为李贽晚年付梓之作，其批阅史书，将心得感想与时代思考化成一部著作，以供时人借鉴，凭一己之是非褒贬古今千百人，在思想桎梏的时代掀起惊世浪潮。《藏书》借由对历史人物的臧否，表现其对当时社会的反动，并提出"德行合一"的主张，认为历史人物的定位取决于事功，并认为"以质救文"是挣脱历史循环之道的有效途径。李贽在历史中，寻求安身立命之道，在经历无数次对历史的"疑"与"破"后，理解出历史的轨道，并据此呈现理想治世的建构。无论李贽历史评价如何，李贽不囿于成见的历史观，已为晚明及其后的士人开启反封建的新思想。然其虽用意深远，却因此书触及官学权威，遭弹劾而被捕入狱，最后自刎于狱中。

张雨晴《启蒙视域下的李贽〈《庄子》解〉研究》（大连理工大学硕士学位论文，2021年5月）一文指出，李贽在注解《老子》后，开始注解《庄子》，对庄子思想有了新的注解方向。李贽在解"庄"特点层面上有创新，不拘泥于传统的解"庄"方式，富有开放、自由、自我的精神。而在具体思想内容上，李贽综合佛学和道家学说的思想，在注解《庄子》的同时赋予了自己的独特思考。李贽在注解《庄子》后，其启蒙思想已经更加系统深刻。总之，李贽的解庄思想既具有明代庄子学的时代特征，又有自己的独到之处。李贽借《〈庄子〉解》来表达自己的理念，一吐心中所想。在那风雨欲来的晚明时期，李贽的思想犹如烛火与星辰，虽然微弱，但还是闪现出了人性的光辉和启蒙的光亮。

13. 焦竑研究

王敏《从焦竑女性碑铭文看其新儒学文化观念》（《开封文化艺术职业学院学报》2021年第6期）一文指出，焦竑是明代新儒学的代表，在明代中后期文坛中占有重要地位。他的传世文集中留下了众多其为女性所做的碑铭文。在这些女性碑铭文中，焦竑抒写了当时的知识男性对女性品格的构想以及对现实社会的关怀，并流露出不同于传统儒家的文化观念。

陈伟《〈四库全书总目〉对〈国史经籍志〉的利用与考订》（《图书馆研究》2021年第5期）一文指出，焦竑的《国史经籍志》是明代一部十分重要的目录书，四库馆臣虽对其多有诋毁，但在撰写四库提要的过程中却往往参资引证。该文对《四库全书总目》征引《国史经籍志》的具体数量进行了统计，并从书籍之真伪、存佚、名称、作者、卷数五个方面，细致论述了《四库全书总目》对《国史经籍志》的具体利用和订证，以期对《国史经籍志》产生更为全面的认知和评价。

邱晔《焦竑〈老子翼〉〈庄子翼〉研究》（南京师范大学硕士学位论文，2021年5月）一文，对焦竑的两部道家著作《老子翼》《庄子翼》进行了综合研究。

14. 潘士藻研究

2021年，不见有研究潘士藻的论著。

15. 徐光启研究

2021年，学界同仁关于徐光启研究论文有若干篇。

王静《补益王化中西会通——晚明时期徐光启的政治设想与实践》（《文史知识》2021年第6期）一文指出，如果让生活于晚明时期的徐光启穿越而来，他或许不会感到局促不安。毕竟，在他的时代，他已有了儒士、天主教徒、官员、科学家等多重身份。而这多重身份通过他二十多年的仕途，在诸多方面影响了晚明时期的内政外交。

史习隽《明末清初上海天主教会与徐光启一族的田房交易——以〈敬一堂志〉为中心》（《宗教学研究》2021年第4期）一文指出，徐光启家族在上海的天主教发展史上扮演了重要角色，但此前其与教会在经济上的联系却几乎不为学界所知。《敬一堂志》中提供了大量有关徐氏一族与上海教会在田地、房产上交易往来的新史料。以该志为中心，通过对教堂建设、西儒官甲与房屋租赁三个方面的考察，揭示了上海教会与徐氏一族二者之间受助、互助、援助的三种经济关系。同时，结合明末清初的社会环境与经济政策，探讨了上海教会的教产发展与经济自养体系的形成，并对奉教家族与教会之间的关系进行了反思。

丁家善《译者的译材选择与翻译策略——徐光启翻译活动研究》（《海外英语》2021年第14期）一文指出，明末清初在西方传教士与中国士大夫合力作用之下，我国翻译史上出现了继佛经翻译后又一次翻译高潮。其中徐光启身先士卒，与传教士开中国科技翻译之先河，促进了世界文明的交流。徐光启的译材选择与翻译策略选择是社会实践的产物，具有社会性，是积极适应与被动选择的结果。

李腾龙《明清科技翻译之思想史意义发微——兼论徐光启和傅兰雅的翻译思想》（《上海翻译》2021年第1期）一文指出，晚明之际的徐光启积极投身于翻译事业，使翻译从宗教殿堂走向现世市井，实现了中国翻译第一次质的变化；清末的傅兰雅在华从事翻译28年，孜孜于科技术语的统一工作，并对当时的翻译实践进行了全面总结和理论升华。处于社会转型期的两人是解读中国近代翻译史和思想史的关键人物。

李镝《徐光启：睁眼看世界》（《同舟共进》2021年第1期）一文指出，万历三十五年（1607），上海，徐光启和来自意大利的利玛窦一起，将古希腊数学家欧几里得的《几何原本》6卷翻译完毕，翻译内容包括至今仍被广泛运用的直角、钝角、平行线等数学术语，为中国现代数学的研究进程奠定了最初的基石。

易劲鸿《从〈几何原本〉的翻译、传播看人类命运共同体的构建》[《佛山科学技术学院学报》（社会科学版）2021年第3期]一文指出，《几何原本》的翻译和传播，是文明会通的一个明证。书名的翻译，证明了不同文明类型的人们对空间关系的思考都能抵达世界本质最原初的深度。其传播证明了人类文明的会通，不仅是可能的，而且早就开始了。其演绎体系得到了不约而同的遵守，说明人类文明的会通是必须的，必然的，将不得不如此。在文化交流的过程中，文明实体会进行适当的调适。文明的会通，奠立了人类命运共同体的基础。

16. 管志道研究

2021年，学界研究管志道的论文有1篇。

向仲敏《管志道〈大学〉改本研究》（《孔子研究》2021年第1期）一文指出，阳明后学管志道的《大学》改本，是研究晚明儒学思想的重要文献。管氏改本的产生，既有朱子学派与阳明学派思想交锋这一内在因素的影响，又有晚明社会风气求新求变这一外在因素的推动。管氏改本深受丰坊伪《石经大学》的影响，但其自身又具有鲜明的结构特点。就义理层面而言，管氏理解的"大学之道""造士之法"与朱熹迥异；管氏改本第二章居于核心地位，实为管氏的《格致补传》。关于《大学》著者问题，管氏推断是亲承尼祖道统的子思，而非朱熹所主张的孔子曾子"圣经贤传"说。管氏改本意在调和朱子学说与阳明学说，反映了晚明儒学思想之动向。

17.汤显祖研究

2021年，有关汤显祖的研究论文有60余篇，兹择要介绍。

丁芳《阳明心学儒佛之辨对汤显祖及其创作的影响》（《四川戏剧》2021年第1期）一文指出，学界一般认为"后二梦"体现了汤显祖的佛学出世思想，与《牡丹亭》在思想主旨上截然不同。实际上，"后二梦"更能反映汤显祖对儒学立场的坚持，这与他承袭自阳明心学的儒佛之辨有直接关系。心学学者认为，儒与佛的根本区别不在于思维方式，而在于是否遗弃人伦。《牡丹亭》歌咏基于青年男女人欲基础上的"至情"，强化了儒与佛的人伦屏障。汤显祖在万历二十七年（1599）到万历三十年（1602）中，遭受丧子、罢官等打击，仍拒绝了达官的殷勤接引；在他同期创作的"后二梦"尤其是《南柯记》中，立足人伦底色上的"情"之自觉依然清晰，"情了为佛"的命题似有儒释合流的色彩，但其本质是汤显祖在悲苦心境中对儒学立场的坚持。

罗伽禄《汤显祖与谢兆申交谊述略》［《东华理工大学学报》（社会科学版）2021年第3期］一文指出，汤显祖一生交友者不少，谢兆申是其中一位。通过对谢兆申其人、汤显祖与谢兆申的交谊及交谊的缘起进行梳理、考释发现，他们相识时间长，诗文观相近，交情深，往来密切，其交谊对双方都产生了影响，激发了汤显祖诗文观的定型与呈现及更多的创作灵感，写下了更多的诗文作品，丰富了创作内容与情感表达。当下的汤显祖研究中极少有人提及谢兆申，对于他们交谊情况进行梳理与研究也是很有必要的。

陈莹《探析汤显祖作品与采茶戏、宜黄戏、临川的关系》（《福建茶叶》2021年第12期）一文指出，汤显祖生于临川，在经历了坎坷的仕途生涯之后，晚年间他选择回到故乡临川，可想而知汤显祖对故乡的感情是很深的。在汤显祖传奇作品之中，也透露着江南独有的特色，他所创作的戏曲与采茶戏、宜黄戏的关系密不可分。

蔡雅茹《论汤显祖〈牡丹亭〉中的生死观》（《齐齐哈尔师范高等专科学校学报》2021年第5期）一文指出，《牡丹亭》是汤显祖"临川四梦"之一，作为汤显祖最重要的作品，它集中展示了作家丰富的内心世界与思想感情。汤显祖通过人物杜丽娘由生到死、再由死复生的戏剧情节来书写生命，展现自我生命意识。在作品中作家敢于直面死亡，利用死亡甚至超越死亡，在"生生死死"之间传递着作者独特复杂的生死观。

谭舒予《试论汤显祖的戏剧美学》（《中国文艺家》2021年第6期）一文指出，为了能够体现出汤显祖戏剧美学的主旨，需要通过更加深刻的理解，明确汤显祖的戏剧美学核心理论相关体系，实现四方的高度统一，明确汤显祖在戏剧观念上的成就。

郑艳玲、李林洁《汤显祖〈邯郸记〉的语言艺术》（《濮阳职业技术学院学报》2021年第3期）一文指出，汤显祖的《邯郸记》在语言艺术上达到了很高的成就。一是多用情景交融的手法，恰当地表现人物的情感，语词清丽典雅；二是善于采用飘逸豪放的语言突出宗教主题，以及主人公卢生塞外征战的坎坷经历；三是善于使用本色自然的语言表现人物的内心世界，真挚感人，生动有趣。

冯英善、孙来法《汤显祖与莎士比亚涉梦作品比较》（《大庆师范学院学报》2021年第4期）一文指出，通过汤显祖与莎士比亚涉梦之剧的情节梳理，总结两者在创作思想与主题表达方面的相似与不同，进而阐述在文化与时代环境的影响下，相关作品均以各自文明中的伟大时代为背景，聚焦梦境与现实中人物命运对比，在历史真实与艺术真实之间建立起一种时代隐喻；同时，两人在主题的书写上不约而同地融入时代启蒙思想。

杨宁《汤显祖在韩国的研究》（《戏剧之家》2021年第28期）一文指出，汤显祖作为中国戏剧史上不朽的人物，不仅深刻地影响了中国戏剧及文学的发展，也影响到了很多其他国家和地区的文学及戏剧。早自17世纪始，汤显祖的剧本就已远传日本、韩国、朝鲜、越南以及中国台湾地区。时至今日，这种热情仍未消退。

张玲《汪榕培的汤显祖戏剧英译的海外传播》(《外国语文研究》2021年第1期)一文指出，汤显祖戏剧是中国古典戏剧中的经典作品。汪榕培的英译对汤剧的海外传播做出了很大的贡献。

18.袁宗道、袁宏道、袁中道研究

2021年，学界同仁关于"公安三袁"的研究论文有10余篇，兹择要汇辑。

邓琳《晚明文人佛教结社研究——以公安三袁为中心》(华中师范大学硕士学位论文，2021年5月)一文，以"公安三袁"为中心对晚明文人佛教结社行为予以综合研究。

贺莉莉《论公安三袁诗文创作的共性互承》[《云南师范大学学报(哲学社会科学版)》2021年第2期]一文通过梳理提炼公安派三袁昆仲在不同时段的诗文创作，归纳晚明特殊时代背景下三人创作的共性表征。三袁之间，既有共同推动晚明文学思潮革新的鲜明价值诉求，也有面对传统压力下同路寻求自适与解脱的情感依托，呈现出围绕性灵书写相互影响、整体互承的动态发展趋势。三人思想与创作上的相系相袭，不但提升了晚明公安派的影响力和号召力，也在客观上强化了三袁这一特殊家族文人群体在晚明思潮及文坛格局中的认知与评价。

韩东《袁宏道"性灵"文学观在朝鲜文坛的接受与变异》[《延边大学学报》(社会科学版)2021年第5期]一文指出，袁宏道的"性灵"文学观对朝鲜后期文坛的"反拟古"与"求创新"思潮产生了重要影响。具体来说，"性灵"文学观中的"体现自我""古今之变"与"古今相对观"等理念，都不同程度地被朝鲜文人所接受。同时，袁宏道的"宁今宁俗"与"真诗"理论，在传播的过程中也发生了一些变异，分别呈现出"古今调和"与"朝鲜诗"的演化。

李玉晗《浅析袁宏道"性灵说"的内涵与影响》(《汉字文化》2021年

第15期）一文指出，袁宏道提出的"性灵说"是公安派文学理论的核心，它在文学创作中标举"独抒性灵，不拘格套"，追求"变"与"真"，其对自我性情的抒写和对自我价值的肯定以及强调文学创作要不囿于旧习，要随时代的变化而有所创新，这一核心理论扩大和丰富了文学的表现范围，使文学创作趋于自由化和个性化，同时体现出对独立人格与自由精神境界的追求。

木斋《论袁宏道对〈金瓶梅〉手稿的早期传播》（《甘肃社会科学》2021 年第 2 期）一文指出，袁宏道是《金瓶梅》一书最早信息的披露者和传播者。1595 年 10 月，袁宏道首次得到《金瓶梅》一书的部分手稿，这是首次将尚未完成的《金瓶梅》部分书稿信息披露于世。万历二十六年（1598），李贽与袁中道于仪征相会，并将《金瓶梅》书稿托付袁中道转交袁宏道。书中西门庆之死的第七十九回，特意点明死年为"戊戌"，应该是李贽写作到此处正是戊戌年。袁宏道在北京获得袁中道转来的《金瓶梅》手稿之后，将《金瓶梅》书稿转给谢肇淛。1609 年，袁宏道获得李贽生前托付汪可受转给他的一批遗作，写作于 1610 庚戌年的《枕中十书序》，是袁宏道为《金瓶梅》等李贽小说作品付梓问世而撰写的总序。

朱舒扬《论袁宏道以"小说"为传体文》（《运城学院学报》2021 年第 4 期）一文指出，以"小说"为传体文与作为严肃文学的严谨凝练的传体文不同，是传体文发展过程中的突破。袁宏道以"小说"为传体文，内容取材世俗之事，行文风格雅俗共融，彰显出"奇""趣"的鲜明特征，创作手法加入"小说笔法"，虽有所不足，但整体瑕不掩瑜。

郝艳燕《论袁中道的〈导庄〉思想》（《邢台学院学报》2021 年第 4 期）一文指出，公安派代表人物袁中道作《导庄》7 篇，借庄子思想对个人思想进行梳理剖析。袁中道以庄子"齐物"观来阐释自己儒释道相融的思想，以庄子"逍遥"论来解说自己的文学观，以庄子"养生"思想来思考自己的人生。《导庄》体现了袁中道对庄学的理解，更体现了他作为一个封建文人的处世之道，也贯注着晚明文人对所处时代的反思。

　　通览2021年学界同仁对于泰州学派专题研究、人物个案研究，可以发现，无论是研究的广度还是研究的深度，包括研究的方法论，都已经达到阳明后学中研究的较高水平，学术成果也是丰富多彩。而王艮、罗汝芳、李贽、焦竑的个案研究一直是泰州学派研究的焦点。我们期待泰州学派中的学术菁华如"平民儒学""个性解放""思想自由"，能够实现其在当代的创造性转化与创新性发展，努力开创出新时代的"泰州学派"。同时，我们也期待《泰州学派全书》《泰州学派通史》《泰州学派人物传记丛书》的编撰与出版。

十、黔中王学研究

"黔中王门（学）"的提法，不见于黄宗羲编纂的《明儒学案》。改革开放40多年来，经过贵州地方文史学者诸如吴雁南、张新民、王路平、谭佛佑、余怀彦、王晓昕、敖以深、刘宗碧、张坦、李迎喜、李友学、杨德俊、赵平略、张明、张小明、陆永胜等当代学者的发掘与撰文论证，"黔中王门"（"黔中王学"）的提法日渐成熟，并得到阳明学界的认可。

（一）黔中王学综合研究

王晓昕《王阳明与黔中王学》（人民出版社2021年4月版）一书，从"黔中王门"的学术问题意识出发，将明代黔中王门作为一个真实存在的整体，从时间上梳理其百年发展历程，从空间上考量其流布、辐射与影响，并着重从哲学的层面，以思想义理的分析为主，兼以文献考据，对黔中王门的易学思想、经学思想、知行学说、良知学说以及经世致用的理论与实践展开系统而深入的讨论，特别对其中代表人物如孙应鳌、李渭、马廷锡等人思想进行深入的剖析；还以思想互动的形式，将黔中王门及其思想与同时期其他王门如浙中王门、江右王门、泰州学案、楚中王门等进行比较研究，以凸显和揭示黔中王门的整体形象和思想特征。

张明《明代阳明心学在黔南地区的传播及其影响》（《赣南师范大学学报》2021年第4期）一文指出，黔南是贵州境内以布依族、苗族为主体的少数民族聚居区。自明代中期开始，阳明心学在黔南地区得以传播，100余年间，以都匀为中心的黔南地区崛起，成为黔中王门的"五大重镇"之一。以阳明心学为主流的儒家文化促进了黔南教育文化的发展，使黔南成为贵州儒学文化最发达的少数民族地区之一。

王路平、石祥建《明代江门学派在贵州的传播》〔《贵州民族大学学报》(哲学社会科学版) 2022年第1期〕一文指出，江门学派源于程朱理学，开启阳明心学，却与程朱理学和阳明心学有所不同。在阳明"龙场悟道"之前，陈白沙的弟子、友人已经将他的思想带到了贵州，对贵州形成了很大的影响，就连王阳明本人也直接受到陈白沙思想的深刻影响，才有了震惊学界的"龙场悟道"。江门学派对贵州的影响，主要表现在三个方面，一是形成了富有王湛心学色彩的黔中王门学派，二是推动了贵州文化教育事业的发展，三是对稳定边疆做出了积极贡献。

(二) 黔中王门学者个案研究

目前学界关于黔中王门学者个案研究，主要集中在对李渭、孙应鳌、马廷锡、陈珊的研究上。

1. 李渭研究

2021年，关于李渭研究论文有2篇。

王路平、石祥建《黔中王门大师李渭门下弟子考录》〔《贵州民族大学学报》(哲学社会科学版) 2021年第1期〕一文指出，李渭在22岁中举后，即开始讲学授徒。其后他在思南培养了众多弟子，远近问学者数以千计，今可考者十有七人，其中从学者不仅有本地人，还有远至江西等地者。如贵州思南人萧重望、熊时宪、郭宗荫、冉宗孔、安岳、安岱、李宗尧、李廷鼎、李廷谦、李廷言、罗国贤、罗廷贤、罗明贤，印江人田惟安，务川人胡学礼，江西人赖嘉谟、徐云从等，一时俊彦皆慕名至其门下，使得阳明心学传播到黔东北土家族地区，思南成为贵州阳明心学的"五大重镇"之一。

唐燕飞《明代文人李渭心学理论及其诗文创作探析》(《名作欣赏》2021年第18期) 一文指出，仡佬族文人李渭是明代中后期阳明后学的核心人物之一，阐发了以"仁"为宗的心学理论。其诗歌创作注重意境与理趣，散文创作善于缘事发理，均颇具特色。

2.孙应鳌研究

2021年，关于孙应鳌的研究论文有若干篇，涉及他的学术交游、文献整理与相关研究。

孙应鳌《孙山甫督学集》（孔学堂书局2021年1月版）一书，标点整理出版，由贵州大学中国文化书院荣誉院长张新民教授审定并作长篇"序"文（《孙应鳌及其传世著述考论——影印重刊〈孙山甫督学文集〉〈孙山甫督学诗集〉序》）。

张新民《孙应鳌及其传世著述考论》（《孔学堂》2021年第1期）一文指出，孙应鳌乃有明一代大儒，亦是黔中王门重要人物。其家世由屯戍武职人员转为地方文化世家，适可反映边地社会国家军事集团向地方士人群体转型的整体特征。他早年多受姚江、江门两派学者影响，思想成熟则主要在提学关中时期。一生著述颇多，成就亦高，学统与政统合一，实为双重实践的产物。其撰作清初即遭抽毁，散佚数量甚多，均有必要一一爬梳史料，逐条详加考证，不仅可见现存各本前后刊刻源流，亦有助于还原黔中王门发展之真实面貌。其中隆庆元年刻本《督学文集》与重印本《督学诗集》，久藏日本静嘉堂，获见者既少，引用者更稀，则有必要揭示其内容宗旨，并从中了解一代心学学者之心路跋涉历程。

廖荣谦《明代"理学名儒"孙应鳌的交游与黔中王门的建构》（《内江师范学院学报》2021年第11期）一文指出，孙应鳌是明代黔中王门学派的重要代表人物之一，历经嘉靖、隆庆、万历三朝，足迹遍布近半个中国，广交阳明后学弟子，在与名儒硕学的广泛接触和交往中，不断吸收其思想精华并融会贯通，形成了自己独特的思想理论体系。同时，通过矢志不渝地践履阳明心学，积极参与学术共同体的建构，最终促成了地域学术共同体——黔中王门学派的形成。

唐明贵《孙应鳌〈论语近语〉的诠释特色》[《贵阳学院学报（社会科学版）》2021年第5期]一文指出，在《论语近语》中，孙应鳌在承袭阳明心学本体论的基础上，以仁释心，以仁体归同于心体，又用天理将仁与心贯穿起来，突显了其心学理论的独特之处。在承袭阳明学"知行合一"的基础上，不仅对以朱熹为代表的"知行分离"说予以批评，而且从慎独、学思、中、明道进德等角度对此进行了详尽的解读，进一步丰富和充实了知行合一说。在解释过程中，他承袭了阳明学"学贵得之心"的解经方式，注重融贯大意，详说反约，颇多新意，成为黔中心学《论语》诠释中的翘楚。

赵广升、赵蕙《性情之文　本色至真——孙应鳌〈与李文麓求亡弟应豸圹铭〉浅析》（《名作欣赏》2021年第35期）一文指出，《孙山甫督学集》是贵州古代作家流传至今的最早的一部诗文集，著者孙应鳌与嘉靖"八才子"任瀚、赵时春，"后七子"谢榛、王世贞、吴国伦等诗文酬唱，为明嘉隆万三朝诗文名家。其中《与李文麓求亡弟应豸圹铭》一文，以质朴无华的家常语叙述幼弟应豸短促生命中的家常生活琐事，于欢喜和哀苦的变换中益见伤悼之痛，体现了应鳌散文主性情和本色的鲜明特色。

3.马廷锡、陈珊研究

2021年，不见有对马廷锡、陈珊研究的论文。

十一、蜀中王学研究

"蜀中王门（学）"同"黔中王学"一样，其提法不见于明清之际思想家黄宗羲（1610—1695）编纂的《明儒学案》。近年来，随着"阳明学热"的逐步升温，"地域阳明学与阳明学的地域化"成为阳明学研究中的一个学术增长点，适时提出"蜀中王学"，也是可以进行讨论的。

（一）蜀中王学综合研究

2021年，不见有蜀中王学综合研究的论文发表。

（二）蜀中王门学者个案研究

近年来，围绕蜀中地区的王门学者，已经开展不少有意义的研究，主要集中在对席书、杨名、赵贞吉、邓豁渠、何祥、杨甲仁的研究上。

1.席书、杨名研究

刘恒武、陈名扬《王阳明文明书院讲学史实考辨——以席书致王阳明系列书简为中心》（《浙江社会科学》2021年第7期）一文指出，"贵阳讲学"是阳明心学的重要形成期，在阳明心学形成史上与"龙场悟道"占有同等重要的地位。然而，先学有关王阳明贵阳讲学的这一段史实语焉不详，且互有龃龉。《元山文选》所收席书致王阳明系列书简和《送别阳明王先生序》述及王阳明在贵阳文明书院讲学的历史细节，这批文札可证：正德三年（1508）夏至正德四年（1509）四月这一时段内阳明曾一度应毛科之邀讲学于贵阳文明书院；正德四年（1509）闰九月至同年十二月，阳明受席书邀请再度莅文明书院执教；文明书院是席书与王阳明相识相知的主要平台，两人在对"举业之学"的态度及《春秋》宗旨之理解等方面有颇多契合。在文明书院讲学期间，王阳明还与席书就朱陆异同之辨、知行合一等论题进行了思想交流。

陈名扬《杨名年谱》(《蜀学》辑刊，2021年卷)一文指出，杨名(1505—1559)，字实卿，号方洲，四川遂宁人，明嘉靖七年(1528)四川乡试解元，嘉靖八年(1529)罗洪先榜探花，授翰林院编修。才思敏捷，学术宏富，性气纯正，刚毅豪爽。以抗疏言帝喜怒失中，心有所偏，工作繁兴，民无宁日，触怒君王，下诏狱。后编戍瞿塘，翌年释还，廷臣屡荐而终不复用。居蜀遂，以侍奉亲人、撰写志乘、阐扬心学、发弘文脉为乐，筑色养堂娱其亲。编纂有嘉靖《四川总志》、嘉靖《大昌县志》、嘉靖《遂宁县志》。先后从席书、罗洪先学阳明心学，私淑阳明先生，并以其学问、气节自励，与罗洪先、程文德号称"宇内三才"，乃阳明学派蜀门代表弟子。与杨慎、陈讲、黄峚、熊过、任瀚、杨最、谢东山等蜀中学者为同道交。

2. 赵贞吉研究

毛建威《赵贞吉诗中的"刘怡溪"考订》(《内江师范学院学报》2021年第9期)一文指出，刘怡溪，明代内江科举人物，赵贞吉乡友，《赵文肃公诗文集》收有赠诗3首。清嘉庆以来，关于其人名字究竟对应明代内江哪位文化名人，学界至今存在三种说法，未能厘正。通过对文献梳理，可以考订出"刘怡溪"为清廉士绅刘三正的别号。

王超《赵贞吉〈望紫柏山〉与诸次韵考述及文学意蕴》[《陕西理工大学学报》(社会科学版)2021年第2期]一文指出，明清两朝由秦入蜀多循连云栈道。紫柏山是连云栈道上的道家名山，风光秀丽，又具仙名，文人墨客途经此地多有诗篇。明代名臣赵贞吉《望紫柏山》一诗，以类似民歌的表达形式，慨怀人生境遇，情感真挚动人。后来者瞻拜之余，多题次韵和之，逐渐形成了《望紫柏山》组诗。此组诗的诗歌结构代有演进，且其中名家手笔众多，艺术精湛，将自然景观、历史人物、仙道传说、人生体悟互通交感。既有记录诗人生平的文献价值，又为紫柏山增添了丰富的文学意蕴。

3. 邓豁渠研究

2021年不见有研究邓豁渠的论文。

4. 何祥、杨甲仁研究

2021年不见有研究何祥的论文。据悉，杨甲仁的诗文集（《愧庵遗集》）已经由成都市龙泉驿区阳明心学研究学会会长义文辉完成标点整理，近期准备在四川大学出版社公开出版。

行文至此，不难发现，"蜀中王学"虽然系新近提出的一个阳明学命题，但2021年关于席书研究的学术成果较为丰富。随着蜀籍阳明学者文献的陆续发掘与整理出版，《蜀中王学集》的汇编，蜀中王学人物的专案研究与《蜀中王学研究》的专著撰写，也值得期待。

十二、徽州王学研究

2021年不见有研究徽州王学的专论。

下篇

海外阳明学研究

　　阳明学派作为明朝中晚期思想学术领域中的一个著名流派，后传播于日本、韩国等东亚儒家文化圈中，产生了较大的学术影响并形成了独具特色的日本阳明学、韩国阳明学。现当代，日本、韩国均成立有阳明学会，并有不少学者从事阳明学的传承与研究。

　　自18世纪甚至更早以来，王阳明就一直是欧洲和北美学术界的研究对象。但这一早期的阳明学研究，却被20世纪60—70年代所发表的诸多英文著作所掩盖，从而变得模糊不清。追溯欧美学术界"发现王阳明"的这一早期历史，可以让我们看到更加广阔的中西方思想交流史。当代欧美汉学界、哲学界也有不少专业学者从事阳明学文献的英译与阳明学著作理论的阐释研究，并有一定数量的阳明学研究成果。

一、日本阳明学研究

2021年10月30日—31日，"天泉会讲——东亚世界的阳明后学研究（国际）论坛"在浙江绍兴举行，来自日本的专家学者通过视频与中国的阳明学专家线上线下互动，共论阳明后学。其中，日本北海道大学文学部教授佐藤炼太郎认为，王阳明生前便与日本僧人有所接触，阳明学在日本也得到了较好的传播和发展，甚至深刻影响了其近代化进程。阳明学是体验的哲学，与日本人的思维习惯较为契合。心学的传播为瓦解日本封建体制的倒幕运动做了充分的思想和舆论上的准备。阳明心学的方法论和世界观让当时日本有识之士看到了希望，在一定程度上推动了日本走向近代化。武汉大学哲学学院博士陈晓杰指出，明治元勋伊藤博文、西乡隆盛受心学的影响，直接提倡民权、民主、废藩置县，为日本资本主义萌芽奠定了基础。阳明学在日本发展史历经近500年，融合了日本文化，发展出极具日本民族色彩的"日本阳明学"一脉，在日本阳明学的大旗下，无数维新志士发起热血沸腾的倒幕运动、明治维新，使日本一跃成为亚洲强国。

2021年10月16日，南开大学日本研究院、南开大学中外文明交叉科学中心和中国社会科学出版社共同主办了"井上哲次郎的儒学研究与近代日本学术生态"研讨会暨"善美原典日本研究文库·井上哲次郎儒学论著选集"新书发布会。井上哲次郎（1855—1944）是日本近代哲学史、思想史、教育史、宗教史，乃至文学史上的重要人物，他的思想活动几乎对整个近代日本学术生态的形成产生了重大影响。"善美原典日本研究文库·井上哲次郎儒学论著选集"共4卷，包括井上哲次郎的"日本儒学研究三部曲"——《日本阳明学派之哲学》（1900）、《日本古学派之哲学》

（1902）、《日本朱子学派之哲学》（1905），以及编者新辑的集中反映井上中日儒学研究特色、思想倾向及其生平行履的《儒教中国与日本》。

2021年用中文发表的研究日本阳明学文献有1套55册、研究著作有3部，论文有近10篇，涉及的议题有日本阳明学的形成发展史及其理论特质、中日阳明学的比较研究以及现当代学者的阳明学研究阐释。

井上哲次郎著、付慧琴等译《日本阳明学派之哲学》（中国社会科学出版社2021年9月版）一书，是井上哲次郎"日本儒学研究三部曲"中最早问世之作，主要分为"中江藤树及藤树学派""藤树蕃山以后的阳明学派""大盐中斋及中斋学派""中斋以后的阳明学派"4篇，不仅对有代表性的思想家的事迹、著作、学说等进行了细致的论述，而且从日本思想史的发展进程中系统梳理出阳明学派的谱系，这种学派划分与学说整理方式作为近代日本儒学研究的范式，其学术史上的示范意义，在今天依然具有强大的影响力。该书特别重视阐发日本阳明学者的道德思想，旨在批判当时盛行的功利主义和利己主义思想，为国民道德建设服务，也是日本近代思想史发展脉络上的重要标记。

邹建锋、何俊主编《日本阳明学文献汇编》（55册，影印本，北京燕山出版社2021年6月版），收录日本阳明学者的理论性著作以及政治、经济、史学、兵学、文学方面的文献。其中，收录有：（1）中江藤树的《翁问答》《孝经启蒙》《孝经小解》《大学考》《为人钞》《文武问答》《藤树文录》《藤树先生家集》《藤树先生文集》《藤树遗稿》《藤树先生行状》《藤树先生年谱》；（2）熊泽蕃山的《周易系辞解》《大学或问》《大学小解》《中庸小解》《孝经外传或问》《学校问答》《葬祭辨论》《集义和书》《集义和书类抄》《集义外书》《蕃山实录》《藤树蕃山二先生之略传》《熊泽蕃山事迹》《蕃山先生年谱》《集义和书显非》；（3）三宅石庵的《论孟首章讲义》；（4）三重松庵的《王学名义》；（5）三轮执斋的《古本大学俗解》《标注传习录》《四言教讲义》《训蒙大意·教约·士心论》《养子辨辨》《日用心法》《正享问答》《执斋先生杂著》；（6）中根东里的《东里遗稿》《东里外集》；（7）林子平的《父兄训》《富国策》《精校海国兵谈》《海国兵谈补遗》《三国通览图说》《林子平上书》《林氏杂纂》《左右漫录》；（8）大盐平八郎的《古本大学旁注》《古本大学刮目》《儒门空虚聚语》《增补孝经汇注》《洗心洞札记》《洗心洞学名学则》《洗心洞诗文》《大盐平八郎檄文》《大盐平八郎书简集》；（9）宇津木静区的《浪迹小稿》；（10）佐藤一斋的《四书集注》《尚书栏外书》《论语栏外书》《大学栏外书》《孟子栏外书》《中庸栏外书》《传习录栏外书》《小学栏外书》《大学古本旁释》《言志录》《言志后录》《言志晚录》《言志耋录》《一斋先生雅言》《学问所创置心得书》《俗简焚余》《侨居日记》《哀敬编》《爱日楼文》《初学课业次第》《孙子副诠》《吴子副诠》《经济随笔》《济廒略记》；（11）吉村秋阳的《大学胜议》《读我书楼遗稿》《中庸大全》《儒门语要》《王学提纲》《寒松堂庸言》；（12）梁川星岩的《星岩先生遗稿》《吁天集》《春雷余响》；（13）山田方谷的《孟子养气章解说》《孟子养气章或问图解》《师门问辩录》《方谷遗稿》《与帆足万里书》《方谷先生年谱》；（14）横井小楠的《小楠遗稿》；（15）奥宫慥斋的《神道辨》《奥宫正由（慥斋）赠位内申书》《奥宫正由（慥斋）事迹》；（16）佐久间象山的《省諐录》《象山先生诗钞》《佐氏遗言》《佐久间象山集》《象山佐久间先生年谱》《象山言行录》《象山翁事迹》；（17）春日潜庵的《阳明学真髓》《潜庵遗稿》《春日潜庵传》；（18）池田草庵的《青溪书院全集》《肆业余稿》；（19）柳泽芝陵的《芝陵遗稿》；（20）西乡隆盛的《南洲诗文》《西乡南洲遗训》《西乡南洲翁逸话》《西乡南洲书简集》《西乡南洲翁遗训及遗文》《西乡南洲选集》；（21）吉田松阴的《讲孟箚记》《读纲鉴录》《宋元明鉴纪奉使抄》《鸿鹄志》《幽囚录》《幽室文稿》《留魂录》《庸医谭·庸医余谭》《孙子评注》《左氏兵战抄》《松阴诗集》；（22）东泽舄的《泽舄先生全集》，高山东行的《东行先生诗文集》《东行先生遗文》；（23）石田梅岩的《都鄙问答》《齐家论》；（24）手岛堵庵的《为学玉箒》《为学玉箒后编》；（25）镰田柳泓的《朱学辨》《穷理绪言》《理学秘诀》；（26）清水春斋的《三道一致心学辨》。

吴震、申绪璐主编《中国哲学的丰富性再现：荒木见悟与近世中国思想论集》（上海古籍出版社2021年11月版）一书，系日本阳明学者荒木见悟先生的纪念论文集，缘起于2019年9月14日、15日在复旦大学召开的"中国哲学的丰富性再现——荒木见悟与中日儒学国际研讨会"。该论集共分五个部分：荒木见悟先生思想特色、荒木见悟先生与宋代思想研究、荒木见悟先生与明代思想研究、荒木见悟先生与宗教思想研究、荒木见悟先生生平述论，计收文章21篇。

施敏洁主编《阳明心学在日本》（浙江大学出版社2021年6月版）一书，对阳明学在日本的"接受"与传播过程，以及日本阳明学者的学术论著与理论特质予以简要介绍。

黄逸《江户日本阳明学派的"诗言志、文载道"》（《现代教育论坛》2021年第1期）一文认为，江户时代的日本经济发达、文风昌盛，由中国传入的程朱理学和王学与当时的日本社会发展相结合创造出了日本的"朱子学"和"阳明学"。日本阳明学则一宗王学心学，得到下级武士和市民阶层的支持，进而在学术界获得巨大影响力，启蒙了幕末"尊王攘夷"的社会政治运动。日本阳明学派学者一如中国士大夫，喜欢通过赋诗作文，来表达对时局的认识和学问的钻研。这种"诗言志、文载道"的形式很好地将日本阳明学派的主张传播于日本社会各阶层，为日本阳明学理论的社会普及提供了广泛基础。

李家辉《试论幕末日本人中国观的转变》（延边大学硕士学位论文，2021年5月）一文指出，江户幕府开幕后，朱子学作为日本幕府官方指定显学，始终在日本思想文化层面占据主导地位。在江户中前期，出现了林罗山、中江藤树等众多崇尚中国儒学的知识分子，他们在政治上以中国为楷模，思想上以儒学为标杆，同时具有较强的自我意识。到了"海禁时代"，西川如见、新井白石、荻生徂徕等人则成为日本当世儒学研究的执牛耳者，他们普遍对中国以及中华文明有着崇拜之情，但是已经开始主动批判"华夷秩序"，并将目光投向日本自身文化优势的发掘，从而寻求自身的

"特殊性"。明清交替后，"华夷变态"的概念开始在日本流行，这一时期出现的以朱子学为思想核心的儒学家，如熊泽蕃山、雨森芳州等人虽表面以儒学为外衣，但实质上他们学术探讨的重心更加偏向于追求日该文化的"独特性"甚至"优越性"，从而"变夷为华"，摆脱一直处于东亚文化圈边缘的地位。虽然江户时期的儒学家一直没有放弃对本国文化独立性的阐述，但始终未能突破东亚国际秩序中的"华夷框架"来叙述问题。而后起之秀"阳明学"，融合了日本民族精神的内核，发展为"水户学"，其"尊皇""务实"的特点被幕末众多藩国作为改革的指导思想，而在其思想指导下成立的"后期水户学"更是为"尊王攘夷运动"提供了系统的理论来源。西方势力染指亚洲，给予中日两国空前的冲击。面对屡屡战败，被迫开港的中国，日本人开始重新审视中国。江户幕府中后期，阳明学逐渐取代朱子学的地位，一定程度上推动了幕末运动的发展。

李莹《三轮执斋的"心术工夫"解〈易〉》（《日语学习与研究》2021年第1期）一文指出，三轮执斋是日本江户中期阳明学派的代表思想家，亦是首位标注《传习录》的日本学者。他的著作不多，学界对其关注尚少。该文以三轮执斋的《〈周易〉进讲手记》为基础资料，通过对著中"卜筮"与"吉凶悔吝"的解释，探析其从"心即卜筮""君子即卜筮""良知即神明"展开"心术工夫"解《易》的特色。该文得出的结论为三轮执斋的"心术工夫"融合了"卜筮"和"义理"，把解《易》的决疑归结到如何"为"的工夫实践论。

申绪璐《佐藤一斋及其心学思想》（《孔学堂》2021年第2期）一文认为，19世纪日本儒者佐藤一斋长期主持幕府最高学府昌平坂学问所，对于江户后期儒学思想的发展具有重要影响，推动了阳明学在江户社会的中兴。从佐藤一斋的生平、朱陆调和论以及心之思想，可见佐藤一斋的根本思想为阳明学。首先，佐藤一斋对于自己晚王阳明300年出生的巧合有清楚的认识并特别撰文纪念；其次，佐藤一斋的《言志四录》中强调朱陆调和，在官方学问为朱子学的江户社会背景中，为陆九渊、王阳明的心学思想辩护，表明了其心学倾向；再次，佐藤一斋提出心即天、心之灵光、天心流注等说法，表明其思想与阳明学一致。特别值得注意的是，19 世纪前期是日本市民文化最繁荣的时期，佐藤一斋的善恶论及其对躯体、利益和欲望的肯定即此时代思潮的反映，与阳明学盛行的晚明社会似曾相识。虽然佐藤一斋不是激进的阳明学者，但其基本观念和思想无不源于心学。

欧阳祯人、陈微《论山井涌的阳明学研究》（《周易研究》2021 年第 3 期）一文指出，山井涌细致分辨了阳明学与理、气哲学的内在关系，凸显了阳明心学以心统摄、涵化理与气的独特性。他既用哲学分析的方法解读了阳明学的核心命题，揭示出阳明学思想的多义性与整体性特征，又提出"经世学风说"，讨论"空疏说"，力图在思想史脉络中梳理阳明学与清学的关系，并重新评判阳明学的价值。山井涌结合哲学分析方法与思想史研究方法，从哲学形态、思想特征、明清思想转变三方面呈现了阳明学的面貌，其阳明学研究具有重要意义。

欧阳祯人、张旭《冈田武彦对王阳明〈大学〉观的阐释与发展》（《孔子研究》2021 年第 3 期）一文指出，王阳明的《大学》诠释在其心学思想体系中至关重要，这引起了日本著名阳明学者冈田武彦先生的高度重视。该文以王明阳的《大学》观为基础，依托相关文献，首先阐明冈田武彦对王阳明《大学》观内在嬗变的理解、检讨与反思；其次，探究冈田武彦基于王阳明《大学》观所做出的思想开拓。冈田认为，学问头脑的转变促成了王明阳《大学》观的思想变迁，但这与《大学》本旨是否相合却值得商榷。王阳明《大学》思想与冈田武彦晚年的身学说、"共生"理念之间存在着内在逻辑联系，"致知"说对冈田"致身"说的提出具有启迪意义，而"万物一体之仁"则为"共生理念"提供了思想资源。

李想《冈田武彦与唐君毅论朱王关系之异同》（《周易研究》2021 年第 3 期）一文指出，冈田武彦与唐君毅曾就朱子与阳明的思想异同问题展开讨论。唐君毅强调格物穷理反映出朱子的心性论亦有心理为一之义，其学则重分别并列；致良知由朱子学转进而来，且将并列工夫合并归一，故朱王相通，前后相续。冈田质疑朱王为"同质的关系"，主张他们对心的理解不同，朱子重理知，向心外求理，警惕人心，体现出二元论的倾向；阳明重情意，强调心即理而有一元论的特色。冈田的诠释着眼于朱王对心的不同理解而重其分，唐君毅则主要从工夫论上辨析朱王的转进而重其合。二人的诠释受到了各自的思想、方法论与哲学史观的影响。

王维清《沟口雄三的中国学初探》（东北师范大学硕士学位论文，2021 年 5 月）一文指出，沟口雄三（1931—2010）乃日本当代著名的中国学家。他力倡以平等多元的世界观来看待东方和西方，主张摆脱以欧洲为中心的世界一元化价值观，回到"中国自身"来对中国重新进行深入研究。就其中国研究而言，使其声名大振者莫过于他提出的"作为方法的中国"，并以此力图究明中国自身历史发展的固有特点。虽其论受到了中日学界的质疑和批判，且褒贬不一，但该问题却成为中日学界争相讨论的一个"学术事件"。迄今，沟口的中国学研究在中日学界所激发的诸多问题及其背后的非学术立场，仍是学界尚未真正得到解决的重大议题之一。基于此，该文着眼于沟口雄三的中国学研究，一方面，从宏观的角度对沟口雄三的中国学研究进行整体性的把握和理解；另一方面，从微观的角度深入其著述对其研究的具体问题和方法加以评析，借此尝试着对沟口雄三的中国学研究做出一个相对客观的评价。论文第四章主要以沟口笔下的李卓吾为着眼点，分析阐明沟口的人物论。首先，梳理沟口对李卓吾与吉田松阴的比较研究；其次，重点探究沟口对李卓吾的特别定义——"一个正统的异端"。通过相关研究可知，沟口的"李卓吾论"因受现代启蒙思想的束缚，以致其勾勒的"李卓吾像"不可避免地存在着偏颇之处。

李亚《梁启超对日本阳明学的诠释和借鉴》（《贵州文史丛刊》2021 年第 3 期）一文指出，流亡日本后的梁启超在明治阳明学的启发下，开始主张阳明学"支流超渡东海，遂成日本维新之治"，并以"尚武"和"至诚"为关键词诠释了这一观点。梁启超受到以井上哲次郎为代表的明治阳明学和中国传统阳明学素养的双重影响，开始利用阳明学培养具有"尚武"精神的"至诚"爱国的"新民"。梁启超在借鉴近代日本阳明学的经验时，无论是在对阳明学"成日本维新之治"的诠释方面，还是利用阳明学培养中国"新民"的思想路径方面都富有"主体性"。

二、朝鲜、韩国阳明学研究

2021年10月30日——31日，"天泉会讲——东亚世界的阳明后学研究（国际）论坛"在浙江绍兴举行，来自韩国的专家学者通过视频与国内的阳明学专家进行线上线下互动，共论阳明后学。中山大学副研究员赵甜甜指出，阳明学在朝鲜一直受到官方朱子学的打压和排斥，其传播和发展也呈现出自己的特点。从朝鲜对阳明学的态度来看，其排斥态度来源于朝廷长期形成的"尊朱抑王"风气。尽管如此，在阳明学传入朝鲜后，朝鲜学者发现中国学者对阳明学有不同的理解和阐释，双方也就此展开了激烈辩论，在这一过程中，阳明学被更多人知晓。延边大学人文社会科学学院教授李红军多年来专注于研究阳明学在朝鲜的发展过程，他认为通过辩论与交流，朝鲜儒臣有机会走出朱子官学体制，接触不同的阳明学文化。李氏朝鲜后期朱子学者在思辨上陷入瓶颈，阳明心学中的"利用""厚生"等致用之实学，使得朝鲜儒臣萌生出符合社会发展潮流的新意识。韩国岭南大学教授崔在穆认为，阳明心学的影响力毋庸置疑，其在世界各地的发展演变也让人欣喜，希望未来东亚各国能通过对阳明心学的研究，联系得更加紧密。

为推进韩国阳明学的研究，韩国阳明学研究者在1995年成立韩国阳明学会，创办了《阳明学》辑刊（ISSN：1229—5957），2021年3月、6月、9月、12月，分别出版第60期、61期、62期、63期，刊发儒学与阳明学研究论文数十篇。

2021年中文刊发的朝鲜、韩国阳明学研究专著1部，论文有4篇（种），内容涉及韩国阳明学的本质、霞谷学派以及韩国阳明学者的个案研究。

〔韩〕崔在穆著，钱明译、〔韩〕金明月校译《比较阳明学——以中韩日三国为视域》（上海古籍出版2021年12月版）一书，内容涉及明代中期至末期的中国阳明学、朝鲜中期的韩国阳明学、江户初期至中期的日本阳明学。其论述的展开以王阳明思想体系中"向内、静态、反省（省察）"的"外向、动态、行为"的"积极性格"（重视本体的倾向）为主线，对中、日、韩三国阳明学之发展过程及其不同类型进行了全面的考察比较。该书共六部分，第一部分考察阳明学的成立及其思想特质；第二部分到第六部分则挑选阳明学中具代表性的思想形态，如致良知论、万物一体论、人欲论、权道论和三教一致论等，进行深入的讨论。书末附有作者近年来发表的3篇相关论文，可以作为该书的补充。

李伟《李栗谷对王阳明"心学"思想之融合性传承》〔《宁波大学学报》（人文科学版）2021年第2期〕一文指出，李栗谷与李退溪并称朝鲜性理学的"双璧"。作为"栗谷学派"的创始人，李栗谷思想兼容并取，不墨守所谓的正统性理学，细究其理论学说中亦具有极其丰富的王阳明"心学"内涵。以李栗谷思想中的"道本于心""至善与中""知行并进"等理论为中心，可验证李栗谷学说中的诸多理论皆与王阳明"心学"思想是相当契合的，亦具有十分明显的融合与传承王阳明"心学"之特征。

〔日本〕井上厚史《李退溪的"诚"与王阳明的"诚"——以二人思想之异同为中心》（《贵州文史丛刊》2021年第2期）一文指出，阳明学东传日本曾受到朝鲜朱子学——"退溪学"创始人李退溪及其门人的推动。李退溪对阳明心学是持批判态度的，但在心性论、工夫论等方面，也能看到两者有着密切联系之处。该文以作为《大学》和《中庸》中重要概念之一的"诚"为切入点，围绕"天即理"、"理"的能动性以及"心学"等概念，对李退溪和王阳明的思想中关于"诚"的解释之异同进行分析比较，细致地考察了二者思想的相同和相近的地方，以期为阐明两者思想之异同提供一种视角。

谭佳欣《浅谈壬辰倭乱中的文化东渐》（《文学教育》2021年第4期）

一文指出，壬辰倭乱是 16 世纪末期日本发兵入侵朝鲜，宗主国明朝出兵援救的一次东亚国际战争。国家间的矛盾冲突甚至战争是文化交流的一种特殊途径。在壬辰倭乱期间，明朝阳明心学和朝鲜朱子理学的传播，对战后朝鲜和日本各自所产生的重要影响，值得深入研究。

翟奎凤、王杏芳《仁爱与近现代东亚世界的大同思想——以康有为、朴殷植、小岛祐马为核心的讨论》（《国际儒学》2021 年第 2 期）一文指出，朴殷植是韩国近代爱国启蒙思想家，受康有为特别是梁启超的影响较大，他也重视阐发大同社会理想。与康有为不大重视阳明学有所不同的是，朴殷植受近代日本阳明学的影响，非常推崇阳明学，着重从阳明万物一体之仁的角度来讲大同。

三、欧美阳明学研究

石丽荣《阳明学在西方的译介、思想与理论研究》[《内蒙古师范大学学报》(哲学社会科学版)2021年第2期]一文指出,阳明学是中国儒家哲学的重要学术思想。随着国际汉学研究的发展,阳明学在西方学界的译介传播、哲学思想及理论视角方面得到相当的重视和研究。在译介传播方面,阳明学在西方宗教思想的影响下被翻译成诸多版本;在哲学思想方面,"致良知""知行合一"等概念的争论,显示出西方学界对阳明学日渐深入的思考与认识趋势;在理论视角方面,从比较哲学、现象学、历史学等视角多维度、立体化审视阳明学思想,逐渐提高了西方学者阳明学的研究水平。阳明学在西方的译介、思想与理论研究,显示了它在英语语言文化语境下的内在张力与思想活力。

杨春蕾、〔俄罗斯〕科布杰夫《阳明学在俄罗斯不同社会意识形态下的传播轨迹——从主观唯心主义到主观自然主义的认知流变》(《浙江学刊》2021年第2期)一文指出,阳明学自20世纪初传入欧洲以来,逐渐被西方国家和俄罗斯所认可和接受。该文基于俄罗斯对阳明学"从主观唯心主义到主观自然主义"的认知流变,按照从苏联到俄罗斯的时间维度,探究阳明学在俄罗斯不同社会意识形态背景下的传播轨迹,以期对中国传统文化在当下俄罗斯和西方国家的传播有所启发。

秦晋楠《再论阳明学中良知的道德自身意识问题——以耿宁对王阳明"三个良知概念"的划分为中心》(《道德与文明》2021年第5期)一文指出,在耿宁对王阳明良知思想的诠释中,道德自身意识这一概念至关重要。围绕这一概念,可以发现耿宁的诠释与阳明的良知学说之间存在着一些思路上的差异，具体体现在耿宁对自然、本体和本能三个概念的诠释上。通过对这一思路差异的揭示，可以进一步分析耿宁的诠释与阳明学对道德问题的两点方向性不同，也即耿宁的诠释独有的特色——由道德呈报主体；自然的非道德性、反道德性。

成中英、潘松《成中英先生谈阳明学在北美》［《吉林师范大学学报》（人文社会科学版）2021年第1期］一文指出，美国夏威夷大学资深教授成中英先生论述了自20世纪五六十年代以来北美阳明学的发展，指出了陈荣捷的贡献与不足，尤其是在翻译和把握阳明学基本概念中存在的问题。北美学者通过中西和古今的比较来理解阳明思想，能够带来新意。不仅是传播与发展，还有中西比较视域下义理的澄清。在中西会通的基础上，成中英先生提出如何在英语世界来把握"心""良知"，以及阳明学和朱子学在北美发展的关系问题，"成圣"与"学以成人"的联系和差异问题。

潘松、文炳《阳明学在美国的早期传播：论亨克对阳明学的译介与诠释》（《浙江学刊》2021年第2期）一文指出，美国的阳明学传播与发展是阳明学海外传播研究中的重要组成部分。在早期的美国来华传教士与外交官对王阳明思想的零星翻译和介绍之后，美国学者亨克编译的《王阳明的哲学》发挥了承前启后的重要作用，使得美国的阳明心学研究逐渐向专业化和学术化的方向发展；但是学界对亨克译本存在不少批评和争论。有批评他对"良知""心"等王阳明思想中核心概念的翻译把握不准的，有批评他没有统一翻译"体""用"、误译"工夫"的，也有支持亨克的翻译的，认为其开拓了西方了解中国哲学的新局面，瑕不掩瑜。从对亨克译本的批评中，可探知阳明心学在美国传播中面临着的术语选择和哲学阐释方面的困难；从对亨克译本瑕不掩瑜的评价中，可探知它在推动阳明心学海外传播过程中的开拓性价值之所在。

钱明《一部西方人写的西方阳明学研究史的研究》［《贵阳学院学报》（社会科学版）2021年第6期］一文指出，伊来瑞（George L.Israel）教授的新著《王阳明之欧美传播与研究》，属于被西方人解释、研究的阳明学，或称"西方的阳明学"。它与中国本土、东亚区域阳明学的最大区别就在于：前者属于学术研究史及现代传播学的范畴，后者属于学派传承史及古代传播学的范畴。因此梳理或研究"西方的阳明学"，实即"研究史的研究"，犹如中国历史上的"学案体"，抑或现代学术意义上的"综述体"。它虽属学术思想史中的"照着说"，但所涉内容却有"接着说"，甚至又有"反着说"（即批判性、反思性的论述方式），既是学术研究中的基础性工作，也具前瞻性的拓展意义。

吴文南《王阳明〈传习录〉中的哲学术语英译研究》（《龙岩学院学报》2021 年第 4 期）一文指出，《传习录》作为阳明学派的"教典"，其英译过程也是阳明学在英语世界的阐释、传播和接受的过程，打开了中国典籍外译的新篇章。以"传习录""心即理""道心""知行合一""格物"和"致良知"等几个中国哲学术语文化负载词为例，对亨克、陈荣捷和艾文贺《传习录》的英译进行比较分析，探究不同译者的英译侧重点和取舍，以及直译、意译、音译和评注各种翻译策略的动态选择，从而更好地理解中国哲学术语的内蕴，这有助于推动阳明心学的对外翻译、传播和研究。

方显《翻译目的论视角下的陈荣捷〈传习录〉英译本研究》（北京外国语大学硕士学位论文，2021 年 5 月）一文指出，翻译与阐释《传习录》具有重要的意义，迄今《传习录》的完整英译本仅见亨克（1916）和陈荣捷（1963）。陈荣捷集哲学家与翻译家于一身，他翻译的《传习录》在英语世界有着深远的影响。该文尝试运用翻译目的论三原则，即目的原则、连贯性原则和忠实性原则，来研究《传习录》陈荣捷译本，介绍和探讨陈荣捷译本的翻译目的和对应翻译方法。研究发现，陈译本以译介中国哲学、满足目标读者预期、符合《译丛》要求和解决亨克译本问题等为主要翻译目的，在翻译中践行了翻译目的论三原则。具体来说，注释、专有名词、人名和地名的翻译，体现了目的原则；句式结构和文化负载词翻译考虑了译入语文化和读者预期，符合连贯性原则；篇章形式和典故翻译，符合忠实性原则。该文的探讨有助于中国典籍的外译和传播。

汤佳雯、胡朋志《阳明学的英译及传播情况研究》（《宁波工程学院学报》2021 年第 4 期）一文，从全球图书馆藏、西方学术评论和网络平台销售情况三个角度出发，采用数据量化分析及文献研究的方法，对阳明学经典——《传习录》英译本的海外接受情况进行了调研。在此基础上，进一步结合西方阳明学研究的具体学术成果，探究王阳明的哲学思想在西方英语世界的传播情况。结果显示，目前，1963 年出版的陈荣捷译本在西方接受度最高，其后《传习录》的英文重译几乎处于停滞状态；西方学术界对阳明心学思想的研究虽呈现逐步升温的态势，但整体来看，受到传播受众和传播渠道的影响，其传播的广度和深度均存在不足，加之中西哲学思想差异明显，阳明学在西方世界的传播仍十分有限。

附 录／

2021年阳明学主题会议综述

2021年度，围绕王阳明与阳明学，浙江省哲学社会科学界（包括省外的高校科研机构）通过组织学术会议、举办学术论坛等多种形式，强有力地推动了阳明学的研究阐释与宣传推广。据不完全统计，2021年全年举办了55场以"王阳明与阳明心学"为主题的学术研讨会、文化活动周、文化旅游节，而各高校科研单位、企业组织、社会民间组织的阳明学讲座、《传习录》读书会，更是举不胜举。从一定意义上说，类似阳明先生去世后相当长的一段时间里，阳明弟子门人定期举办的"阳明学会讲（讲会）"一样，2021年，月月有阳明学会议的举办、周周有阳明学学术沙龙（读书会、学术讲座）的分享。

2021年在"阳明先生遗爱地"以及阳明后学活动地——浙江（杭州、宁波、余姚、绍兴）、贵州（修文、贵阳）、江西（大余、崇义、赣州、龙南）、福建（漳州、福州）、江苏（南京、泰州），以及北京、上海、天津、广东、四川、陕西举办的"王阳明与阳明后学"的学术研讨会及相关活动主要有以下55场：

"王阳明逝世492周年拜谒活动暨王阳明生态思想研讨会"（江西大余、崇义，1月2日），"王艮逝世480周年纪念仪式"（江苏泰州，1月4日），"近五年阳明学研究的回顾与展望研讨会"（贵州贵阳，1月7日），"宁波市王阳明研究院授牌仪式"（浙江宁波，1月8日），"纪念阳明先生逝世492周年活动"（浙江绍兴，1月9日），"纪念王阳明逝世492周年暨新世纪阳明文创研究青年论坛"（浙江绍兴，1月9日），"贵州龙场王阳明研究院成立大会暨第一次会员代表大会"（贵州修文，1月12日），"中国阳明文化园系列研学研讨活动"（贵州修文，1月16日），"知行合一培训学院揭牌仪式"（贵州修文，1月21日），"阳明学'心意知物'问题研究工作坊"（上海，1月22日），"墨远文长——纪念徐渭先生诞辰500周年书画作品展"（浙江绍兴，3月12日），"王阳明教育思想研究与应用实践学术研讨会"（江西崇义，3月21日），"阳明学与乡村振兴专题学术研讨会"（贵州修文，3月21日），"绍兴光相桥王氏宗谱修谱开局仪式"（浙江绍兴，3月21日），"5集大型人文纪录片《王阳明》在中央电视台科教频道首播"（北京，3月22日），"4集系列纪录片《王阳明——龙场悟道》在贵州广播电视台科教健康频道《记忆贵州》栏目播出"（贵州贵阳，3月27日），"绍兴市王阳明研究会第一届理事会第四次（扩大）会议"（浙江绍兴，4月10日），"'阳明后学文献整理与研究'结题鉴定会"（浙江杭州，4月11日），"吴山汇观　翰墨文长——纪念徐渭诞辰500周年古代文人画联展"（浙江杭州，4月29日—5月9日），"徐渭诞辰500周年纪念暨徐渭故里开放仪式"（浙江绍兴，5月19日），"文学世界中的王阳明——小说与阳明文化传播研究青年论坛"（浙江绍兴，5月23日），"'阳明心学：文献、研究与传播'主题座谈会"（贵州贵阳，6月23日），"阳明教育联盟第三届联盟大会暨第二届联盟教育论坛"（浙江宁波，7月9日），"采薇·阳明学文献论坛"（四川成都，7月23日—25日），"2021届中国阳明心学研学游师资班"（浙江绍兴、贵州修文，7月28日），"龙冈山的月与王阳明的诗——修文县2021中秋诗会"（贵州修文，9月20日），"'吾心自有光明月——诵阳明诗 悟光明心'余姚市中秋诗话会"（浙江余姚，9月21日），"天下同祭南大吉逝世480周年暨阳明心学终南山论坛"（陕西渭南、西安，9月25日—26日），"中华孔子学会2021年年会暨'中国心学的现代转型'学术研讨会"（贵州贵阳，10月9日），《典籍里的中国·传习录》在中央电视台综合频道播出"（北京，10月10日），"'井上哲次郎的儒学研究与近代日本学术生态'研讨会暨'善美原典日本研究文库·井上哲次郎儒学论著选集'新书发布会"（天津，10月16日），"浙江文化研究工程重大课题'阳明后学年谱系列（第一辑）'开题论证会"（浙江绍兴，10月22日），"崇正书院阳明心学研修会周年庆暨阳明文化专题论坛一周年庆典活动"（江苏南京，10月23日），"第三届阳明文化国际论坛暨第二十一届明史国际学术研讨会"（江西龙南，10月23日—25日），"《山阴光相桥王氏宗谱》圆谱庆典"（浙江绍兴，10月25日），"赣南师范大学王阳明研究中心基地建设专家咨询会"（江西赣州，10月26日），"宁波市阳明文化海外传习基地揭牌仪式暨合作签约活动"（浙江余姚，10月26日），"《山阴光相桥王氏宗谱》首发及赠书仪式"（浙江绍兴，10月29日），"2021阳明心学大会"（浙江绍兴，10月29日—31日），"电视剧《阳明传》启动仪式"（浙江余姚，10月30日），"阳明心学与干部心理健康专家研讨会"（浙江余姚，10月30日），"纪念王阳明诞辰549周年礼贤典礼暨2021宁波（余姚）阳明文化周开幕式"（浙江余姚，10月31日），"中天阁论道：知行合一 明理力行——阳明文化成果转化案例分享会"（浙江余姚，10月31日），"心心相印——王阳明经典名言篆刻展"（浙江余姚，10月31日），"同擎心灯 共启心路——全国阳明史迹保护研究联盟第二次联盟大会暨阳明文化研学线路研讨活动"（浙江余姚，10月31日），"王阳明诞辰549周年纪念会暨阳明心学与共同富裕论坛"（陕西西安，10月31日），"'阳明心学与宁波人的精神气质'学术研讨会"（浙江宁波，11月2日），"第二届东南阳明学高峰论坛"（福建福州，11月26日—27日），"第五届中国阳明心学高峰论坛新闻发布会"（北京，11月28日），"龙南市王阳明研究会成立大会"（江西龙南，12月1日），"贵州省阳明学学会2021年年会暨年度学术交流会"（贵州修文，12月4日），"中国共产党人'心学'与推进党的建设新的伟大工程高端智库建设专家咨询会"（贵州贵阳，12月11日），"文化自信2021阳明心学深圳湾论坛"（广东深圳，12月16日），"第五届中国阳明心学高峰论坛"（福建福州，12月18日—19日），"纪念王阳明先生诞辰549周年暨阳明文化哲理画创作研讨会"（北京，12月26日）。

　　兹根据诸项学术研讨活动的举办时间，胪列梳理。

（一）"王阳明逝世492周年拜谒活动暨王阳明生态思想研讨会"在江西大余、崇义举行

2021年1月2日，"王阳明逝世492周年拜谒活动暨王阳明生态思想研讨会"分别在江西大余、崇义举行。本次活动由中国明史学会王阳明研究分会、江西省哲学社会科学重点研究基地赣南师范大学王阳明研究中心、赣南师范大学国学研究院主办，崇义阳明书院、阳明心城承办，大余县青龙镇人民政府、赣州阳明书院、江西阳明蒙正文旅、赣州阳明天沐温泉小镇、崇义阳明寨、大余县青龙中学等单位协办。

在大余县青龙镇阳明先生落星亭，青龙镇中学学生代表为大家讲解"王阳明落星亭"的由来，并介绍王阳明的生平事迹。大余县青龙中学师生代表朗诵王阳明家训《示宪儿》，学生身穿传统汉服，带着朝气高声朗诵。中国明史学会王阳明研究分会常务副会长周建华教授致拜谒词，站在碑前，声如洪钟，坚定地向后辈宣扬王阳明先生的思想。活动完毕，中国明史学会王阳明研究分会会员代表、赣南师范大学国学研究院师生代表和青龙中学师生代表在青龙镇王阳明落星亭留影纪念。

在崇义阳明书院，参加会议的专家学者围绕王阳明"万物一体之仁"的人文生态思想进行了充分的交流。大家一致认为，"与天地万物为一体"的思想是王阳明热爱自然、保护自然与珍视万物的充分体现。因而，挖掘其生态思想运用于当今和谐社会建设和生态文明建设，具有深刻的理论意义和现实意义。

（二）"王艮逝世480周年纪念仪式"在江苏泰州举行①

2021年1月4日，是我国明代哲学家、泰州学派创始人王艮逝世480周年纪念日，"王艮逝世480周年纪念仪式"在江苏泰州崇儒祠举行。泰州市委常委、宣传部部长刘霞，泰州市社科联主席张涛，泰州市文旅集团董事

长张爱华，泰州市社科联副主席窦立成，泰州市文旅集团副总经理叶慧莲等出席活动。

上午9点，纪念活动正式开始，崇儒祠内一片庄严肃静。泰州市文史专家陆镇余恭读祭文："先生虽去，其人不朽，其道不孤，其学恒长。吾辈欣逢盛世，国运隆昌。自当勠力同心，实干担当；逐梦发展新蓝图，共建幸福水天堂。方能不负先儒所望，不负生民所想，齐心协力，共铸辉煌……"

王艮倡导快乐、自然地学习，并撰写了《乐学歌》："人心本是乐，自将私欲缚。私欲一萌时，良知还自觉。一觉便消除，人心依旧乐。乐是乐此学，学是学此乐。不乐不是学，不学不是乐。乐便然后学，学便然后乐。於呼！天下之乐，何如此学；天下之学，何如此乐！"活动现场，泰州市实验小学20名学生一起诵读《乐学歌》，唱唱跳跳中展现快乐学习的真谛。随后，泰州市委宣传部、市社科联、市文旅集团、泰州学派纪念馆、姜堰王氏宗祠等单位向王艮像敬献花篮，参加纪念活动的全体人员向王艮像三鞠躬。

泰州市社科联主席张涛表示，纪念先贤，缅怀先贤，就是要结合新时代新思想新实践新生活，着力推动泰州学派的创造性转化、创新性发展，不断提升优秀传统文化的凝聚力和影响力，持续激活优秀传统文化的生命力和创造力，让泰州学派焕发出新的时代价值，让泰州城市文化立起来、强起来。

（三）"近五年阳明学研究的回顾与展望研讨会"在贵州贵阳孔学堂举办①

2021年1月7日，由贵州师范大学贵州阳明文化研究院、贵阳学院阳明学与黔学研究院、贵阳孔学堂合作主办的"近五年阳明学研究的回顾与展望研讨会"在贵阳孔学堂高等研究院举办，与会学者主要围绕孔学堂出版

---

① 信息来源于《孔学堂"溪山学述"暨近五年阳明学研究的回顾与展望研讨会举办》，"孔学堂"微信公众号，2021年1月11日。

的《阳明学研究年鉴》展开讨论。本次活动致力于推进贵州"阳明学及黔学"研究资源的整合，为贵州青年学者的交流与合作提供一个互动平台，提升"黔中王门"及"黔学"的学术地位。

贵阳孔学堂文化传播中心副主任肖立斌对此次会议的召开给予了充分的认可，认为阳明学研究一定要发出贵州声音，孔学堂一直致力于阳明文化的研究与普及，我们不但要"照着讲"，还要"接着讲"，孔学堂要整合贵州省学术资源，创建大平台。贵州师范大学社科处副处长胡安徽教授传达了贵州师范大学党委书记韩卉同志及社科处对此次会议的召开表示支持的意思，对贵州阳明文化研究已经取得的丰硕成果表示肯定，并表示贵州师范大学将一如既往地支持贵州阳明文化的研究。贵阳学院阳明学与黔学研究院副教授任健表示，贵阳学院将与兄弟院校合作搭建贵州阳明文化研究的学术平台。

随后，与会学者围绕以下主题进行了讨论：其一，如何深入推进阳明学思想的研究及现代价值挖掘。其二，如何深入推进"黔中王门"研究。其三，加快《阳明学研究年鉴》的改版及出版进度。其四，推进孔学堂、贵州师范大学、贵阳学院等兄弟院校之间的合作。

贵州省社科院历史所研究员周之翔认为，《阳明学研究年鉴》目前只做到了"年"，尚未实现"鉴"。贵州师范大学教授张春香认为，《阳明学研究年鉴》作为工具书，要做到提纲挈领，让人一目了然，还要注重其"学术性"。贵州大学副教授邓国元认为，《阳明学研究年鉴》应当集思广益，邀请学者对每年出版的阳明学相关学术专著进行评述、讨论。他认为"黔中王门"之所以受到学界质疑，首先是因为我们原始资料尚待挖掘，其次是有关"黔中王门"研究的著作及学者甚少。贵州大学教授张明认为，还需将每年的学术研究课题作为一个篇章，纳入《阳明学研究年鉴》的撰写中，并提出要撰写一部《黔中王门学案》专著。孔学堂书局（《孔学堂》杂志社）副总编张发贤介绍了孔学堂书局阳明学系列图书的出版情况，认为贵州阳明文化研究要提升学术地位，首先要在"文献"上下功夫，其次要在"研究"上下功夫。《阳明学研究年鉴》作为阳明学研究的一大亮点，需要进行大力宣传，更需要海内外学界同仁的支持。

（四）"宁波市王阳明研究院授牌仪式"在浙江万里学院举办①

2021年1月8日，"宁波市王阳明研究院授牌仪式"在浙江万里学院钱湖校区举办。

宁波市委宣传部副部长任学军在讲话中指出，宁波（余姚）是王阳明的诞生地，市委市政府历来高度重视弘扬阳明文化，对推进阳明文化建设寄予厚望。他对宁波市王阳明研究院挂牌浙江万里学院之后的工作，提了三点希望：一是赋予阳明心学更多的时代意义，在深入挖掘宁波历史文化的基础上，发挥历史文化在塑造宁波城市特质等方面的积极作用；二是成为阳明文化研究的高地，在凝聚队伍、拓展阵地和发挥优势的基础上，努力出成果、出人才、出影响；三是进一步扩大阳明心学的传播力和吸引力，使阳明文化成为宁波市城市文化的标志和有机组成部分。

宁波市社科院二级巡视员李建国在授牌仪式上介绍了宁波市王阳明研究院成立与发展情况。他介绍说，2018年王阳明研究院成立以来，在团队建设、课题发布、活动组织等方面开展了工作。为更好地发挥王阳明研究院的功能，在前期充分调研的基础上，决定将宁波市王阳明研究院的牌子挂在浙江万里学院，就是希望能更好地借力高校，并通过高校这支队伍，凝聚全市方方面面的研究力量，切实推动阳明心学的创造性转化和创新性发展。

浙江万里学院党委书记蒋建军在致辞中说，万里教育集团和浙江万里学院，非常重视研究、弘扬和传播阳明思想和阳明精神。近年来，成立了阳明博雅学堂，致力于阳明心学的教学、研究和传播；与宁波市企业联合会、宁波市企业家协会、宁波市工业经济联合会联合成立守仁学院，致

---

① 信息来源于《宁波市王阳明研究院在浙江万里学院挂牌》，浙江万里学院文化与传播学院网站，2021年1月8日。

力于阳明心学与企业文化建设等相关研究，已经成为阳明思想弘扬和传播的重要阵地之一。学校接过"宁波市王阳明研究院"这块沉甸甸的铜牌之后，将遵照市委宣传部和市社科院的要求，全力支持和配合宁波市王阳明研究院开展各项工作，提升宁波市王阳明研究院的影响力和知名度。

宁波市社科院院长、宁波市社科联主席徐方主持了授牌仪式。他非常感谢浙江万里学院在支持推进宁波社科事业上所做的努力，并对浙江万里学院在弘扬阳明文化方面的有力举措表示赞赏。他希望宁波市王阳明研究院打造研究、传播阳明学的矩阵，为推进宁波乃至全国阳明文化研究、传播事业的发展做出更大的贡献。

（五）"纪念阳明先生逝世492周年活动"在浙江绍兴举办

2021年1月9日，是一代大儒王阳明先生逝世492周年。一场线上"纪念阳明先生逝世492周年活动"在阳明先生安葬地——浙江绍兴发起。全国各地的阳明爱好者通过线上祭祀的方式，将他们对阳明心学及中国优秀传统文化的传承热情，通过"云上"方式传输到绍兴。浙江省稽山王阳明研究院作为活动发起单位，代表各地阳明爱好者的追思之情，在绍兴兰亭阳明园举行了庄重、简短的祭祀仪式。

（六）"纪念王阳明逝世492周年暨新世纪阳明文创研究青年论坛"在绍兴文理学院举办[①]

2021年1月9日，系王阳明先生逝世492周年的纪念日。为了进一步挖掘绍兴丰厚的阳明文化资源，探讨阳明文创的现状特点与发展趋势，提供有关阳明文创研究的最新成果，绍兴文理学院人文学院、绍兴文理学院越文化研究院（绍兴文理学院王阳明研究中心）和浙江省稽山王阳明研究院共同举办了"纪念王阳明逝世492周年暨新世纪阳明文创研究青年论坛"。

---

① 信息摘录自《纪念王阳明逝世492周年暨新世纪阳明文创研究青年论坛在我校人文学院举办》，绍兴文理学院官网，2021年1月15日。据悉，2021年1月9日，江西省吉安市青原区阳明书院也召开了"纪念王阳明先生逝世492周年座谈会"。

此次研讨活动共收到新世纪阳明文创研究的论文41篇，涉及王阳明主题戏剧影视研究、话剧《千古一圣王阳明》专题研究、王阳明主题小说创作研究、王阳明文学传记写作研究、浙江阳明文化的传播研究等。受新冠肺炎疫情影响，绍兴文理学院阳明剧社的近30名学生以线上线下的方式，就21世纪以来的阳明文创作品开展了交流讨论。

此次论坛聚焦的主题是21世纪以来王阳明主题的文创作品，绍兴文理学院在校大学生的研究内容包括了王阳明题材的话剧、戏曲、电视剧、动画、小说和文学传记等作品，对21世纪以来王阳明主题的文创作品进行了全方位梳理和深入研究，不仅是关于阳明文创研究的最新成果，还是对阳明文创研究新视角的开掘。此次活动受到媒体的关注，《绍兴日报》《绍兴晚报》分别以"绍兴大学生开掘阳明研究新视角""写阳明、演阳明、学阳明——大学校园掀起'阳明文化热'"为题做了报道。

（七）"贵州龙场王阳明研究院成立大会暨第一次会员代表大会"在贵州修文举行[①]

2021年1月12日，"贵州龙场王阳明研究院成立大会暨第一次会员代表大会"在贵州修文举行。贵州省人大常委会原副主任、《贵州文库》总编纂顾久，修文县委书记孙华忠、县长管庆良、县委组织部部长吴小强、县人大常委会副主任胡祥碧、县政府副县长谭永红等出席了成立大会。修文县委宣传部部长肖伦文主持成立大会，县人社局、县委党校、县委编办、县民政局、县文旅局、县教育局等相关职能部门主要负责同志参加了成立大会。

研究院由顾久担任名誉院长，修文县文联主席李小龙当选为院长；美国夏威夷大学哲学系资深教授成中英、浙江省儒学研究会会长吴光、贵州省儒学研究会会长张新民、北京大学中国文化书院院长王守常、浙江省稽山王阳明研究院院长董平、贵州省阳明学学会创会会长王晓昕、中国明史

---

① 信息来源于《贵州龙场王阳明研究院揭牌成立》，天眼新闻，2021年1月12日。

学会王阳明研究会常务副会长周建华等被聘为学术顾问，并分别发来贺信。

贵州龙场王阳明研究院揭牌仪式上，修文县委书记孙华忠向名誉院长顾久颁发了聘书；修文县县长管庆良向李小龙颁发了院长证书，向胡向洪颁发了监事会主席证书。孙华忠在讲话中说，2021年1月1日，贵州省委副书记、代省长李炳军同志到修文调研时强调，"阳明文化，修文是核心，是源头，全省、全市要集中在修文搞，要搞好"。贵州龙场王阳明研究院的成立，正是落实这一要求的具体体现，是进一步推动中华优秀传统文化创造性转化和创新性发展，深入挖掘整理、研究开发、传播弘扬阳明文化，增强文化自信的具体践行，是进一步彰显"龙场悟道"的历史地位和"知行合一"的时代价值的一项具体举措。他要求研究院的同志要持续发力、久久为功。一要有"风雪凛然存节概"的修文情怀。修文是王阳明先生"龙场悟道"发生之地，是"知行合一"思想诞生之乡，是"从心开始的地方"，作为修文的学者一定要有修文情怀。要持续打造"阳明心学·龙场论坛"学术品牌，全力打造"王学圣地·秀美修文"城市品牌，真正把修文作为阳明文化源头的地位凸显出来，把修文建设成为阳明文化乃至中国优秀传统文化的智慧涵养中心、文化提升中心。二要有"始信羊肠路亦平"的修文实践。要以"贵州龙场王阳明研究院"为交流平台，虚心向浙江、江西等阳明文化研究发展成效显著的地方学习，积极举办高端学术研讨会议和学术交流活动；要与各地研究机构密切配合、广泛交流，在各种学术活动中讲好修文故事，发出修文声音。三要有"毫厘须遣认教真"的修文精神。修文的阳明文化研究起步早，也取得了一些成绩，但我们的团队小，力量弱，还要静下来抓学习，抓研究，要敢于认真，敢于较真，敢于知行合一，敢于事上磨练；要守得住清贫，耐得住寂寞，在"立志、勤学、改过、责善"中修好内功，做十年默默无闻、一朝一鸣惊人的研究者。四要有"新诗旧叶题将满"的修文成就。要深入推动阳明文化创造性转化和创新性发展，加大阳明文化文创产品开发，形成一批集研发、营销为一体的文艺作品、文化产品、文创商品，提升阳明文化的经济附加值，使阳明文化与现实文化相融相通,探索出一条优秀传统文化的传承创新之路。

(八)"中国阳明文化园系列研学研讨活动"在贵州修文举行

2021年1月16日,来自贵阳一中、贵阳二中、贵阳实验三中、贵阳八中、白云三中、清镇一中、修文中学、修文实验小学等学校的教师代表,以及来自修文县教育局、贵阳市花溪区教育局、贵州省研学旅行协会、风之原营地、贵阳市生态文明基金会、修文青少年活动中心、贵州山和少年研学教育有限公司、贵州播雅书院等机构的相关负责人齐聚贵州修文中国阳明文化园,参观考察园区内的系列研学活动并展开深度讨论。

考察组对"中国阳明文化园"内开展的系列研学实践活动,比如研学课程、研学场馆、研学设施、研学物资、研学成果及执行团队等均做了详细的了解。实地考察完毕,考察组在修文县龙场驿大酒店召开了研讨会,就未来如何进一步依托"中国阳明文化园"开展研学活动展开深度讨论。与会人员主要针对研学课程的专业性、延续性与可行性方面提出了意见和建议,强调围绕阳明文化展开传统文化教育,按学生年龄段细分课程内容,深度融入劳动教育;同时强调研学过程中的安全性、规范性与体验性,发挥学生的自主意识、协作意识;要注重研学成果的转换和运用,贴近学生的日常生活,围绕立德树人的目标提升研学品质。

研讨会上,贵州旅游投资集团有限公司总裁赵典友对考察组各单位表示了诚挚的感谢,表示要吸纳并整合大家的宝贵意见和建议,承诺在进一步做好现有基地的基础上,积极按照"十四五"期间的研学营地规划要求,提升研学品质,拓展研学空间,做好研学服务,将"中国阳明文化园"打造成国内具有代表性的研学营地。

（九）"知行合一培训学院揭牌仪式"在贵州修文举行[①]

2021年1月21日，"知行合一培训学院揭牌仪式"在贵州修文龙冈书院举行，贵州省政协原副主席陈海峰，贵州省社会科学院党委书记吴大华，贵州省文化和旅游厅副厅长许风伦，贵阳学院副院长汪建初，贵阳市文化和旅游局副局长熊列，修文县委副书记、县长管庆良，修文县人大常委会主任张江华，修文县政协主席王世利，修文县人民政府副县长谭永红、左军，贵州旅游投资集团有限公司董事长张其鹤等参加了揭牌仪式。

揭牌仪式上，陈海峰讲话，吴大华、许风伦、汪建初、管庆良、张其鹤分别致辞；贵州旅游投资集团有限公司总裁赵典友与贵阳学院阳明学与黔学研究院院长赵平略签署合作协议；陈海峰、吴大华为"知行合一培训学院"揭牌。吴大华在致辞中指出，"知行合一培训学院"的成立是贵州深入学习贯彻习近平总书记关于文化传承与保护的重要论述，大力推进优秀传统文化传承创新，积极组织开展优秀传统文化教育普及活动的具体实践，也是牢记总书记嘱托，深挖厚重的阳明文化底蕴，推动阳明文化创造性转化、创新性发展。"知行合一培训学院"完善了贵州省新时代中国特色干部教育培训体系，优化了干部教育培训资源配置，必将促进修文经济建设和社会、文化等全面发展。贵州省社科院将继续支持"知行合一培训学院"打造精品课程，提升业务水平，完善相关业态，将培训体系化、标准化，将学院打造成国内一流的示范性、有影响力的文化基地。

据了解，"知行合一培训学院"是主要依托贵州省社科院的人才人脉资源和智库优势，龙冈书院的教育教学设施以及中共修文县委党校师资力量，对内对外开展干部教育培训、企业培训、研学教育的机构。学院的发展定位是充分利用"知行合一"传统文化资源，以铸造核心品牌为根本，秉承优秀文化传承和特色发展理念，强化集讲授、互动、体验为一体的培

[①] 信息来源于《知行合一培训学院在中国阳明文化园龙冈书院揭牌》，人民网贵州频道，2021年1月22日；《"知行合一培训学院"在修文阳明文化园授牌成立》，贵州省社会科学院官网，2021年1月25日。

训模式，通过专题教学、现场教学、互动教学、体验教学等方式，让学员穿越时空界限，近距离地触摸历史、感悟历史。

（十）"阳明学'心意知物'问题研究工作坊"在上海财经大学举办①

2021年1月22日，由上海财经大学人文学院哲学系和国际儒商高等研究院联合主办的"阳明学'心意知物'问题研究工作坊"举办，来自上海财经大学、上海社会科学院、同济大学、中山大学、清华大学、武汉大学、苏州大学、华南师范大学、杭州师范大学、上海师范大学等高校机构的20多位学者与会。

本次会议由上海财经大学人文学院副教授王格主持，会议首先由国际儒商高等研究院院长张雄和人文学院哲学系教授刘静芳致辞。张院长在致辞中指出，中国古代儒家思想如何立足于当代中国，在现代社会创造价值，非常值得深入探讨。刘教授在致辞中指出，阳明学"心意知物"问题与禅学密切相关，和禅学相比，阳明对"意"有正面肯定，且不同于佛学将"意"与"行"（无明）关联，阳明将"意"与良知（明）关联。

开场致辞结束后，研讨会进入论文报告与评议讨论环节。本次会议研讨分为五场，第一场的发言人为中山大学副教授傅锡洪，评议人为武汉大学廖璨璨和上海财经大学刘旻娇。傅锡洪作了《两种"正心"，两种"四句教"》的报告，指出阳明思想中存在着两种《大学》"正心"诠释和两种"四句教"，两者在总体上具有严格对应关系：阳明平时所讲的"四句教"是针对普通人而言的，其对应的是不可以实施"正心"工夫的《大学》诠释；定本"四句教"承认不同的人有不同的工夫进路，其中针对上根人的为学进路（即龙溪首次提出的"四无"）才是阳明所谓"天机"，其对应的是《大学》"体当自家心体"的正心。阳明在两种对应解释中自由转换的

---

① 信息来源于《上海财大阳明学"心意知物"问题研究工作坊纪要》（撰文：由美子），儒家网，2021年1月24日。

关键是"即用是体"的思路。随后的评议与讨论环节同样精彩纷呈。廖璨璨的评议指出，该文强调阳明"即用是体"的思路，这对"四句教"前两句"心""意"关系的理解非常重要。但若将"意"以体的发用来讲，可能会对"意"之动与"意"本身的关系讨论带来新的困境。刘旻娇在评议中指出，该文以定本"四句教"是从"用"的层面上进行探讨的观点，很好地提炼出阳明提出"四句教"的目的。但若仅仅采取"即用是体"的讨论思路，如何在工夫思辨上解决全善的体与具体的善之间的鸿沟，是一个难题。苏州大学朱光磊认为，以"即体即用"揭示心之本体，可能会与王龙溪以"无善无恶"解释心之体引发同样的问题，即难以区分阳明学与佛老之间的界限。因此，或许可通过"有善有恶"来调和这两种解释，即以"有善"涵摄先天本有、自然而然的工夫。

第二场研讨由上海社会科学院副研究员张锦枝担任发言人，清华大学屠凯和上海财经大学王格担任评议人。张锦枝在题为"阳明良知教确立后意论的变与不变"的报告中认为，阳明良知教确立前后的两三年时间里，随着对良知体认的纯熟，其意论也发生微妙的变化：从《大学》心意知物的次第到最终确立良知教后，改为心知意物的论述序列，知由意显变为意由心定。但是，良知学的发展和意论的滞后产生了一系列问题：知之已发说导致知行不一，知的本体地位提升导致意在心意知物序列中的凹陷，"四句教"中心与意在有无善恶问题上产生分裂。张锦枝认为，意的含义必须析出作为第二层含义的无意之意，才能使这一系列问题得到解决。屠凯评议指出，该文认为阳明将"心意知物"统一，可能会引发正心、致知、诚意、格物同一的问题，继而产生阳明是否放弃了训"格"为"正"的疑问。并就"未发"和"主宰"之间的紧张以及"主宰"是什么、"诚意"的意涵等问题发表了自己的见解。王格在评议中指出，该文将"心意知物"到"心知意物"次第顺序的变化理解为"意"的两层含义，分辨非常清晰。从阳明到刘宗周之间对"心意知物"的讨论大致有着由强调"心"到强调"意"的转换，这意味着阳明"心意知物"次第变换中或许有其讲学重点不同的考量，即阳明晚年标榜致良知，必然会导致将"知"

放到"意"前。同济大学陈畅在讨论环节指出，该文探索阳明龙场悟道之后的思想发展线索，对阳明从"意之明觉处"到"明觉之感应"思想改变之讨论尤其精彩。同时，他分享了《传习录·答顾东桥书》中可能是引自阳明《古本〈大学〉旁释》中的一条文献"知者意之体，物者意之用"，并指出若此推测成立，则意味着阳明把"意"提到"知"前，早在致良知教确立以前。

第三场研讨的发言人为同济大学副教授陈畅，评议人为苏州大学朱光磊和上海财经大学吴晓番。陈畅作了《阳明学派"物"的哲学建构——以四句教伦理困境为中心的考察》的报告。陈畅认为，阳明"四句教"指示出独特的"心意知物"结构关系，其目的是令良知作为推动社会伦理与政治革新的积极力量。良知发用流行的秩序就是物的秩序，亦即社会伦理与政治世界的秩序。这一特质导致了四句教的伦理困境，其流弊是良知以"情识""玄虚"的形式出现，对"物"所代表的社会伦理与政治秩序造成严重破坏。晚明刘宗周、黄宗羲师徒对"物"哲学结构的新思考，代表着阳明学派对于四句教伦理困境的独到解决：一方面，提出心学的气学进路，将物从良知的附属地位（知之所照）中解放出来，确立事物的独立性；另一方面，在"物犹事也"基础上提出"事"的哲学，在"事"的场域中实现个体性与公共性的平衡，通过事的客观性对治良知学的虚无放肆流弊。朱光磊在评议中指出，蕺山学不论是偏于主体的性体，还是偏于万事万物的理则都由"意"开启，若念念昏沉，将无法获取"事"或"物"的客观性。因此，蕺山气学能否彻底地建立"事"或"物"的独立性，还有待于进一步研究。吴晓番的评议指出，如果该文判教成立，刘宗周和黄宗羲"物"的哲学建构可能会从阳明学本身"心意知物"对"物"的讨论脉络，走向整个中国哲学大脉络中道家对"物"的讨论领域。若从四无教的角度来看，该文提出的"四句教"伦理困境可能未必存在，因此需加强"四有""四无"对良知心体先天维度的讨论。在讨论环节，上海财经大学教授郭美华首先对阳明学"在心上做工夫"的含义发出疑问，认为这不仅是阳明学内部的问题，还关乎传统思想在现代社会的意义。傅锡洪对此做出回应："在心上做工夫"指的是在本体（心或者是性）上做工夫是否可能的问题，而本体所要解决的是当下行动的标准是什么和动力是什么的问题。朱子认为性在时空之外，因此无法在性上做工夫。阳明以心为本体，具有直接性和冲突性特征：一方面，良知当下呈现在人的意识中，给我们提供方向的指引；另一方面，是非同时也是好恶，给我们提供了行动的动力，使之可以完成。

第四场研讨的发言人为杭州师范大学教授张天杰，华南师范大学陈椰和上海财经大学朱璐担任评议人。张天杰作了题为"晚明清初'心意之辨'的多元展开"的报告。张天杰对陆陇其《四书讲义困勉录》和《续困勉录》收录晚明清初诸儒之说所涉及的"心""意"以及"诚意"章主旨等问题进行了细致探析。他指出，陆陇其等尊朱子学者在辨析心意问题时，常以王阳明"四句教"为参照，对阳明学既有批评也有认同。因此不论朱子、阳明，也不论是讲义还是《四书》类时文评，只要是观点有一定新意，陆氏就尽量收入《四书讲义困勉录》，并依照《四书章句集注》次序编排。《四书讲义困勉录》就《四书》研究之文献以及文献之辨析而言极有价值，特别就保存大量散见或失传的《四书》类著作或《四书》类时文评等来说则更为难得，值得《四书》研究加以重视。陈椰评议指出，该文引用的诸多时文评注材料带来了很大启发，时文选评类著作对《四书》诠释研究值得学界进一步关注。陆陇其精心收选了许多前人对修身有现实指导意义的条文，可见除了知识意义上的综合和鉴别以外，也可从道德实践的角度来评价他。由此，研究清代儒者或许可从修身之笃实与对科举应试的影响两方面，评价其在儒学史上的贡献。朱璐在评议中指出，陆陇其的后阳明时代研究中的"后"，或许不仅是时空上的"后"，还是有着西方哲学反思意味的"后"。朱璐还就地域思想文献的整理与研究提出了未来合作的可能与设想。

第五场研讨的发表人是上海财经大学教授郭美华和上海师范大学博士高瑞杰，中山大学陈乔见和上海财经大学刘静芳担任评议人。郭美华和高瑞杰在题为"道德生存与天命的分离与融合"的报告中，以朱子和阳明对

《孟子》"尽心知性知天"章的不同诠释为切入点，讨论了天命与道德生存的关系。两位学者认为，孔孟在道德生存与天命之间的复杂与紧张，其分离与划界的维度，在后世的展开中，走向了将道德生存融入天命的"天人合一"式理解；而以这种预设的某种道德本质或者道德原则来探讨儒学，实则消解了人自身的鲜活生存。因此，如何走出朱熹和王阳明以及牟宗三等为典型的"天人合一"或"心、性、天一理"的进路，重新发掘孟子"尽心知性知天"中的道德生存论意蕴，释放出活生生的人自身，依然有待于探讨。陈乔见在评议中指出，孔子对人生的理解不只局限于道德，而孟子则将天命归为"求之外者"排除在了人的道德之外。因此谈论孟子的性善论应当回归孟子本身来讲，而非从宇宙论上的"天"来讨论。该文的道德生存和道德主体性两者的表述应当存在区分，而且若仅从"尽心知性知天"来讨论，无法证明孟子的道德生存论中"天"仍是根基。刘静芳评议指出，该文探讨了孟子本身、朱子以及阳明对《孟子》"尽心知性知天"章的诠释，但缺了《中庸》、思孟学派的一环，很难厘清道德生存与天命之间的关系。在"性"的问题上，《孟子》与《中庸》、思孟学派极为不同：《孟子》从心讲性，性是共同原则的主体意识；《中庸》之性是共生之生，朱子以理解性，与《中庸》保持一致性，只有在此意义上，才能讨论此前我们所提及的道问学和尊德性、大德和小德、公共性和个体性之间的关系。在讨论环节，刘旻娇特别指出，儒家的"知"既不等于西方认识论的"知"，也很难等于道德认知的"知"；儒家以天来讲普遍道德视域，但"天理"的概念本来就是活泼的，包含了差异性，并不等同于西方形上学的本质、实体的思想。因此该文所强调的存在先于本质、个体判断先于普遍本质的态度，或许还需商榷。另外，将孟子"天人相分"是否能够真正解决普遍性对个体的僭越，也是一个问题。

最后，王格副教授以"'天泉证道'的时空展开：地域、历史与思想"为题作小结发言。他认为，阳明学中"心意知物"的问题来源于对《大学》的经典诠释，而最终集中表现于"天泉证道"中。这一问题早已经跨出了原本的地域性讨论（姚江——绍兴——浙江——江南）。正如在今天这个"天涯若比邻"的网络时代，身在各地的学者一起讨论这一议题。"心意知物"问题不仅是哲学史的问题，其中的概念辨析也是哲学本身的问题，而这在当代具有独特意义。最后，研讨会在王格分享的阳明后学周汝登《中秋大会天泉桥》一诗朗诵中落下帷幕。[①]

（十一）"墨远文长——纪念徐渭先生诞辰500周年书画作品展"在浙江绍兴举办[②]

2021年3月12日是阳明后学、绍兴艺术奇才徐渭的500周年诞辰日，由浙江工业大学之江学院人文学院与绍兴市柯桥区文联联合主办的"墨远文长——纪念徐渭先生诞辰500周年书画作品展"在柯桥区美术馆举行。绍兴市柯桥区委常委、宣传部部长李永杰，浙江工业大学之江学院党委书记彭松波，中国美术学院原副院长高法根，省内外书画名家，浙江工业大学之江学院人文学院师生书画爱好者及八墨社大部分书画家，共200余人参与开幕式。据了解，此场作品展吸引了来自省内及北京、上海、广东、江苏、山东等10多个省市和海外的投稿作品198件，收录并展出了129位诗书名家、爱好者的书画作品173件，其中书法作品102件、国画71件。

（十二）"王阳明教育思想研究与应用实践学术研讨会"在江西崇义举行[③]

2021年3月21日，由江西理工大学外国语学院、崇义县文广新旅局联合主办，江西理工大学阳明文化研究与传播中心承办，崇义县章源实验中学协办的"王阳明教育思想研究与应用实践学术研讨会"在江西崇义举行。高等教育出版社编审贾巍巍、井冈山大学人文学院教授李伏明、赣州

---

① 周汝登《中秋大会天泉桥》（1601）："天泉桥上集群英，风拂罗衣鼓瑟声。证道百年人未散，赓歌千古月常明。同逢令节应非偶，一扫浮云若有情。不到此中谙此兴，男儿几已负平生。"

② 信息来源于《墨远文长——纪念徐渭先生诞辰500周年书画作品展在柯桥美术馆开幕》，中国柯桥网，2021年3月13日。

③ 信息来源于《我校举办王阳明教育思想研究与应用实践学术研讨会》，江西理工大学官网，2021年3月23日。

阳明文化研究专家董华等嘉宾出席，大余县、南康区、上犹县、章贡区等地阳明文化专家代表、崇义县本地领导和专家等共计60余人参会。

上午，与会人员参观了崇义县阳明博物馆。馆内利用先进的ＶＲ（虚拟现实）技术和精心布置的展品向观众生动呈现了王阳明光辉的一生。下午，与会人员参观了崇义县章源实验中学的阳明文化展后，在学术报告厅举行学术研讨会。开幕式上，崇义县文联主席郭坚致欢迎辞，他介绍了崇义县近年来在发掘阳明文化资源、应用阳明文化成果方面的主要举措，对各位专家致力于开展王阳明教育思想研究表达了谢意和敬意，对全体与会代表共聚阳明之城表示热烈欢迎。

在会议专家发言阶段，江西理工大学阳明文化研究中心特约研究员董华向大家作了"知行教育的伟大力量"的主旨报告，指出"知行教育"对于人的全面发展的重大意义。井冈山大学教授李伏明就"历史与哲学视野下的王阳明"作了主题发言，从历史和哲学角度，向我们批判性地解读了真实的阳明先生。江西理工大学阳明文化研究与传播中心主任钟舟海作了"王阳明教育思想文献梳理"的主旨发言，提出从教育活动、教育思想以及治学格言等方面来梳理阳明先生的教育思想。最后，崇义章源实验中学校长刘文滨作"教育从'心'开始"发言。在热烈的讨论互动之后，会议进入闭幕式环节。江西理工大学外国语学院院长邓晓宇对会议进行了简要总结，并希望双方进一步加强校地合作，争取结出更多校地合作的丰硕果实。最后，崇义县教育科技体育局副局长汤斌致闭幕词。本次研讨会在热烈的掌声中圆满结束。

（十三）"阳明学与乡村振兴专题学术研讨会"在贵州修文举行①

2021年3月21日，由贵州省儒学研究会、贵州阳明儒学院联合主办

---

① 信息摘录自《省儒学会及阳明儒学院"阳明学与乡村振兴"专题学术研讨会举行》，贵州大学中国文化书院网，2021年3月24日。

的"阳明学与乡村振兴专题学术研讨会"在贵州修文举行。贵州省人大常委会原副主任、省文史馆原馆长顾久,贵州省儒学会会长、贵州阳明儒学院院长张新民,贵阳市人大常委会副主任、修文县委书记孙华忠,修文县政协主席王世利,修文县委常委、宣传部部长肖伦文,修文县副县长谭永红,以及来自省内的50余名儒学专家、企业负责人、相关文化人士等济济一堂,共话阳明心学与乡村振兴之道。

张新民教授作主题发言。他认为,乡村振兴关键在人,并从人心、人情、家庭、家族四个方面做了分析。他首先强调阳明学除了心即理、致良知、知行合一等思想学理以外,还有一个重要的思想学理体系,那就是阳明先生的"亲民"思想。"亲民"思想在《传习录》及阳明先生的其他文稿和著述中都有所体现,这是阳明学的重要组成部分。"亲民"思想也是乡村建设、乡村振兴不可或缺的重要资源。家庭是我们的第一社会和教育环境,家庭教育是阳光,学校教育是雨露,社会教育是土壤,阳光、雨露、土壤缺一不可。为了建构家庭,以建构家族,以建构乡村,我们一定要有一套价值体系。这套价值体系,即是忠孝悌慈。修文是阳明悟道的圣地,阳明心学产生在修文。阳明心学具有重要的现实意义,重视人的发展,在道德理性之外,还重视道德情感的联合。在这一意义上,阳明的思想可以提供大量的思想借鉴,来帮助我们建构今天乡村有情有义的和谐世界。贵州省儒学研究会致力于儒学的现代化转化,贵州有大量的阳明思想文化资源,将阳明儒学院的硬件资源与儒学研究会的软件资源整合起来,对修文的乡村建设将提供更好的帮助。

孙华忠在主题发言中表示,这是一次有价值、有分量、有推动力的会议,是将共产党人的心学与共产党人在乡村的奋斗使命结合起来的会议,也是一次将王阳明亲民思想与共产党人全心全意为人民谋幸福理念结合起来的会议,表示将全力支持贵州阳明儒学院项目建设,保证项目顺利实施。中青城投贵州集团公司董事长康忠介绍了所在公司与贵州阳明儒学院项目建设及项目运营的战略合作意义与前景。他提到需要"跳出龙场看龙场",希望在各方力量加持下,阳明儒学院所致力于的文化事业能够落地、生根、发芽、结果。深圳孔圣堂主事、贵州阳明儒学院管理有限公司董事长周北辰介绍了贵州阳明儒学院项目情况及运营规划，并着重就阳明儒学院业态构成进行了详细介绍。中勘建设集团董事长胡正森介绍阳明文化培训中心规划发展情况，并着重就"企业家阳明文化大讲堂"的品牌设想做了交流。

（十四）"绍兴光相桥王氏宗谱修谱开局仪式"在浙江绍兴举行①

2021年3月21日，"绍兴光相桥王氏宗谱修谱开局仪式"在浙江绍兴王阳明伯府观象台举行。绍兴光相桥王氏宗谱续修委员会主任王书铭，绍兴光相桥王氏宗谱续修委员会副主任净芳，余姚市历史文化名城研究会副会长褚纳新，绍兴市家谱学会会长、王氏宗谱编纂小组组长郭欢裕等参加开谱庆典。开局仪式上，王书铭将老谱郑重地交给修谱负责人郭欢裕。"经过王氏宗亲和社会各界人士近两年的努力，目前宗谱编纂工作取得了较大进展，阳明先生在绍兴的后裔已全部理顺，有200人左右，且都找到了相关文献资料。"郭欢裕说。

绍兴市王阳明研究会会长张校军表示，修谱是一项艰巨、复杂的系统工程，要修出一部家族百科全书的传世之作，涉及面广，责任重大。自修谱工作启动以来，得到不少王氏后裔的人力、财力支持，修谱专家们还前往山东、湖南、重庆、贵州等地考证，取得许多收获。绍兴不仅要保护利用好阳明洞天、阳明墓、阳明故居遗址等阳明学遗迹，还要加大阳明学术的研究力度，打造阳明学研究高地。编写修谱的过程就是研究学习阳明心学的过程，我们要把宗谱编修的成果做成弘扬阳明心学传播的重要载体。

据悉，2019年4月4日，绍兴市王阳明研究会启动《山阴光相桥王氏宗谱》修编工作，委托绍兴市家谱协会主持开展编纂工作。经过修谱专家们两年多来的努力，目前已搜集民国时期及以前的绍兴（府）县志有关光

---

① 信息摘录自《绍兴王阳明后裔约有200人 后人启动宗谱修编》，新浪网，2021年3月23日。

相桥王氏资料，并对这些研究文章进行细致的考证。同时也收集了《阳明先生年谱引证》《姚江秘图山王氏家族研究》等书籍和参考资料。

(十五)5集大型人文纪录片《王阳明》在中央电视台科教频道首播

2021年3月22日，首批国家广电总局"十四五"纪录片重点选题规划项目、浙江省委宣传部年度重点项目，由国家广电总局宣传司指导，浙江省文化产业投资集团有限公司精心打造，联合宁波、绍兴、余姚三地共同投资出品，北京伯璟文化传播有限公司承制的5集大型人文纪录片——《王阳明》在中央电视台科教频道（CCTV 10）首播，并以优酷作为网络播出平台。该片由李东珅担任制片人，吴琦担任导演，周艳负责撰稿，石栾为摄影指导，国家话剧院国家一级演员辛柏青扮演王阳明，通过精彩的演绎、准确的史实、严谨的求证全景式揭开王阳明波澜壮阔的一生，沉浸式体会阳明心学的脉络，以增强国人的文化自信。

作为国内首部系统梳理王阳明传奇人生和心学思想的纪录片，该片采用真实再现历史人物的创作手法，以今人视角梳理王阳明的人生历程，阐释心学思想的演变历程、核心要义，通过人物故事体察阳明先生"知行合一""致良知""明德亲民"的思想精髓。全片共5集，依次按"溺""困""悟""功""明"5个主题切入。第一集讲述王阳明少年至青年期间"五溺"的故事，即其早年立下圣人之志，在传统文化海洋中不断遨游、汲取、求索，经历一次次彷徨和怀疑，又不断回归儒学；第二集讲述王阳明为官后，因得罪宦官刘瑾遭遇廷杖、入狱、流放，几度死里逃生，从北京到贵州龙场的心路历程；第三集讲述王阳明到龙场后重建生活，参悟生死，通过"龙场悟道"，他的生命与思想都进入新境界，阐述"知行合一"观点，并在庐陵讲学传播；第四集讲述王阳明作为军事家的经历，以平叛宁王作为核心事件，并将其一生的军事经历以回顾形式穿插其间，王阳明在作战的同时并未放弃讲学，两条线索交织推进，并发展出"致良知"学说；第五集讲述王阳明晚年回到绍兴，度过6年讲学时光。其心学思想日渐成熟，6年后身体带病的他再次被朝廷召唤，前往广西平叛，事后返乡途中回顾其一生重要的人与事，随之留下"此心光明，亦复何言"的遗言去世，着重表现其思想的传播力和影响力。

为遵循纪实原则，该片还邀请清华大学国学研究院院长陈来，浙江省社科院哲学所研究员吴光、钱明，浙江大学教授董平，贵州大学教授张新民，江西师范大学教授方志远等专家学者担任学术顾问，创作过程体现了严谨的治学态度，提升了内容价值。据了解，纪录片《王阳明》于2019年11月开始筹备创作，前期邀请相关专家召开多次线上线下剧本研讨会。2020年5月3日项目正式开机，摄制组克服疫情影响辗转北京、浙江、江西、贵州等地，于9月初完成所有拍摄工作。2020年10月，在国家广电总局组织的看片座谈会上，纪录片《王阳明》的内容价值与创作方式得到了专家领导的充分肯定。他们表示，全片体现了精湛的艺术水准，画面精美，造型感强，呈现电影大片质感，堪称惊艳；创作手法在国内纪录片领域有新的突破，摆脱了传统纪录片枯燥的"两张皮"式的表达；演员选择得当，无论是在演绎上还是解说上，都提升了整体气质，是一部浙产精品力作。

（十六）4集系列纪录片《王阳明——龙场悟道》在贵州广播电视台科教健康频道《记忆贵州》栏目播出

2021年3月27日，贵州广播电视台科教健康频道《记忆贵州》栏目开始播出4集系列纪录片《王阳明——龙场悟道》。该系列纪录片分为"悟道""传道""弘道""回响"，完整地将王阳明在贵阳龙场悟道的故事用情景再现的形式呈现给观众。

据悉，王阳明12岁立志做圣人；15岁独闯长城塞外，拥有"经略四方之志"；22岁、25岁虽两次会试不中，却说"世以不得第为耻，吾以不得第动心为耻"；35岁不顾杀身之祸上书直言，贬谪龙场的艰难困苦摧毁不了他强大的内心意志，最终在贵州龙场悟道。"龙场悟道"是宋明儒学乃至中国思想文化的一大转变。"龙场悟道"完成了王阳明的精神觉醒，形成了对"良知"的自信。他提出"知行合一"之说，并奠定"致良知"的理论基础，进而形成完整而系统的心学理论体系。

（十七）"绍兴市王阳明研究会第一届理事会第四次（扩大）会议"在浙江绍兴召开

2021年4月10日，"绍兴市王阳明研究会第一届理事会第四次（扩大）会议"在绍兴国际大酒店召开。会议由绍兴市王阳明研究会副会长、绍兴职业技术学院阳明学院院长汪柏江主持，绍兴市王阳明研究会副会长兼秘书长、绍兴阳明小学校长马士力作2020年度工作总结。会上还颁发了2020年度先进单位、优秀会员、学习积极分子奖状，并新增了理事、专业委员会等。

会议认为，500多年来，王阳明家谱没有完整续修，中间出现断代现象，续修家谱成为难题。经过实地考证和查阅资料，《山阴光相桥王氏宗谱》编纂已经取得突破性的成果，编修小组于2019年7月、9月，2020年7月、8月、12月，五赴重庆、贵州、广西、山西、山东，三上北京中国第一历史档案馆，发现王阳明亲传第五代王业泰、王业耀在重庆、贵州存续繁衍，有力回应了大部分专家学者认为阳明后裔不存在的论断。同时还发现了王阳明亲传第六代王贻乐在山东滕县当过知县，第七代王谋文在山西介休当过知县的相关线索。现在基本可以确定，居住在绍兴阳明故里的一支王氏后裔是贵州王业泰之后回绍兴守祖宅而有。

（十八）"阳明后学文献整理与研究"结题鉴定会在浙江杭州召开

2021年4月11日，由浙江省社会科学院哲学所研究员钱明担任首席专家的国家社科基金重大项目"阳明后学文献整理与研究"结题鉴定会在浙江省社会科学院召开。复旦大学教授吴震、华东师范大学教授陈卫平、湖南大学教授朱汉民、复旦大学教授何俊、武汉大学教授张杰（欧阳祯人）组成专家组进行鉴定验收。浙江省社科联党组成员、副主席陈先春致辞，代表省社科联向专家组的到来表示欢迎和感谢。他指出，国家社科基金重大项目立项对推动浙江文化强省建设意义重大，项目组要认真听取专家建议，努力将结项成果打造成学术精品，同时希望在座专家继续支持浙江人文社会科学研究。

结题鉴定的评审阶段由专家组组长吴震主持。钱明代表项目组从研究成果的主要内容、资料收集的基本情况、项目组对成果价值的认识、研究成果存在的不足及原因等四个方面向专家组做了汇报。专家组认为，该项目从文献整理到思想研究，从王阳明到阳明后学，从浙江到周边，从域内到域外，从东方到西方，构成相互链接又相互印证的完整系统，基本达到原计划设计目标，取得了学术理论、文献资料、研究方法及学科建设四方面成绩。专家组对项目研究所做的大量工作给予肯定，对文献搜集中的挖掘和理论研究中的创新给予积极评价，对项目实施过程中卓有成效的国际化合作研究和宣传印象深刻，同意项目通过结项验收。

该项目提交鉴定的最终成果18种，其中研究类专著10部，包括《地缘、血缘与学缘的交织——中国人文和自然境域中的王阳明及阳明学派》《浙江心学思潮研究》《泰州学派思想研究》《台州阳明学研究》《王阳明的"事""术""道"》《王阳明公移文献整理与研究》《黄绾与阳明学派研究》《阳明心学的本体学研究：中西比较的视野》《王阳明之欧美传播与研究》《比较阳明学：以中日韩三国为视界》，总字数超320万字。古籍整理类成果8种，总字数超600万字，其中有6种是首次整理编校，包括难度较大的《管志道集》《季本集》等。此外，作为阶段性成果已在核心期刊发表学术论文22篇，出版著作和古籍点校作品9种。

（十九）"吴山汇观 翰墨文长——纪念徐渭诞辰500周年古代文人画联展"在浙江杭州举行①

2021年4月29日—5月9日，为纪念明代著名书画家、文学家、戏曲

---

① 信息来源于《吴山汇观 翰墨文长——纪念徐渭诞辰500周年古代文人画联展在吴山城隍阁举办》，杭州网，2021年4月28日。

家、军事家徐渭诞辰 500 周年，浙江杭州吴山城隍阁联合古字画修复及复制机构停云馆推出"吴山汇观 翰墨文长——纪念徐渭诞辰 500 周年古代文人画联展"。

徐渭系王阳明的再传弟子，与解缙、杨慎并称"明代三大才子"，对中国文人画的发展具有深远的影响。郑板桥曾自刻一印："青藤门下走狗"；齐白石恨不能为青藤磨墨理纸。直到今天，徐渭在书画界的名头都如日中天，被誉为"东方凡·高"。徐渭生前与杭州吴山有着很多不解之缘，晚年居住在吴山火德庙的西爽阁，他那副脍炙人口的楹联"八百里湖山，知是何年图画；十万家烟火，尽归此处楼台"，至今仍悬挂于吴山的亭阁上。本次活动除了展出原貌复制的数十幅博物馆馆藏徐渭及历代文人书画，同时举办系列专题文化讲座，以推动中华传统文化的传承与普及。

（二十）"徐渭诞辰 500 周年纪念暨徐渭故里开放仪式"在浙江绍兴举行[①]

2021 年 5 月 19 日，"徐渭诞辰 500 周年纪念暨徐渭故里开放仪式"在浙江绍兴徐渭艺术馆广场举行。中国美术家协会党组书记、驻会副主席徐里在致辞中表示，徐渭的艺术成就卓著，被誉为中国"泼墨大写意画派"创始人和"青藤画派"鼻祖，陈洪绶、郑板桥、赵之谦以及吴昌硕、齐白石、潘天寿等均受徐渭熏染而卓成大家。

"畸人青藤——徐渭书画作品展"同步开展。该展汇集了中国 30 余家文博单位和古籍收藏单位的徐渭书画作品、徐渭及其师友所著古籍文献、徐渭后学书画作品等相关文物 100 余件，共同致敬"东方凡·高"。徐渭是"明代三大才子"之一，因其在诗文、戏剧、书画等多方面独树一帜，且晚年经历与荷兰后印象派画家文森特·威廉·凡·高相似，被后人称为"东方凡·高"。

---

① 信息摘录自《"东方凡·高"徐渭诞辰 500 周年 100 余件书画真迹故乡集结》，中国新闻网，2021 年 5 月 20 日。

（二十一）"文学世界中的王阳明——小说与阳明文化传播研究青年论坛"在浙江绍兴举办①

2021年5月23日，由绍兴文理学院人文学院、越文化研究院与绍兴市王阳明研究会共同举办的"文学世界中的王阳明——小说与阳明文化传播研究青年论坛"在绍兴文理学院图书馆报告厅召开。绍兴文理学院副校长寿永明，绍兴市王阳明研究会会长张校军，绍兴市文史馆副馆长李永鑫，绍兴市王阳明研究会副会长汪柏江、马士力，绍兴文理学院越文化研究院执行院长诸凤娟，绍兴文理学院人文学院党委书记高利华等出席论坛。

寿永明指出，此次青年论坛提交的论文成果既展现了当代青年们独到的研究眼界和较强的创新意识，也表明了当代大学生对传统文化的自觉传承意识。这些研究既涉及如何在文化创新的视角下推动阳明文化的创造性转化和创新性发展，又关乎如何推进阳明精神的当代传承问题。当代大学生能够积极主动地参与到推进传统文化创造性转化和创新性发展的事业中来，积极探究如何让阳明文化资源"活起来"，这些显然是非常宝贵的，同时这也正是当代青年对坚定文化自信最直观的体现。

诸凤娟表示，绍兴文理学院越文化研究院一直以来通过设立"大学生越文化研究课题"推动青年学生开展传统文化研究与探索，其中就包括多项王阳明研究课题。今后，绍兴文理学院越文化研究院将继续鼎力支持在校大学生的王阳明研究，助推绍兴文理学院成为全国大学生王阳明研究的重要中心，也为绍兴打造"心学圣地"提供有力的支持。

本次论坛得到了绍兴文理学院大学生的积极响应，21名大学生从王阳明题材小说研究、王阳明文创实践研究、新世纪王阳明题材戏剧三大方面向大会提交了论文，并在会上交流发言。本次青年论坛评出了优秀论文奖，寿永明等分别为获奖学生颁奖。闭幕式上，李永鑫作学术总结，《天地人心·王阳明》总导演、总编剧李伟应邀讲话。

---

① 信息来源于《"文学世界中的王阳明——小说与阳明文化传播研究青年论坛"举行》，绍兴文理学院官网，2021年5月24日。

（二十二）"阳明心学：文献、研究与传播"主题座谈会在贵州贵阳举行[①]

2021年6月23日，贵州大学中国文化书院荣誉院长张新民教授，贵阳孔学堂书局总编辑苏桦、副总编辑张发贤，贵州师范大学阳明文化研究院教授王进等一行7人前往阳明文化（贵阳）国际文献研究中心（下称"阳明中心"）进行调研，并召开"阳明心学：文献、研究与传播"主题座谈会。阳明中心主任何丹，副主任谢思琪、易康宁及阳明中心工作人员陪同。

会前，调研人员参观了阳明中心成果展及藏书馆，通过工作人员的讲述、翻阅在馆文献典籍、参观馆藏碑刻拓片等，深入了解了阳明中心丰富的馆藏王阳明文献典籍资源。参观结束，调研人员举行"阳明心学：文献、研究与传播"主题座谈会。阳明中心主任何丹对来宾们的到来表示诚挚的欢迎，详细介绍阳明中心成立以来在文物文献普查、典籍馆藏、文献整理、理论研究、文化交流、成果创新等方面所取得的丰硕成果。

调研人员纷纷对阳明中心近年来丰富的馆藏资源及成果给予充分肯定，并积极交流心得体会。张发贤详细介绍了孔学堂书局、《孔学堂》杂志以及"阳明文库"的发展与计划，分享了儒学研究学术出版、稿件遴选的经验。针对"阳明文库"工程，苏桦表示，希望与阳明中心建立深入版权合作，并开发"王阳明诗文名篇"赛事活动作品出版项目，促进优秀成果转化与传播。王进谈到，孔学堂书局与高校拥有的丰富专家学者人才资源，应积极与阳明中心开展学术交流与合作，秉持"协商互助、整合资源、携手并进"的发展理念，增强阳明文化在贵州文化品牌建设中的重要作用。张新民教授强调并建议，阳明中心要充分利用好丰富馆藏文献典籍资源优势，开展详细的版本溯源研究，摸清每一本典籍的"家底"与定位，补齐收藏缺项，做好权威善本的点校、汇校工作，争取出精品、出力作，希望阳明中心尽可能实现馆藏资源开放共享，推进资源社会化使用、

[①] 信息摘录自《"阳明心学：文献、研究与传播"主题座谈会举行》，贵州大学中国文化书院官网，2021年6月25日。

推动阳明文化传承与传播。

（二十三）"阳明教育联盟第三届联盟大会暨第二届联盟教育论坛"在浙江宁波举行①

2021年7月9日，由阳明教育联盟主办、宁波大学阳明学院承办的"阳明教育联盟第三届联盟大会暨第二届联盟教育论坛"以云端会议方式举行。本次大会暨论坛以"阳明先生的'致良知'思想在当下学校'课程思政'教学中的启发和实践"为主题，来自复旦大学、绍兴职业技术学院、绍兴文理学院、绍兴市阳明中学、贵州大学、宁波大学、余姚市阳明中学、南昌市阳明学校、中国阳明书院、陕西省阳明学会等阳明教育联盟发起单位、加盟单位、拟加盟单位代表线上参加了大会。

阳明教育联盟秘书长、绍兴职业技术学院教授鲍贤杰致开场辞，宣读并交由大会通过《阳明教育联盟"十四五"（2021—2025年）发展规划》（以下简称《规则》）。《规划》从联盟"主要历程"及"创设实践平台，践行王阳明育人理念""创设教育论坛，研究王阳明教育思想""创设活动载体，弘扬王阳明良知文化"方面所取得的成绩对阳明教育联盟"十三五"发展进行回顾；从"发展目标""申办社会团体，理顺联盟运行机制""壮大联盟力量，弘扬阳明心学""搭建研学基地，追随先贤足迹""加强内部交流，分享借鉴提高""加大宣传传播力度，扩大联盟影响"方面对阳明教育联盟"十四五"发展目标与主要任务进行规划。

交流发言中，宁波大学阳明学院院长卢美芬教授以"守正创新 培根种德"为题，从"阳明思想与学院工作的关系""'培根种德'计划，提升工作成效""物理空间体现'学以成人'"三个方面作主题发言；江西南昌市阳明学校校长罗先凤作"致良知，见良能，育良人——以阳明文化为引领推动文明礼仪课程的'3L评价'体系建构"主题发言。获评大会优秀论

---

① 信息摘录自《阳明教育联盟第三届联盟大会暨第二届联盟教育论坛举行》，贵州大学中国文化书院官网，2021年7月10日。

文作者、贵州大学阳明学院副教授朱小明以"王阳明致良知思想中的乐感精神与忧患意识"为题并围绕"良知本体""致良知之潜能与实现""良知之自知与自致""知善知恶与为善去恶""儒耶对话视域中的人性"进行发言，贵州大学阳明学院2019级学生李菀以"破贼定向 立志行远——王阳明心学思想传习启示录"为题进行交流发言。贵州大学中国文化书院（阳明文化研究院）教授王胜军以"论阳明学与新时代大学教育的结合及其意义——《阳明学概论》建设成效总结和思考"为题提交大会论文，从"课程的定位和目标：对通识教育概念的思考""努力和成效并进：对目前所完成任务的总结""意义的拓展：大学通识教育与中国特色的学术"三个方面，对所领衔主讲"阳明学概论"课程进行回顾与总结。

会议压轴环节，阳明教育联盟导师、复旦大学哲学院教授吴震以"阳明良知学的当代意义"为题作了主题报告。报告以阳明心学文献为基本注脚，围绕阳明良知本体的内涵、良知教育思想的价值和意义及方法论等核心内容展开，对王阳明良知学的理论体系、良知本体的多重含义进行了深入阐释，对阳明心学"良知"与"致良知"思想进行了深入浅出的讲解，可谓阳明教育思想传播和讲会的示范。在互动交流中，吴震教授结合"马克思主义中国化"这一宏大命题，指出阳明心学与马克思主义中国化问题之间存在内在逻辑联系；在解答阳明心学教育效果方法论问题时，认为阳明心学良知理论体系要被各级学生接受，至少需要两个阶段：一是教师需要深度掌握良知本体内涵，学会活学活用；二是教师的教法应与现实和学情相联系。要在准确理解、深度把握阳明良知思想内涵的前提下，以阳明故事、阳明思想内容、阳明案例等切入课堂，与学生具体学习和生活实例相结合，才可能促使学生"内化于心、外化于行"，达到理想教育的教学效果。

据悉，阳明教育联盟于2017年10月"中国绍兴'阳明文化周'"期间，由中国孔子研究院、贵阳孔学堂文化传播中心、贵州大学阳明学院、贵州大学中国文化书院（阳明文化研究院）、宁波大学阳明学院、宁波职业技术学院阳明学院等全国各地以"阳明"命名、传承中华传统文化及阳明精神的16家教育科研单位发起成立，共同倡议践行知行合一，弘扬王阳明教育思想。联盟秘书处设在绍兴职业技术学院阳明学院。联盟每两年举办一次阳明教育联盟大会及教育论坛。联盟成立以来，2018年新增加盟单位5家，2019年新增加盟单位3家，2020年新增加盟单位7家，2021年又有5家单位加盟。目前，联盟共有36家加盟成员单位。

（二十四）"采薇·阳明学文献论坛"在四川成都举办

2021年7月23日—25日，"采薇·阳明学文献论坛"在四川成都环球中心举办。参加本次论坛的有山东大学高等儒学研究院教授翟奎凤，南开大学哲学院教授卢兴，清华大学历史系副教授黄振萍，国家图书馆古籍保护中心研究员向辉，宁波大学马克思主义学院副教授邹建锋，四川大学历史文化学院副教授李晓宇，巴蜀书社博士后且志宇，以及采薇阁编辑中心的工作人员。

本次论坛的研讨主题是"阳明文献的源流及其整理状况""阳明学的历史定位及其当代价值""阳明后学研究""域外阳明学研究"。基于阳明学文献版本发掘产生的各种议题，本次论坛发布了由采薇阁王强、彭启彬完成的《汇校本〈王文成公全书〉》样稿（整理过程、校本的源流、新校本的基本情况），供学者讨论。此外，黄振萍的发言题目是"阳明学的历史定位与当代价值"，向辉的发言题目是"学术赞助与版本之谜——天真书院刻《阳明先生年谱》"，翟奎凤的发言题目是"阳明学良知说与朱熹之'虚灵不昧'明德论"，邹建锋的发言题目是"阳明文献全国大调研个人心得汇报（2006—2021）"，王强的发言题目是"采薇阁与阳明文献发掘"，何俊的发言题目是"日本阳明学研究概述"，贾晓波的发言题目是"《阳明先生要书》校读简述"，彭启彬的发言题目是"太炎先生《王文成公全书》批语发微"。

阳明学是古代中国儒家哲学的重要支流，明代正德、嘉靖以后，即明代中后期的100多年间，由于几代阳明学者的努力，阳明学风靡天下，成为显学，其影响远及朝鲜半岛和日本地区。清初以下，由于朴学范式的兴起，阳明学虽然逐渐沉寂，但仍不绝。直至晚清时期，在中西古今文化思潮的激荡之下，阳明学又焕发了新的生机。500年来，阳明学几经衍变，从思想命题到历史文献，都留下了丰富的遗产。当代阳明学文献的整理，主要集中于《王文成公全书》以及徐爱、黄绾、王畿、钱德洪、罗洪先等重要阳明后学的有关文献，已经取得了丰硕的成果，但受制于文献资源以及编辑思路等诸多因素，仍有可补充之处。本次"阳明学文献论坛"立足于对阳明文献深入的历史调查，依据严格的历史文献学以及思想史原则，对阳明文献的源流以及有关的思想史问题展开充分讨论。

与会专家学者还参观了采薇阁的编辑、制作与数据中心以及天彭书院，肯定了文献影印工作正本清源的重要性。

（二十五）"2021届中国阳明心学研学游师资班"在浙江绍兴、贵州修文同步开班[①]

2021年7月28日，"2021届中国阳明心学研学游师资班"在浙江绍兴、贵州修文同步开班。修文县委常委、宣传部部长肖伦文出席贵州班开班仪式并讲话，来自全国各地的82名学员通过线下或线上同步直播方式参加开班仪式。开班仪式结束后，本届师资班第一课开讲。北京大学哲学系教授、中国哲学会副会长张学智以"王阳明心学的精神与智慧"为主题，从"王阳明波澜壮阔的一生和豪雄式人格""王阳明的核心学说：致良知""王阳明学说的特点：知行合一"等三个方面展开，对王阳明生平及其学说进行了详细的讲授。

据了解，2021年7月12日，浙江省稽山王阳明研究院、绍兴市稽山书院与贵州龙场王阳明研究院、修文龙冈书院"2021中国阳明心学研学游师资班（贵州班）"合作办班签约仪式在浙江省稽山王阳明研究院明德堂举行。本届"中国阳明心学研学游师资班"由浙江省稽山王阳明研究院、绍

---

① 信息摘录自《2021届中国阳明心学研学游师资班开班》，贵州网络广播电视台官网，2021年7月30日。

兴市稽山书院、贵州龙场王阳明研究院、修文龙冈书院联合主办，旨在培养阳明心学研学游人才，进一步推动阳明心学深入人心、指导实践、焕发时代光彩、彰显时代价值。培训班分设绍兴、贵州两个班，学制一年，每月将邀请国内知名阳明学专家授课，采取线上线下相结合的授课方式进行。学习期间，还将组织学员开展研学旅行和现场教学活动，对学习内容加以充实。

（二十六）"龙冈山的月与王阳明的诗——修文县2021中秋诗会"在贵州修文龙场举行

2021年9月20日，中秋节前夜，"龙冈山的月与王阳明的诗——修文县2021中秋诗会"在贵州修文龙场茶驿书吧举行。修文县文联主席、贵州龙场王阳明研究院院长、阳明诗社社长李小龙主持诗会，并对王阳明的中秋诗进行逐一解读。与会人员或朗诵，或谈读诗心得，诗会活动内容丰富、气氛热烈，达到了预期效果。

（二十七）"'吾心自有光明月——诵阳明诗 悟光明心'余姚市中秋诗话会"在浙江余姚举行①

2021年9月21日晚，由余姚市委宣传部、市文化和广电旅游体育局主办，余姚市纪委市监委、市委统战部支持举办的"'吾心自有光明月——诵阳明诗悟光明心'余姚市中秋诗话会"在浙江余姚王阳明故居瑞云楼前举行。余姚市委常委、宣传部部长王娇俐，副市长王安静出席活动。

清风明月，诗心悠悠。中秋诗话会在开场诗朗诵《吾心自有光明月》中拉开序幕。现场，一组组中秋经典诗词表演带领观众穿越时空，与古代伟大诗人进行了一场特别的"心灵对话"。本次中秋诗话会分为《望月·思乡》《赏月·诗心》《颂月·梦圆》三大篇章。通过动人的词章、深情的

---

① 信息摘录自《"吾心自有光明月——诵阳明诗 悟光明心"中秋主题诗话会昨晚在王阳明故居举行》，余姚市人民政府网站，2021年9月22日。

吟诵，展现阳明心学的无穷魅力，重温余姚先贤对后人的谆谆教诲，抚今追昔、展望未来。活动中，来自各地的阳明文化爱好者以各种形式朗诵王阳明诗词《蔽月山房》《忆龙泉山》《忆诸弟》等，并围绕王阳明诗词进行主题对话，在诗歌中品味阳明心学，传承弘扬良知文化，誓将余姚先贤文化丰盈我们的精神家园。最后，整场演出在全体演员嘉宾共同带来的主题诗歌《光明月》中圆满落下帷幕。

（二十八）"天下同祭南大吉逝世480周年暨阳明心学终南山论坛"在陕西渭南、西安举办

2021年9月25日—26日，"天下同祭南大吉逝世480周年暨阳明心学终南山论坛"在陕西渭南和西安举办，来自山东、河南、浙江、四川、北京和陕西当地的学者、作家、政务人员、企业经营者、传统文化爱好者，以及南氏宗亲会代表汇聚一堂，隆重纪念明代陕西先贤南大吉，讨论心学与关学的关系，论述阳明心学赋能时代的现代意义。

（二十九）"中华孔子学会2021年年会暨'中国心学的现代转型'学术研讨会"在贵州贵阳召开[①]

2021年10月9日，"中华孔子学会2021年年会暨'中国心学的现代转型'学术研讨会"在贵阳孔学堂召开。此次会议由中华孔子学会、贵阳孔学堂文化传播中心、中华孔子学会陆九渊研究委员会主办。开幕式上，贵州省人大常委会原副主任顾久，贵州省委宣传部常务副部长徐静，中华孔子学会会长王中江，贵阳孔学堂学术委员会主任郭齐勇，贵阳孔学堂学术委员会执行主席徐圻，贵阳孔学堂文化传播中心主任索晓霞等出席年会。

"500多年前王阳明先生在贵阳修文龙场参学悟道，开启了中国思想史的新纪元，为贵州的文化教育事业做出开拓性贡献。"徐静表示，希望与

[①] 信息来源于《中华孔子学会2021年年会暨"中国心学的现代转型"研讨会在贵阳举行》，中国孔子网，2021年10月12日。

会专家能够从不同学科视野中找到更多建设性的理论和观点，提出更多富有启发性、原创性、系统性的意见和建议，将中国心学现代性转化工作推向一个新的高地。

"儒家的'自我'概念是一个结构性的体系，儒家的'心'的概念是主要支柱，探讨儒家的'心灵'概念在很大程度上也是探讨儒家的'自我'概念。"王中江在开幕式上表示，希望此次会议能够引导儒学研究者们去建构心灵哲学一个现代转型当中的儒家版本。

在索晓霞看来，考察王阳明的心学思想可以发现，其中表现出重视人的主体性、主体的自律与自觉、人格的自由与平等观念，与今日习以为常的一些概念几近相似。"在孔学堂这样一个弘扬传承中华优秀传统文化的场地当中举办'中国心学的现代转型'学术研讨活动，就是要以时代精神激活中华优秀传统文化的生命力，积极推动中国心学创新性发展和创造性转化，推动中国心学的现代转型。"索晓霞说。

开幕式后，顾久、郭齐勇、徐圻、张新民、吴震、丁为祥等15位专家学者进行了大会发言，阐述其对心学的历史研究与当代价值所在。

"儒家是大群体生活中道德、秩序与责任的代表。谈论'中国心学的现代转型'则需要审视当代阳明心学的价值意义。"会上，顾久以"读圣贤书，所为何事——从历史看当代阳明学者应有的社会理想"为题，阐述了孔子在"礼崩乐坏"历史背景下的"小康—大同"社会理想，并提出当下中国与世界社会生活秩序中的新问题，以及儒者应有的社会理想。

"泰州学派对阳明心学的发展，其中最核心的部分是极大地发展了自由、平等的思想。"在贵州大学教授、贵州大学中国文化书院荣誉院长张新民看来，泰州学派重要代表性人物罗汝芳，不仅是知识精英与庶民大众的沟通者，也是大传统与小传统两种文化的整合人，透过他一生心路跋涉历程及话语言说主张，也能一窥泰州王学共同的价值诉求与思想理论特征。

作为一位扎根贵州、深掘阳明文化的研究专家，徐圻通过讲述王阳明与贵州的历史渊源，阐述了发端于贵州的阳明心学在当下的价值意义。"一般来说，道德认知与道德实践之间，不可能没有距离，这个距离的大小决定了一个读书人的品行高低。而王阳明想要实现的，却是两者之间的'零距离'，这是他一生孜孜以求的'圣人之道'，也是他的心学思想的归宿。这个心路历程，开始于500年前他在贵州的生活实践。"徐圻说。

"现代科技人应加强修养，回到传统文化精神的信念信仰，从天人合一的高度去思考，应当善待其他的类存在，回到中国传统的'人与天地万物为一体'的境界。"郭齐勇则以"重释'人与天地万物为一体'的生命智慧"为题，从"天人合一"的学说渊源、天人之际是广义的生态系统、从同类生命到不同类的生命、回归到"人与天地万物为一体"的信仰等方面，对天人关系当有的状态进行了阐述。

据了解，此次与会嘉宾包括来自北京大学、中国社会科学院、北京师范大学、首都师范大学、复旦大学、华东师范大学、陕西师范大学、武汉大学、中山大学、南昌大学、湖南大学、暨南大学、南开大学、贵州大学、贵州师范大学、尼山世界儒学中心孔子研究院、孟子研究院等70多所高校、科研和文化机构的120余位专家、学者。他们围绕中国心学在当下的创造性转化和创新性发展，针对心学的思想资源、各个时代心学的特点以及心学的时代价值等议题做了学术讨论。

(三十)《典籍里的中国·传习录》在央视综合频道播出

2021年10月10日，央视综合频道《典籍里的中国》第11期走进《传习录》这部立志、立言之作，立德、立身之典，与3位读书人一起为大家解读"知行合一"思想的真谛。

本期节目围绕集中体现王阳明哲学思想的语录体著作《传习录》展开，通过讲述书中最富有特色的"知行合一"思想，传承注重实践、实干兴邦的重要理念，并从王阳明波澜壮阔的人生命运中，感悟"知是行之始，行是知之成"的先贤智慧。《传习录》通行本为3卷，8万余字，成书原因与另一部儒家典籍《论语》非常相似，都是弟子对老师言行、思想的记录和整理。巧的是，《传习录》这一书名也源于《论语》中记载曾子的那句话："吾日三省吾身，为人谋而不忠乎，与朋友交而不信乎，传不习乎。"

浙江大学哲学系教授董平解释："'传'是老师所讲述的内容，还包括事件的处理方式、行为、态度；'习'是实践、行动。所以这句话的意思就是老师所传授给我们的东西，我们有没有时时地去实践、去运用。用'传习'作为书名，我们就可以知道弟子们是想把阳明先生的思想记录下来，不断地将它运用于实践。"

中国历史研究院研究员、明史研究室副主任解扬表示："阳明先生一生都在践行'知行合一'的观念，那么我们今天要怎么理解这句话呢？实践是检验真理的唯一标准，以知促行、以行成知，阳明思想作为中国传统文化的重要组成部分可以帮助我们培养自主意识，肯定自我价值，成为对时代有用的人。"学史力行，行胜于言。无论是对个人还是国家，都应铭记"道不可坐论，德不能空谈，于实处用力"，从"知行合一"上下工夫。唯有如此，才能学以致用、实干兴邦。

中央民族大学历史文化学院教授蒙曼介绍："儒家历来有重视实践的传统，但是在传统思想里头，'知'和'行'往往是作为两件事来看待的，而且多主张知先、行后。王阳明首次把'知行合一'作为一个重要的，而且是系统的哲学命题提了出来，是我们中国哲学史上一次非常了不起的突破和创新。"王阳明生命的最后一刻，弟子问他有何遗言，他回答"此心光明，亦复何言"，坦荡地结束了自己传奇的一生。

（三十一）"'井上哲次郎的儒学研究与近代日本学术生态'研讨会暨'善美原典日本研究文库·井上哲次郎儒学论著选集'新书发布会"在南开大学召开①

2021年10月16日，南开大学日本研究院、南开大学中外文明交叉科

---

① 信息摘录自《"善美原典日本研究文库·井上哲次郎儒学论著选集"新书发布》，南开大学新闻网，2021年10月18日。

学中心和中国社会科学出版社共同主办了"井上哲次郎的儒学研究与近代日本学术生态"研讨会暨"善美原典日本研究文库·井上哲次郎儒学论著选集"新书发布会。南开大学校长曹雪涛，中国社会科学出版社总编辑魏长宝，东北师范大学副校长韩东育出席新书发布会。发布会由教育部国别和区域研究基地日本研究中心主任宋志勇主持。

井上哲次郎（1855—1944）是日本近代哲学史、思想史、教育史、宗教史，乃至文学史上的重要人物，他的思想活动几乎对整个近代日本学术生态的形成产生了重大影响。"善美原典日本研究文库·井上哲次郎儒学论著选集"共4卷，包括井上哲次郎的日本儒学研究"三部曲"——《日本阳明学派之哲学》《日本古学派之哲学》《日本朱子学派之哲学》以及编者新辑的集中反映井上中日儒学研究特色、思想倾向及其生平行履的《儒教中国与日本》。

发布会上，曹雪涛、魏长宝、韩东育、南开大学中外文明交叉科学中心执行主任江沛教授，本文库主编、南开大学日本研究院院长刘岳兵教授共同为"善美原典日本研究文库·井上哲次郎儒学论著选集"揭幕。

曹雪涛在致辞中对文库主编的辛勤付出表示感谢与赞赏。他说，刘岳兵教授面向原典，开展对史料的系统细致研究，既是个人的治学特点，也是南开大学日本研究扎实学风的体现。任何原创性的成果都离不开对原始材料的研读和分析，回归原典、揭示其根本性的原理，是学术创新的正途和关键。这套选集体现了刘岳兵教授开展日本研究的初心，对于深化日本研究具有重要意义。

魏长宝在致辞中说，"善美原典日本研究文库·井上哲次郎儒学论著选集"的出版，有助于我们对日本思想进行客观如实的了解，也有助于我们更加客观深刻地理解中国传统文化，为中国传统文化的现代转化提供借鉴。希望这套选集的出版，能够对东亚儒学在未来世界文化中的地位提供某种借鉴。

韩东育、江沛也纷纷发表致辞，对"善美原典日本研究文库·井上哲次郎儒学论著选集"的出版表示祝贺，并阐释了选集对于开展中国日本儒学研究的积极作用。刘岳兵回顾了自己十多年来对"回归原典，与史料肉搏"的学术理念和方法孜孜以求的历程，并向各界朋友、师长的支持、关心表示感谢。

当天还举行了"井上哲次郎的儒学研究与近代日本学术生态"研讨会。会上，各位专家学者通过线上线下，聚焦"梅田先生和'善美文库'的意义""作为'话语批评'的明治日本朱子学""以近代日本的国家形象建构为中心分析井上哲次郎的'日本儒学'论""井上哲次郎的学术研究""汉学重构""江户儒学与现代日本政治伦理"等主题，发表看法、深入交流。

（三十二）"浙江文化研究工程重大课题'阳明后学年谱系列（第一辑）'开题论证会"在浙江绍兴召开①

2021年10月22日下午，"浙江文化研究工程重大课题'阳明后学年谱系列（第一辑）'开题论证会"在绍兴文理学院召开。绍兴文理学院副校长寿永明、浙江省社科联副主席谢利根出席并致辞。复旦大学教授吴震、何俊，中山大学教授陈立胜，浙江大学教授彭国翔，山东大学教授翟奎凤，浙江省社科院研究员王宇以及承担子课题研究的钱明研究员、姚才刚教授等参加了开题论证会。

寿永明在讲话中代表绍兴文理学院向获得浙江文化研究工程重大课题"阳明后学年谱系列（第一辑）"以及子课题的负责人表示祝贺，向浙江省社科联对绍兴文理学院一直以来的支持表示衷心感谢。他希望各位专家学者畅所欲言、各抒己见，对课题多提中肯意见，课题组要广泛听取建议、博采众家之长，切实做好课题研究工作，提升学术研究水平。

谢利根在致辞中充分肯定了"阳明后学年谱系列（第一辑）"课题对于传承中华优秀传统文化，弘扬浙江阳明学成就，提升浙江文化美誉度的

---

① 信息摘录自《绍兴文理学院举办浙江文化研究工程重大课题〈阳明后学年谱系列（第一辑）〉开题论证会》，凤凰网国学频道，2021年10月24日。

重要意义。他希望绍兴文理学院越文化研究院能够以此为契机，推出一批高质量的学术成果，把"阳明后学年谱系列（第一辑）"打造成为浙学研究、浙江文化研究的一个拳头产品。

"阳明后学年谱系列（第一辑）"项目总负责人、绍兴文理学院越文化研究院执行院长诸凤娟汇报了课题总体设想以及详细的分工情况。各子项目负责人分别汇报各子项目研究计划和进展情况。专家组与课题组进行了讨论交流，对课题设计提出了中肯的评议意见。吴震教授指出，课题立项意义重大，研究思路清晰，框架设计合理，研究方法得当，团队力量较为强大，为完成课题打下了很好的基础。他特别建议，在实际研究中要重视文献版本，要统一各部年谱的体例体裁和行文规范。

（三十三）"崇正书院阳明心学研修会周年庆暨阳明文化专题论坛一周年庆典活动"在南京崇正书院举行①

2021年10月23日下午，"崇正书院阳明心学研修会周年庆暨阳明文化专题论坛一周年庆典活动"在南京崇正书院举行，来自大江南北的60多位首期崇正会会员出席，大家欢聚在具有500多年历史的崇正书院，回顾过去，展望未来，共叙美好愿景。

在周年庆活动中，王阳明第22代孙、中国东方文化研究会阳明文化委员会会长王梅林，被聘为崇正书院阳明心学研修会名誉会长。随后，他为大家作"阳明文化行迹"专题演讲。接着，南京中华中学上新河初级中学校长陈履伟、崇正书院阳明心学研修会会长钱锦国为大家作了"王阳明教育思想的当代价值"与"身心合一的阳明心法"的专题演讲。

据了解，崇正书院阳明心学研修会（简称"崇正会"）自2020年8月29日成立以来，举办各种现场教学、游学等共10期。广大会员通过研读《传习录》，参悟阳明学，倡导身心合一、心事合一、知行合一，受到了阳明思想启迪，净化了身心，光明了心性，受益匪浅。

---

① 信息摘录自《南京崇正书院举行阳明心学研修会周年庆活动》，《江南时报》2021年10月24日。

（三十四）"第三届阳明文化国际论坛暨第二十一届明史国际学术研讨会"在江西龙南举行①

2021年10月23日—25日，由中国明史学会、中共赣州市委宣传部、赣南师范大学主办，中共龙南市委、龙南市人民政府、赣州市社联、中国明史学会王阳明研究分会、赣南师范大学王阳明研究中心承办的"第三届阳明文化国际论坛暨第二十一届明史国际学术研讨会"在江西龙南举行。中共江西省委原常委、宣传部原部长姚亚平，中国明史学会会长陈支平，人民日报社江西分社社长郑少忠，江西省社科联一级巡视员朱民安，赣州市政协副主席孔刃非，赣南师范大学党委书记卢超等领导，以及国内外160多名明史和阳明学专家学者、阳明文化爱好者，以及中央、江西省、赣州市相关新闻媒体嘉宾记者代表出席论坛。

此届论坛包括主旨演讲、分组研讨和实地考察。论坛上，专家学者围绕阳明"致良知"论及其对社会建设之启示、阳明心学的当下传承、王阳明在江西的"三立"与江西对王阳明的纪念，以及王阳明的时代、王阳明在龙南的教化德政等主题做了主旨发言。在分组研讨环节，与会专家学者们对王阳明研究，阳明学研究，明朝政治、经济、民族、人物研究和经济、社会、文献研究四大板块的内容进行了学术交流研讨，共同分享对王阳明、阳明学、明代历史等学术研究成果，台上台下展开互动，现场气氛热烈。研讨会聚焦了阳明文化的当代价值，也深入讨论了龙南阳明文化的内涵特点，并集思广益对龙南开发与利用阳明文化资源提出了宝贵建议。

据了解，龙南阳明文化资源丰富。玉石仙岩保留有王阳明手书其率军在龙南等地平剿"匪患"完整过程的《平浰头碑》；在玉石仙岩逗留期间，王阳明写下的《回军龙南道中短述五首》及发布的《谕俗文四章》《谕龙南乡约一章》《告谕龙南一章》等民风教化文告仍保存完整；南武

---

① 信息摘录自《第三届阳明文化国际论坛 23 日在龙南开幕》，赣州市人民政府官网，2021 年 10 月 18 日；《第三届阳明文化国际论坛暨第二十一届明史国际学术研讨会胜利闭幕》，龙南市人民政府官网，2021 年 10 月 29 日。

当山景区"武当"二字由来、太平桥修建、栗园围成形,均与王阳明有着密切的关系。为营造氛围,龙南市组织开展了阳明主题论文有奖征集、阳明文化专题讲座,出版了《玉石仙岩碑刻集》《王阳明在龙南史料辑录》《第三届阳明文化国际论坛论文汇编》《王阳明在龙南通俗读物》等系列图书。

(三十五)"《山阴光相桥王氏宗谱》圆谱庆典"在浙江绍兴举行[①]

2021年10月25日,浙江绍兴举行"《山阴光相桥王氏宗谱》圆谱庆典",来自杭州、温州、绍兴、重庆的王氏宗亲代表通过祖像重光、擎杯敬酒、恭读祭文等仪式,表达后人对先祖的敬仰。现场,王氏宗亲代表还进行了上新谱、亮谱、阅谱、传谱等环节。

王阳明是明代著名的思想家、哲学家,绍兴是王阳明的故乡和心学发源地、成熟地、传播地。王阳明的父亲王华从余姚秘图山迁居至山阴光相坊后,虽编纂过相关族谱、宗谱,但失传已久。2019年纪念王阳明先生逝世490周年时,《山阴光相桥王氏宗谱》续修委员会正式成立。两年多来,宗谱编写小组成员查阅历史档案,开展田野调查,还多次赴北京、重庆、山东、贵州等地考察王阳明后裔的相关遗址,走访王氏后人,甄别史料、确认史实。

修谱是一项复杂的系统工程。绍兴市家谱协会会长郭欢裕介绍,这本家谱核心记载了王华在明成化十七年(1481)中进士以后,子孙后代在绍兴繁衍生息的情况。据了解,其后裔们一直生活在绍兴光相桥,到目前为止共繁衍了19世,且不乏历代名人。而此次《山阴光相桥王氏宗谱》的圆成,也将为绍兴进一步建设"心学圣地"打下坚实基础。绍兴市王阳明研究会会长张校军表示:"我们把阳明先生后裔的整个家谱修起来,主要目

---

① 信息摘录自《〈山阴光相桥王氏宗谱〉正式圆谱 后人修谱弘扬阳明文化》,中国新闻网,2021年10月25日。

的是更好地传承和弘扬'阳明心学''阳明文化',进一步推动绍兴成为'阳明心学'的传播之地、心学之城。"

(三十六)"赣南师范大学王阳明研究中心基地建设专家咨询会"在赣南师范大学召开

2021年10月26日,为进一步加强赣南师范大学王阳明研究中心基地建设,提升基地研究的学术水平和服务质量,召开了"赣南师范大学王阳明研究中心基地建设专家咨询会"。中国明史学会副会长兼秘书长张宪博,副会长高寿仙、张金奎、陈时龙,副秘书长解扬,秘书秦博等6位专家学者受邀与会。赣南师范大学校长助理曹高辉,校科研处、历史文化与旅游学院负责人以及王阳明研究中心全体研究人员参加会议。会议由赣南师范大学王阳明研究中心主任李晓方主持。

会上,校长助理曹高辉代表赣南师范大学致辞,王阳明研究中心副主任陈涛介绍了基地建设和发展情况。张宪博代表中国明史学会对中心在赣州召开的历届"阳明文化国际论坛"中的会务工作给予了高度评价。他指出,新时代的王阳明研究大有可为,许多问题还有待深入研讨;中心的建设正逢其时,中国明史学会将一如既往地支持中心的建设和发展,希望中心立足赣南,面向全国,回应现实关切,引领和带动国内的王阳明研究不断走向深入。高寿仙、张金奎、陈时龙、解扬、秦博分别就课题申报、成果发表、人才培养、服务社会等问题进行精心指导,提出一系列有针对性的意见和建议。

校长助理曹高辉在总结发言中向建言献策的各位专家表示感谢,并代表学校向陈时龙、解扬颁发了中心客座研究员聘书。李晓方表示,中心将认真梳理和吸纳各位专家提出的意见和建议,进一步完善基地建设方案,努力提升研究成果质量,为推进王阳明研究相关工作贡献力量。

（三十七）"宁波市阳明文化海外传习基地揭牌仪式暨合作签约活动"在浙江余姚举行[①]

2021年10月26日，由宁波市委统战部主办、余姚市委统战部承办的"宁波市阳明文化海外传习基地揭牌仪式暨合作签约活动"在浙江余姚举行。余姚市委常委、统战部部长蒋士勇参加了活动。

现场还举行了宁波市阳明文化海外传习基地与宁波理查德文化创意有限公司、宁波天一文化有限公司、余姚市杰盛兄弟影视文化传媒有限公司等5家单位的战略合作签约仪式。接下来，各合作单位将与基地携手合作、共同前行，利用各自领域的资源帮助基地创作出更多富有余姚历史文化的精品，为阳明文化的发掘、传承和运用贡献更多力量。

据悉，宁波市阳明文化海外传习基地总占地面积600余平方米，由"公共大厅＋主题文化展示区""图书驿站＋多功能互动区""直播间＋主题摄影棚"三大功能区块组成。宁波市阳明文化海外传习基地作为余姚市对外文化交流与宣传的平台，是阳明文化与统战工作的一次有机结合，也是海外侨团侨领、华裔青少年了解余姚、熟悉中华优秀传统文化的重要窗口。

（三十八）"《山阴光相桥王氏宗谱》首发及赠书仪式"在浙江绍兴举行[②]

2021年10月29日下午，"《山阴光相桥王氏宗谱》首发及赠书仪式"在绍兴饭店举行。绍兴市政协党组副书记、副主席冯建荣，绍兴市委宣传部副部长、市文旅局局长何俊杰，绍兴市委宣传部常务副部长石剑晗等受邀与会。首发仪式上，绍兴市王阳明研究会会长张校军介绍了《山阴光相桥王氏宗谱》的编撰、出版情况。冯建荣对研究会的工作给予了高度肯定。

---

① 信息来源于《宁波市阳明文化海外传习基地在姚成立》，余姚新闻网，2021年10月27日。

② 信息来源于《〈山阴光相桥王氏宗谱〉昨首发 阳明心学研究领域取得又一重大成果》，《绍兴日报》2021年10月30日。

　　《山阴光相桥王氏宗谱》被分批捐赠给宁波天一阁博物院、余姚市图书馆、绍兴图书馆、越城区图书馆、柯桥区图书馆、上虞区图书馆、绍兴文理学院图书馆、绍兴文理学院王阳明研究中心、绍兴职业技术学院阳明学院、浙江工业职业技术学院、绍兴市阳明中学代表、绍兴市阳明小学。

　　张校军在赠书仪式上表示，自2017年以来，绍兴市委、市政府十分重视王阳明在绍兴的文化遗迹保护，设立了"王阳明在绍兴"纪念馆，花巨资开展阳明故居的保护改造工程，修建了阳明洞天景区，拓展了兰亭阳明墓园，发动市内外专家学者研究阳明心学，举办中国阳明心学高峰论坛，绍兴市王阳明研究会也应运而生。王阳明研究会自成立以后，大力推动研究阳明文化，出版了《王阳明在浙江》《名世真才王阳明》等专著。开展了阳明文化进学校、进机关、进企业、进社区、进农村的五进活动。同时，开展了王阳明家世、家谱的研究工作。2018年为配合王阳明故居的保护改造工作，绍兴市王阳明研究会组织力量对面临征迁的王阳明故居原住民进行田野调查，抢救历史记忆。在对王阳明故居原住民进行访谈调查后发现，他们对王阳明故居的历史变迁、王阳明后裔的传承脉络不是很清晰，尤其缺乏王阳明后裔的家传资料。征迁后的王阳明故居原住民将分散各地，尤其是一些知情人老去后就更难以挖掘他们的记忆。为此，绍兴市王阳明研究会决定启动王阳明家谱的编修工作，具体做了四方面的努力：一是设立课题、成立组织。在研究会内部，成立了"王阳明宗谱课题组"，负责策划运筹、考证研究。二是进行了广泛深入的调查考证。三是开展系列活动，全面展开修谱工作。2019年5月17日，"《山阴光相桥王氏宗谱》续修启动仪式"在绍兴饭店举行。2020年10月11日，"《山阴光相桥王氏宗谱》续修编纂工作学术研讨会"在绍兴国际大酒店举行。2021年3月21日，"绍兴市《山阴光相桥王氏宗谱》修谱开局仪式"在王阳明故居观象台隆重举行。2021年5月29日，《山阴光相桥王氏宗谱》续修委员会在炉峰禅寺召开《山阴光相桥王氏宗谱》编修小组全体会议。2021年7月3日，"《山阴光相桥王氏宗谱》修谱成果专家意见征求会"在炉峰禅寺举行。四是开展编撰、出版工作。

（三十九）"2021阳明心学大会"在浙江绍兴举行①

2021年10月29日—31日，绍兴市人民政府、国际儒学联合会、中国哲学史学会联合主办的主题为"阳明心学与东亚文化"的"2021阳明心学大会"在浙江绍兴举行。国际儒学联合会会长刘延东发来贺函，国际儒学联合会副会长舒大刚现场宣读贺函，中国哲学史学会会长陈来作视频致辞，绍兴市委书记马卫光，浙江省委宣传部副部长、省社科联主席盛世豪，贵州省修文县委常委、宣传部部长唐开文分别致辞，绍兴市委副书记、市长盛阅春主持大会。

刘延东在贺函中指出，王阳明是中国古代重要的哲学家、思想家，阳明心学对中华传统文化的发展具有深远影响。绍兴作为阳明故乡，这些年来大力加强阳明文化有关遗迹遗存的保护利用，举办阳明心学大会及高峰论坛等高水平活动，为全国阳明文化的研究传承、普及弘扬起到了重要作用。

马卫光介绍，绍兴是阳明先生出生之府、成长之地和归宿之所，也是阳明心学发端地、成熟地和传播地。绍兴把传承弘扬阳明文化作为推进新时代文化绍兴工程的重要内容，深入实施"王阳明文化传承保护发展概念性规划"，加强"阳明遗迹群"的考古发掘和保护利用，支持阳明心学重大学术课题研究等，更好地把以阳明文化为代表的"中国智慧"发扬光大、推向世界。

盛世豪认为，王阳明是浙东学派重要代表人物，阳明文化是中华优秀文化的典范。当前，围绕社会主义现代化先行省和共同富裕示范区目标，浙江正加快打造新时代文化高地，其中要深入推进"文化基因解码工程"，加强浙东学派的研究转化。各地要找准传统文化和现代生活的连接点，结

---

① 信息来源于《共话阳明心学与东亚文化，2021 阳明心学大会浙江绍兴启幕》，光明日报客户端，2021 年 11 月 1 日；《听！2021 阳明心学大会上的"文旅声音"》，《信息新报》2021 年 11 月 2 日；《阳明心学如何助力共同富裕 绍兴这场论坛干货满满》，浙江新闻客户端，2021 年 11 月 1 日；《从东亚视角看阳明心学——2021 阳明心学大会分论坛天泉会讲侧记》，《绍兴日报》2021 年 11 月 1 日；《学校举办"第二届全国大学生知行合一传习论坛"》，绍兴文理学院官网，2021 年 11 月 1 日。

合大众习惯，积极运用科技手段，丰富阳明文化的现代化表达、艺术化呈现。他还希望绍兴能在阳明文化的传承弘扬中做表率，系统性加强阳明文化遗迹遗址保护，让民众在走向共同富裕的道路上实现精神富有。

据史料记载，王阳明一生至少到过今中国15个省区市。其在世时，阳明学已传入韩国，之后又在日本、古代琉球、越南以及新加坡等东亚国家传播，影响深远。为更好地弘扬阳明精神，追寻阳明足迹，开幕式上，"东亚阳明文化旅游地图"以动画形式首次发布。来自国内的阳明学著名专家以主旨演讲、稽山论道等形式，以东亚文化共性为视点，结合阳明心学等儒家文化，探讨东亚文化一体化构建，共话阳明心学与东亚文化。2022年是阳明先生诞辰550周年，也是中日邦交正常化50周年、中韩建交30周年。在开幕式上，国际儒学联合会与绍兴市共同发布于2022年举办"阳明先生诞辰550周年系列纪念活动"。

为配合"2021阳明心学大会"的召开，绍兴还举办了"阳明文化周"系列活动。具体内容有：阳明文化标识建设数字展示（阳明心学文献数字、阳明文化基因解码综合数据、阳明行迹地、阳明心学典籍、遗墨——王阳明存世书法数字展等）；阳明心学书籍展；"阳明文化·美好生活"展（阳明非遗创作、全国阳明诗词拓片、阳明文创等）等系列活动。

如何继承阳明心学的优秀思想精髓，把它活化应用，真正落实到老百姓的日常生活中，成为与会的专家学者共同思考的主题。为此，"2021阳明心学大会"同时举行了四个"分论坛"。

（1）"东亚文化之都与阳明心学暨阳明文化标识建设成果分享"分论坛。

2021年10月30日下午，"东亚文化之都与阳明心学暨阳明文化标识建设成果共享"论坛举办。浙江省文化和旅游厅副厅长朱海闵，绍兴市副市长胡敏，浙江省文化和旅游厅公共服务处处长仲建忠，绍兴市委宣传部副部长、市文化广电旅游局局长何俊杰，绍兴市文化广电旅游局副局长葛建民、潘永松等嘉宾以及阳明学爱好者、绍兴市文旅系统工作者、浙江越秀外国语学院学生和媒体代表等出席活动。

胡敏致欢迎辞，向与会学者和嘉宾介绍绍兴当选"东亚文化之都"一年来策划推出的系列文化活动和重大交流活动，充分植入阳明文化、彰显城市特色、大力推进阳明故居投资建设等，指出本次论坛是从东亚文化之都的视角来全面解读阳明心学、深入交流阳明心学、同心传承阳明心学，对促进落实阳明文化标识建设成果共享，意义重大、影响深远。

朱海闵肯定了绍兴市在高质量解码阳明文化基因、高水平建设阳明文化标识过程中积极作为、勇于创新，对标对表、真抓实干的工作作风和取得的显著成效，为浙江省文化基因解码工作提供了"绍兴智慧"和"绍兴经验"。她指出，阳明文化的建设与共享，对于健全高品质精神文化服务体系，推进文旅融合，打造特色文化创新高地以及助力共同富裕，都具有重要意义。

在主旨演讲环节，浙江理工大学外国语学院副院长文炳作"当代日韩阳明学者访谈录"主旨演讲，分享王阳明思想在日韩的传播脉络、研究现状、学术走向和对外交流等。绍兴市委宣传部副部长、市文化广电旅游局局长何俊杰作"数字赋能阳明文化标识，助力阳明文化走进寻常百姓家"演讲，介绍绍兴市文化广电旅游局实施"文化基因解码工程"支撑阳明文化标识建设，运用"数字化改革技术"赋能阳明文化标识打造，结合"东亚文化之都"建设，助推阳明文化迈向国际化等有效举措。余姚书画院副院长、王阳明法书文献研究院院长计文渊带来"依旧青天此月明——论王阳明法书真伪鉴定"演讲，带领现场学者和嘉宾走近王阳明"艺道合一"的法书视界。绍兴市文化旅游集团有限公司副总经理，绍兴市阳明故里开发建设有限公司董事长、总经理胡坚锋与大家分享"打造溶融阳明文化历史风貌街区的思考"，展示绍兴对阳明文化核心区，如阳明故居、纪念馆、阳明广场等建筑的复原保护与规划设计。

现场还举行了"阳明文化LOGO"发布仪式与"阳明遗迹重要联盟地"成立仪式。"阳明文化LOGO"标识整体突显一个"心"字，寓意心学；圆形的设计，为明月之形，彰显"吾心光明"之意；背景为波纹状，如山似水，表达心潮澎湃，传递心之力量；主色为赪霞色，与朝阳和初月之色相近，传递出心学的明亮温暖与健康活力。活动现场，绍兴、余姚、贵阳、赣州四地通过线上线下的方式共同签署"阳明遗迹重要地联盟"绍兴倡议书，成立"阳明遗迹重要地联盟"。四地将通过深入对话、深化共享与务实合作，以加强城市间合作，互学互鉴、互通互融，协力推动阳明遗迹的保存保护、转化利用和传播服务，更好地承继、践行、弘扬阳明文化。

最后，绍兴市3项国家级非物质文化遗产代表性项目，联袂为现场嘉宾呈现了一台精彩的阳明主题文艺演出，分别是绍兴市阳明小学的同学们带来的绍兴童谣《吾心光明》、绍兴地方曲艺青年传人带来的绍兴平湖调《天泉证道》、绍兴小百花越剧团带来的越剧《阳明洞天》，赢得了现场来宾的热烈掌声。

（2）"天泉会讲——东亚世界的阳明后学研究（国际）"分论坛。

2021年10月30日下午—31日上午，"天泉会讲——东亚世界的阳明后学研究（国际）"分论坛举行，来自国外及港台地区的专家学者通过视频与内地的阳明学专家线上线下互动，共论阳明后学。

分论坛召集人、浙江省稽山王阳明研究院副院长钱明对"阳明学"概念何时提出，怎样被东亚世界接受，以及"阳明学"之称如何从一个近世术语演变为近代概念等一系列问题，做了区域思想史的呈现、解读与比较，得出结论："阳明学"从16世纪开始传入东亚诸国，是中华思想文化向外传播的最具典型意义的成果范例之一。

日本北海道大学文学部教授佐藤炼太郎认为，王阳明生前便与日本僧人有所接触，阳明学在日本也得到了较好的传播和发展，甚至深刻影响了其近代化进程。阳明学是体验的哲学，与日本人的思维习惯较为契合。心学的传播为瓦解日本封建体制的倒幕运动做了充分的思想和舆论上的准备。阳明心学的方法论和世界观让当时日本有识之士看到了希望，在一定程度上推动了日本走向近代化。

佐藤炼太郎的这一观点，得到了在场其他专家的认同。武汉大学哲学学院博士陈晓杰指出，明治元勋伊藤博文、西乡隆盛受心学的影响，直接提倡民权、民主、废藩置县，为日本资本主义萌芽奠定了基础。阳明学在日本发展史历经近500年，融合了日本文化，发展出极具日本民族色彩的"日本阳明学"一脉，在日本阳明学的大旗下，无数维新志士发起热血沸腾的倒幕运动、明治维新，使日本一跃成为亚洲强国。

与日本阳明学的繁荣不同，阳明心学在朝鲜则一直受到官方朱子学的打压和排斥，其传播和发展也呈现出自己的特点。研讨会现场，不少学者对此进行了深刻剖析。中山大学副研究员赵甜甜从朝鲜对阳明学的态度入手，认为其排斥态度来源于朝廷长期形成的"尊朱抑王"风气。尽管如此，在阳明学传入朝鲜后，朝鲜学者发现中国学者对阳明学有不同的理解和阐释，双方就此展开了激烈辩论，在这一过程中，阳明学被更多人知晓。

对此，大多数学者认为，阳明心学对朝鲜、韩国近代社会变革起到了积极作用。延边大学人文社会科学学院教授李红军多年来专注于研究阳明学在朝鲜的发展过程，他认为通过辩论与交流，朝鲜儒臣有机会走出朱子官学体制，接触不同的阳明学文化。李氏朝鲜后期，朱子学者在思辨上陷入瓶颈，阳明心学中的"利用""厚生"等致用之实学，使得朝鲜儒臣萌生出符合社会发展潮流的新意识。

韩国岭南大学教授崔在穆认为，阳明心学的影响力毋庸置疑，其在世界各地的发展演变也让人欣喜，希望未来东亚各国能通过对阳明心学的研究，联系得更加紧密。

（3）"阳明心学与共同富裕"分论坛。

2021年10月31日上午，"阳明心学与共同富裕"分论坛在绍兴饭店举行。共同富裕是社会主义的本质要求，是我国现代化的重要特征。如何将阳明心学的思想精髓，运用到浙江高质量发展建设共同富裕示范区的工作中去，发挥强大的精神力量，是一个重要课题。来自全国的专家学者齐聚一堂，围绕这一话题抒发独到的观点，展开热烈的讨论。

论坛分为主题演讲和主旨对话两个篇章。在主题演讲环节，华东师范大学哲学系教授陈卫平，浙江省公共政策研究院执行院长金雪军，北京大鸢翔宇慈善基金会理事长沈清，贵州省社科联副主席、贵阳学院副校长汪建初发表了精彩演讲。

　　陈卫平教授通过对孔子、孟子、王阳明等12位古代先贤的思想进行梳理，提出共同富裕是华夏子孙自古以来的理想和追求，是对中华民族优秀传统文化的继承发展。共同富裕的理念和王阳明"万物一体""致良知"等思想一脉相承，让我们从传统文化中找到了共同富裕的理论源泉。金雪军院长则围绕"'共同富裕'与公共政策创新"这一主题，从共同富裕的基本目标、基本内容、基本路径、公共政策创新等四个方面阐述了浙江作为全国第一个共同富裕示范区的内核所在。沈清理事长以"老一辈革命家的愿景与大鸾翔宇的实践"为题，讲述了老一辈革命家关于中华崛起与腾飞、民族解放、国家强盛、人民安康的初心，总结了大鸾翔宇慈善基金会为传承弘扬老一辈革命家的初心以及献福祉于民众所做的一系列工作，并衷心希望在阳明心学的指引下，与更多的社会爱心人士为公益事业做出奉献，始终坚持知行合一、为民谋利的良知精神，为实现共同富裕贡献一份力量。汪建初教授以"'大人'思想与'大同'理想"为题进行主题演讲，让我们明白共同富裕就是"大同"理想，"第三次分配"就是"大人"思维。

　　在主旨对话环节，5位嘉宾围绕"继承阳明心学思想精髓，活化并切实应用到生活中，让老百姓真正富起来"的中心话题，发表了各自的看法。绍兴市上虞区陈溪乡党委副书记、乡长蔡明认为，要履行阳明先生"知行合一"的观念，要在文旅发展推动共同富裕上做好文章，把阳明游学线路做精做细，打造特色游学产业。浙江米果果生态农业集团有限公司董事长陈照米分享了自己帮助当地百姓走向富裕的创业经历，认为一个人要有信念和梦想，并且积极践行"知行合一"的理念才能走向成功。瑞丰银行党委书记、董事长章伟东认为，知行合一是促进共同富裕的基础。首先要"知"，对银行的责任使命要有认知；之后是"行"，履行好社会责任，为实现百姓的共同富裕承担自己的责任。浙江省微笑明天慈善基金会理事长吴伟解释了"第三次分配"的含义，将阳明心学"知行合一"思想与慈善事业相结合。浙江省稽山王阳明研究院执行院长潘建国认为，要做好文化的传播工作，解决我们"心灵富裕"的问题。

（4）"第二届全国大学生知行合一传习论坛"。

2021年10月30日下午，"2021阳明心学大会"四个分论坛之一，由"2021阳明心学大会"组委会和绍兴文理学院主办的"思想与文学：走进王阳明的精神世界——第二届全国大学生知行合一传习论坛"在绍兴咸亨大酒店举行。绍兴文理学院党委书记汪俊昌、绍兴市委宣传部常务副部长石剑晗出席开幕式并致辞。绍兴文理学院副校长寿永明主持论坛开幕式。绍兴文理学院相关学院、部门负责人和来自全国的专家学者、学生代表、媒体记者参加开幕式。

石剑晗在致辞中指出，绍兴是王阳明心学的发源之地与成熟之地。近年来，绍兴市委市政府自觉承担起"为往圣继绝学"的责任使命，从保护传承、教育普及以及学术研究等方面开展阳明文化的挖掘、研究与弘扬传播，并取得瞩目的成效。石剑晗希望"全国大学生知行合一传习论坛"作为"2021阳明心学大会"的分论坛之一，能为阳明心学研究注入青春的活力，使阳明文化资源"活起来"，让阳明思想在当代青年大学生中延绵传承。

汪俊昌指出，绍兴文理学院在研究和传播阳明心学、阳明文化方面高度自觉，先后成立了绍兴市王阳明研究院、绍兴文理学院王阳明研究中心等平台机构，主动服务阳明心学研究和"阳明心学高峰论坛"等重大学术活动。学校还组织学生积极参与阳明心学的研习和阳明文化的传播，成立了全国大学生王阳明研究论坛联盟和绍兴文理学院阳明剧社，构建了"研、创、演、评"四位一体的阳明文化实践育人体系。举办本次论坛，旨在进一步挖掘阳明心学的丰富内涵和时代意义，推动阳明文化的创造性转化和创新性发展，推进知行合一思想在当代大学生群体中的传承。

会上举行了"全国大学生阳明文化传承基地"成立授牌仪式。基地为全国大学生从事王阳明的研究与交流搭建一个联络平台，也为更好地在大学生群体中推进阳明文化传播提供了一个新载体。绍兴文理学院人文学院党委书记高利华就论坛筹备工作做说明。专家代表、杭州师范大学人文学院教授史光辉和学生代表、南京大学哲学系博士钟纯分别作主题发言。

现场还举办了首届全国大学生"阳明诵"大赛决赛，来自10所高校的30余名学生通过线上线下分别进行了展示。他们有的声情并茂地表达了对阳明先生的崇敬，有的则还原场景为观众演绎了阳明先生跌宕起伏的一生。

主题发言环节，来自不同学校不同专业的5名大学生逐一"论道"，围绕"思想世界中的王阳明"和"文学世界中的王阳明"两大主题，发掘阳明心学内涵，探究如何让阳明文化资源"活起来"。活动期间，与会代表还围绕王阳明的心学思想和诗文作品、阳明学以及王阳明题材的文学创作等内容展开了交流研讨。

据悉，本次"全国大学生知行合一传习论坛"共收到全国19个省市45所高校126篇论文，其中博士生论文21篇、硕士生论文54篇、本科生论文51篇。与上一届相比，博士生和硕士生参与的数量有很大提高。参会论文涉及王阳明心学思想研究、王阳明诗文创作研究、王阳明题材戏剧研究、王阳明题材小说研究、王阳明文学传记研究、阳明后学研究以及阳明文化传播研究等，体现了文、史、哲各专业的打通和覆盖。

（四十）"电视剧《阳明传》启动仪式"在浙江余姚王阳明故居启动[①]

2021年10月30日下午，作为"2021宁波（余姚）阳明文化周"的重要活动之一，"电视剧《阳明传》启动仪式"在浙江余姚王阳明故居启动。浙江省委宣传部副部长、省电影局局长葛学斌，宁波市委宣传部相关负责人，余姚市委副书记、市长徐云，余姚市委常委、宣传部部长王娇俐，《阳明传》的出品方及剧组主创人员等参加启动仪式。

《阳明传》由国家一级编剧、中国电视剧编剧委员会会长刘和平任文学顾问，申捷编剧，张永新导演，陈三俊和吴家平担任总制片人，将以王阳明先生的人生轨迹为载体，以悟道传学为魂，全景展现王阳明集立德、

---

① 信息来源于《电视剧〈阳明传〉在宁波余姚王阳明故居举行启动仪式》，中国日报网，2021年11月1日。

立功、立言、立身于一体,"此心光明"的一生。

葛学斌表示,王阳明是浙江最富有独特魅力、最有意义和价值的历史人物,是浙江最值得创作的人物。创作电视剧《阳明传》是个巨大的挑战,但浙江要迎难而上,要有走出国门的艺术追求,要以锲而不舍的精神创作精品。早在2019年12月,浙江省委宣传部牵头宁波影视、佳平影业、余姚开投蓝城、浙江省文投等省内精干力量投入创作,并很快确定由著名编剧申捷负责本剧剧本创作。

电视剧《阳明传》文学顾问刘和平说,王阳明先生是"真三不朽伟人",用文艺作品来表现也有个"三",即思想性、艺术性和观赏性,我们要用这"三个性"来表现好王阳明先生这一生的"三不朽"。

申捷的代表作品有《鸡毛飞上天》《白鹿原》《在远方》《重案六组》等,曾揽获飞天奖"优秀编剧"、金鹰奖"最佳编剧"等荣誉,同时他也是王阳明先生的倾慕者、研学者和实践者。他在启动仪式上谦虚地表示:"《阳明传》剧本分集大纲,也是我的王阳明学习笔记。"

此外,启动仪式上还发布了"阳明文化研学线路",举行了"与光同行·重走阳明路"出征授旗仪式,申捷受聘为"阳明文化研学线路推广大使"。

据悉,作为阳明故里,近年来,余姚市以高度的文化自觉深入挖掘阳明文化这一精神富矿,着力推动阳明文化创造性转化和创新性发展,在打造阳明文化精品力作上取得了一些成果。电视剧《阳明传》的启动,为阳明文化传播创造了一个重量级的有力载体,为余姚市的阳明文艺精品创作开辟了新境界,必将打造成为全景展现阳明先生辉煌一生的鸿篇巨作,彰显知行合一的文化自信、抒发鞠躬尽瘁的为民情怀,为余姚建设共同富裕先行地、宁波的港城文化繁荣和浙江新时代文化高地建设添上浓重一笔。

（四十一）"阳明心学与干部心理健康专家研讨会"在浙江余姚举办[1]

2021年10月30日下午，由余姚市委组织部、市委党校、市社会科学界联合会主办的"阳明心学与干部心理健康专家研讨会"在浙江余姚举办。宁波市委组织部副部长何慧刚，余姚市委常委、组织部部长林伟出席研讨会。

研讨会上，中国社科院心理研究所研究员、中国心理学会心理危机干预工作委员会主任刘正奎，中国科学院心理研究所研究员、青少年人格与健康促进中心主任、国际EAP协会中国分会副主席史占彪等10位心理学和阳明心学方面的专家学者被聘请为余姚市干部心理健康专家。他们将在传承阳明心学精髓的同时，赋能余姚干部心理成长落地服务工作。相关专家围绕"干部心理素养提升与心理健康促进""焦点解决与阳明心学的融合及本土化应用发展""挖掘阳明心学资源，提升干部心理素质"等内容作了主题报告并进行现场对话，为余姚市广大干部如何从阳明心学中汲取能量，保持心理健康、提升心理素质指明了方向。

加强干部心理关爱，提升干部心理素质，既是干部为事业担当、组织为干部担当的生动实践，也是推动干部工作系统性重塑的务实举措。近年来，余姚市委组织部主动作为、积极创新，与中国社科院心理研究所深度合作，以阳明心学为切入点，在融合运用传统文化、中医理论等方面，做了很多有益探索，干部认可度、参与度显著提升，心理健康得到有效呵护，心理赋能成效初步显现，对助推高素质专业化干部队伍建设产生了积极影响。

---

[1] 信息来源于《我市举行阳明心学与干部心理健康专家研讨会》，余姚新闻网，2021年10月30日。

（四十二）"纪念王阳明诞辰549周年礼贤典礼暨2021宁波（余姚）阳明文化周开幕式"在浙江余姚王阳明故居广场举行①

2021年10月31日是王阳明先生诞辰549周年纪念日。当天上午，以"阳明故里·明理力行"为主题的"纪念王阳明诞辰549周年礼贤典礼暨2021宁波（余姚）阳明文化周开幕式"在浙江余姚王阳明故居广场举行。中宣部原常务副部长龚心瀚宣布开幕。

浙江省委宣传部副部长、省社科联主席盛世豪，浙江省委统战部原副部长、浙江中华文化海外传播促进会会长蒋学基，宁波市副市长许亚南，浙江省儒学学会会长吴光，江西省王阳明研究会会长赖功欧，赣南师范大学国学研究院院长周建华，上海交通大学特聘教授杜保瑞，浙江贞观堂、袁嘉琪美术馆董事长郑良，国家一级美术师、湖北绿松石雕非遗传承人袁嘉琪等有关领导专家，余姚市领导奚明、徐云、诸晓蓓、陈长锋、王娇俐、蒋士勇、王安静，宁波市宣传文化系统有关部门领导，江西、贵州、福建、湖南、广东、广西、安徽、河南等王阳明史迹地的领导嘉宾等出席开幕式。

盛世豪在致辞时说，王阳明是浙东学派的重要代表人物，他所创立的阳明心学是中国思想文化史上的重要学说之一，是中华优秀传统文化的典范，有着重大的理论价值、历史价值和实践价值。当前，浙江正扎实推进高质量发展建设共同富裕示范区，一方面，要把以阳明文化为代表的中华优秀传统文化打造成为鲜明的文化标识，成为扎实推动共同富裕的重要内容、重要支点；另一方面，也要不断从中汲取智慧和力量，以勇立潮头的排头兵姿态当好中华优秀传统文化的守护者、传承者，成为创造性转化、创新性发展的探路者、先行者，不断为高质量发展建设共同富裕示范区增

---

① 信息来源于《王阳明先生诞辰549周年　2021宁波（余姚）阳明文化周开幕》，央广网，2021年10月31日；《纪念王阳明诞辰549周年　余姚隆重举办阳明文化周活动》，人民论坛网，2021年11月1日。

添思想张力、精神动力。余姚作为王阳明的出生地，始终坚守延续历史文脉、弘扬传统文化的职责，自觉将阳明文化融入城市血脉，取得了不俗的成绩。希望大家能再接再厉，进一步强化研究保护工作，进一步强化融入转化工作，在传承弘扬阳明文化上继续走在前、作表率，擦亮这张金名片。他恳请广大专家学者朋友，一如既往地关注和支持浙江文化发展，为浙江深入实施新时代文化浙江工程、努力打造新时代文化高地提供更多的指导和支持。

许亚南在致辞中说，当前，宁波开启了加快建设现代化滨海大都市、高质量发展建设共同富裕先行市的新征程，需要发挥文化铸魂、塑形、赋能的强大功能。阳明文化作为先哲智慧积淀的重要代表，具有十分重要的人文内涵和时代价值，必能在此过程中发挥更加积极的作用。我们将深入学习领会习近平总书记关于弘扬中华优秀传统文化的重要指示精神，认真贯彻省委省政府有关文化工作的各项决策部署，进一步挖掘阳明文化的精神内核，传承"知行合一、明理力行"的思想精髓，努力打造阳明文化创造性转化与创新性发展的时代高地，谋深谋实"港产城文"融合发展的实践路径，真正使阳明文化成为宁波人民的精神坐标，成为塑造城市灵魂、提升城市实力、扩大城市影响的助推器，为"重要窗口"建设和文化强市、强省建设注入更加持久的动力，为宁波乃至浙江高质量发展提供更加强大的文化支撑。希望各位领导、各位专家多为宁波弘扬、转化阳明文化献计献策，为传承、发展中华优秀传统文化贡献智慧力量，使阳明文化在宁波大地散发出更加耀眼的良知之光、求实之光、思想之光。

奚明在致辞时，首先向各位领导、专家、嘉宾的到来表示欢迎，对大家一直以来对余姚的关心支持表示感谢。他说，余姚是一座历史文化与现代文明交相辉映的城市，文脉悠长、硕儒辈出，王阳明先生就是其中的杰出代表，阳明先生创立的阳明心学是中国传统文化的精华。近年来，余姚市始终坚持把先生思想浸润到经济社会发展的方方面面，让阳明文化超越时空的独特魅力和时代价值得到充分彰显，为余姚高质量发展建设共同富裕先行地注入了强大精神动能。余姚作为阳明先生的出生地和成长地，有责任、有义务也有条件把阳明文化研究好、传承好、发扬好，将"阳明故里"这张金名片擦得更亮。我们将深入贯彻落实习近平总书记关于文化建设的重要论述精神，坚持以文铸魂、以文育人、以文兴业，深学笃用阳明思想，高标准打造心学圣地，努力让"阳明故里"成为宁波、浙江、全国一张最闪亮的名片、一个最鲜明的标识，为浙江、宁波建设共同富裕示范区、先行市贡献余姚文化力量。

开幕式上，举行了敬献花篮、整理敬联仪式，全体来宾向王阳明先生像行鞠躬礼；举行了礼贤仪典主题诗颂和玉雕"大儒王阳明"捐赠仪式。浙江中华文化海外传播促进会"阳明文化传习基地"授牌仪式同时举行。开幕式上，还面向全球发布了"纪念王阳明诞辰550周年活动创意征集令"。

据悉，"2021宁波（余姚）阳明文化周"由宁波市委、宁波市人民政府主办，宁波市委宣传部、宁波市社科院（市社科联）、余姚市委、余姚市人民政府承办，余姚市委宣传部、余姚市文化和广电旅游体育局、余姚市社会科学界联合会为总执行承办单位。活动旨在打造传承阳明文化、弘扬传统文化的高地，为宁波高质量发展建设共同富裕先行地提供文化支撑和精神动力。

"2021宁波（余姚）阳明文化周"精心设计了一系列丰富多彩的活动，包括中天阁论道："知行合一 明理力行——阳明文化成果转化案例分享会"、"阳明心学与宁波人的精神气质"研讨会、"阳明故里 心学圣地"形象短视频传播、"阳明文化六进"活动、"同擎心灯 共启心路"全国阳明史迹保护研究联盟第二次联盟大会暨阳明文化研学线路研讨活动、王阳明经典名言篆刻展等。通过活动的集中开展，进一步树立和展示宁波余姚 "阳明故里 心学圣地"的城市文化形象和文化品牌，让王阳明"致良知""知行合一"等思想精髓更加深刻地融入宁波（余姚）市民群众的思想，成为"阳明故里"最亮的人文底色。

（四十三）"中天阁论道：知行合一　明理力行——阳明文化成果转化案例分享会"在浙江余姚举行[①]

2021年10月31日上午，"中天阁论道：知行合一　明理力行——阳明文化成果转化案例分享会"作为"2021宁波（余姚）阳明文化周"一项重要活动在浙江余姚举行。

浙江省委宣传部副部长、省社科联主席盛世豪，浙江省社会科学院哲学所研究员、省儒学学会会长吴光，江西省社会科学院哲学所原所长、江西省王阳明研究会会长赖功欧，上海交通大学特聘教授杜保瑞，浙江省社会科学院哲学所副所长张宏敏，宁波市王阳明研究促进会秘书长郭美星等有关领导专家，余姚市领导陈长锋、王娇俐等出席分享会。

余姚作为阳明故里，深入学习贯彻习近平总书记关于文化建设的重要论述精神，既抓有形的遗迹修缮、活动推广，又抓无形的内涵挖掘、文化传承，涌现出一些关于阳明文化成果转化的优秀案例。分享会上，阳明心学专家和基层干部及教育界、企业界代表通过访谈形式，交流分享以心育人、以文兴业、以德润心等三方面的代表性案例，探讨阳明文化的当代价值和现实意义，生动展示阳明文化在推进经济社会高质量发展方面的积极作用，共同推动阳明文化创造性转化、创新性发展取得新的更大突破。[②]

分享会由宁波市委、市政府主办，宁波市委宣传部、宁波市社科院（社科联）和余姚市委、市政府承办，宁波市有关部门领导，新疆库车阳明小学教师代表，余姚市各部门、乡镇（街道）党（工）委相关负责人，以及社会各界代表等参加。

---

① 信息摘录自《中天阁论道："知行合一　明理力行"——阳明文化成果转化案例分享会在姚举行》，余姚新闻网，2021年11月1日。

② 相关信息可参阅邵巧宏、劳超杰：《余姚用阳明文化浸润城市灵魂》，《浙江日报》2021年11月3日。

（四十四）"心心相印——王阳明经典名言篆刻展"在浙江余姚博物馆举办[①]

2021年10月31日，由余姚市委宣传部、余姚市文化和广电旅游体育局主办，余姚市文物保护管理所、余姚博物馆承办的"心心相印——王阳明经典名言篆刻展"在余姚博物馆开幕。

本次展览主题鲜明，以王阳明经典名言为其心学思想的重要体现。共展出思想性、艺术性和观赏性俱佳的书法作品3件、篆刻作品72件、篆刻拓印板72件。其中：篆刻作品由余正、张耕源、周律之、鲍复兴、李早等70余位西泠印社的新老篆刻名家参与创作；书法作品由浙江省书法家协会前后三届的主席朱关田先生、鲍贤伦先生、赵雁君先生拨冗书丹，他们分别以王阳明心学的经典名句"知行合一""格物致知""此心光明"题辞。

本次展览的篆刻作品方寸之间气象万千，或粗犷霸悍爽直，或细腻工稳娟秀，思想性、艺术性和观赏性俱佳，汇聚了省书法家协会篆刻创作委员会各位艺术家的呕心之作，以篆刻、书法的形式弘扬了中华优秀传统文化，传播了积极向上的正能量，吸引了许多阳明学专家、学者和书法、篆刻爱好者前来参观。

（四十五）"同擎心灯 共启心路——全国阳明史迹保护研究联盟第二次联盟大会暨阳明文化研学线路研讨活动"在浙江余姚举行[②]

2021年10月31日下午，作为"2021宁波（余姚）阳明文化周"重要活动之一，"同擎心灯 共启心路——全国阳明史迹保护研究联盟第二次联盟大会暨阳明文化研学线路研讨活动"在浙江余姚河姆渡宾馆举行。本次大

[①] 信息来源于《"心心相印"王阳明经典名言篆刻展开幕》，余姚新闻网，2021年10月31日；《余姚博物馆举办"心心相印——王阳明经典名言篆刻展"》，宁波文化遗产保护网，2021年11月10日。

[②] 信息来源于《全国阳明史迹保护研究联盟第二次联盟大会在余姚隆重举行》（余姚市文保所工作人员徐修竹撰稿），余姚市人民政府网，2021年11月2日。

会由余姚市文化和广电旅游体育局、余姚市文物局、宁波开投蓝城投资开发有限公司主办，全国阳明史迹保护研究联盟秘书处、余姚市文物保护管理所、余姚市阳明文化书院承办。余姚市人民政府副市长王安静，宁波开投蓝城开发集团有限公司总经理陈健，中国明史学会王阳明研究分会常务副会长周建华等领导和专家出席会议，来自浙江、江西、广东、广西、安徽、福建等地的全国阳明史迹保护研究理事单位的相关领导和代表、阳明学专家、文化创意企业代表、旅行行业代表等80余人参加会议。

本次大会分为两场。第一场由余姚市文化和广电旅游体育局党委书记、局长杨玉红主持。王安静和陈健分别向大会致辞。王安静在致辞中指出，阳明史迹是弥足珍贵的文化财富，具有永恒的历史、艺术、学术和文物价值；全国阳明史迹保护研究联盟的成立为阳明文化在新时代焕发新生命、产生新价值奠定了扎实的基础。接着，全国阳明史迹保护研究联盟理事长、余姚市文保所所长李安军向大会做联盟工作汇报。

会议之前，来自余姚、修文、绍兴、赣州、大余、滁州、浚县的7家阳明史迹文保单位申请加入联盟，经联盟理事长会议决议，一致通过新理事单位的入会申请，并在大会上举行了全国阳明史迹保护研究联盟新理事单位入会仪式，王安静为新理事单位代表授牌。

大会还收到了来自全国10余家参会单位共100余款阳明文创产品，大会组委会特组织首届"阳明故里杯"文创产品评选活动，评选出最佳艺术奖、最佳设计奖、最具功能奖、最佳传承奖、最佳创意奖、特别贡献奖等9个奖项，并在大会上举行了获奖文创产品颁奖仪式。

会议第二场由全国阳明史迹保护研究联盟秘书长黄懿主持。在阳明史迹保护调查及研究利用工作交流座谈会上，各理事单位代表就各地阳明史迹保护利用、阳明文化推广宣传开展的情况作交流研讨。随着文旅融合越来越成为文化产业发展的大趋势，本次大会将阳明文创和阳明文化研学作为会议主要议题之一。在接下来的阳明文创与阳明文化传播研讨和阳明文化研学与研学线路研讨环节，来自余姚、赣州、绍兴、宁波、上杭、大余等地的文创产品设计者、旅游行业代表和文保工作者围绕阳明文创产品设计赋新、合作模式、阳明研学线路开发推广等内容进行了交流分享。随后举行全国阳明史迹保护研究联盟阳明文化研学联合启动仪式，各省9名代表为启动仪式按下按钮。最后，周建华教授做大会学术总结。

会议期间，与会领导和嘉宾参加了王阳明礼贤仪典、阳明文创产品集市开集仪式、阳明经典名言篆刻展等阳明文化周活动，还参观考察了河姆渡遗址博物馆和黄宗羲墓。

本次大会的举行，不仅是对全国阳明史迹保护研究联盟成立以来历程的回顾和总结，更是对阳明文化未来发展的谋划与展望，必将对进一步推动联盟理事单位之间阳明史迹保护、研究与利用的跨地区合作，为传承阳明史迹遗存的现代价值、激活阳明思想的当代生命力、推动阳明文化的全民共享产生重要作用。

（四十六）"王阳明诞辰549周年纪念会暨阳明心学与共同富裕论坛"在陕西西安举办[①]

2021年10月31日，陕西省阳明学会为进一步弘扬阳明心学，推动阳明心学创造性转化和创新性发展，服务于当代社会，在线上举办了"王阳明诞辰549周年纪念会暨阳明心学与共同富裕论坛"，邀请了陕西省内18位专家学者就阳明心学中"万物一体""亲民""致良知"等思想展开充分阐述，分享探索推进"共同富裕"相关经验和体会。

陕西省阳明学会秘书长张铭芮作为本次论坛的主持人，对本次论坛的主题及陕西省阳明学会的定位、使命、愿景做了介绍，并带领与会者向阳明先生画像行礼。

陕西省阳明学会会长王海峰为本次论坛致辞，公元1472年10月31日王阳明出生，公元1529年1月9日王阳明的传奇一生画上了句号，人类史上一颗璀璨的思想巨星就此落幕。虽然王阳明人不在了，但其思想则不

---

① 信息摘录自《王阳明诞辰549周年纪念会暨阳明心学与共同富裕论坛成功举办》，"陕西省阳明学会"微信公众号，2021年11月1日。

断地焕发生机与活力。随着时间的推移，越来越多的后人追随王阳明的思想，领悟其人生大智慧。阳明说"以天地万物为一体之仁方可称之为大人"，良知具有感知天地万物的功能，我们需要通过修身、齐家、治国、平天下，将这颗良知之心推广于事事物物，如何做呢？老吾老以及人之老，幼吾幼以及人之幼，先天下之忧而忧，后天下之乐而乐。心即理，以天下苍生为己任就是共同富裕，要解决现在的社会问题，就要通过"良知""知行合一"把功利之心从人心中拔出，破除形体隔阂，才能达到共同富裕。

陕西省委党校教授李长庚认为，新时代弘扬阳明心学，就是要实现中华优秀传统文化的创造性转化和创新性发展，推动马克思主义与中华优秀传统文化的结合。这次会议讨论"阳明心学与共同富裕"的话题，就是挖掘两者契合点的有益尝试。

西安交通大学人文学院教授常新从先秦儒家经典《尚书》《周礼》《孟子》等文献追溯了儒家的"大同世界"与"小康之世"的内涵，并将习近平总书记提出的"人类命运共同体"概念与儒家的"大同世界"结合起来，得出阳明南赣社会治理的儒家依据与现代启示。

西安交通大学校友会秘书长赵力在发言中指出，作为家长，我们可以通过全面学习王阳明的教育思想来树立正确的家庭教育观，全面了解儿童的天性、行为习惯，引导孩子在做事当中经受磨砺，养成好习惯，根据孩子的不同特点的因材施教，在孩子的成长过程中做好陪伴。要维护好家庭，营造良好氛围，健全孩子的社会化人格，从而培养出"知善知恶"的社会建设者。

陕西省子长市委党校教师刘建朝发言认为，共同富裕就要求我们要始终坚持以人民为中心的发展思想，这就是"民本"与"富裕"之间的内在逻辑。阳明以古本《大学》为要，授予爱徒徐爱"亲民"之旨，这恰是我党"全心全意为人民服务"的根本宗旨。马克思主义基本原理一定要同中国实际相结合，同中华优秀传统文化相结合，实现中华优秀传统文化的创造性转化和创新性发展。

陕西省阳明学会讲师、中国非物质文化遗产吟诵传承人蒋红波发言认为，王阳明潜心良知之学，传播良知之教，在教学方法上非常重视歌诗教育。他对诗教的重视，体现在《训蒙大意示教读刘伯颂等》和《教约》中，听讲、读书、习礼、歌诗，目的都是明人伦。王阳明在总结古人吟唱及佛教梵呗的基础上，独创了"九声四气歌法"，即把个人的情感抒发与声气相结合，达到全神贯注、投入忘我的"心流"状态，从而外应天道、内合心灵，是中华传统吟诵的至高境界。"九声四气法"的目的是和谐身心致良知。王阳明认为，歌诗之法，直而温，宽而栗，刚而无虐，简而无傲，歌永言，声依永而已。其节奏抑扬，自然与四时之序相合。

海南小隐书院阳明学堂创始人、海南小隐文旅产业有限公司总经理洪落以《阳明心学与共同富裕》为题为本次论坛赋诗一首："五百年前王阳明，心学文脉千年续；群贤毕至心道论，共同富裕一体仁。自古圣学心相传，莫在枝节做文章；反观内照善护念，直达本源事上炼。"

论坛最后，王海峰作总结发言，阳明心学的思想对现代社会产生巨大的影响，我们本次论坛的目的就是将阳明心学的思想转化到社会实践当中，运用到现代生活当中，陕西省阳明学会用阳明心学助力社会企业和生命个体高质量发展，高质量发展的核心是具备创造和创新能力。

（四十七）"'阳明心学与宁波人的精神气质'学术研讨会"在浙江万里学院举办[①]

2021年11月2日，宁波部分高校及研究机构的阳明心学研究专家60余人，齐聚浙江万里学院文化与传播学院，举办"阳明心学与宁波人的精神气质"学术研讨会。本次研讨会是"2021宁波（余姚）阳明文化周"的一部分，由宁波市社科院（宁波市王阳明研究院）、浙江万里学院主办，由浙江万里学院文化与传播学院、宁波市传播监测研究基地承办。

浙江万里学院文化与传播学院院长陈志强教授主持研讨会。他指出，召开此次研讨会，是为了摸清宁波市阳明心学研究和传播的现状，促进宁

---

① 信息来源于《专家学者齐聚万里，共同交流阳明心学》，宁波社科网，2021年11月5日。

波市阳明学者之间的学术交流，探讨进一步提升宁波阳明心学研究的质量和影响力的途径，为宁波市的城市精神文明建设、城市形象塑造和企业文化建设提供心学力量。

宁波市社科院二级巡视员李建国在开幕式致辞中表示，2021年是王阳明诞辰549周年，宁波市政府对此高度重视。本次研讨会作为"2021宁波（余姚）阳明文化周"的一项重要活动，是展现、交流阳明心学最新研究成果的优质平台，并助力阳明心学的继承与传播。

浙江工商大学东亚阳明研究院院长钱明通过视频方式参加研讨交流，以他为伊莱瑞的著作《王阳明之欧美传播与研究》所作的序言为切入点，梳理了阳明心学在欧美的传播过程，指出当前英语世界的阳明学研究者绝大部分是华裔或华人，他希望能有西方文化背景的学者，以不同的视角将阳明心学带入英语世界。宁波大学教授何静阐述了阳明心学对张九成心学、甬上四先生心学、黄东发和王应麟学术的继承，以及对刘宗周、黄宗羲后世学术的影响，以及与宁波地域文化之间的关系。余姚市东海城市文化研究院院长华建新认为，阳明心学产生的根源土壤是宁波的"孝文化"，王阳明的"军政伦理思想"传承儒家"仁政"思想，尤其在民生问题上，他利用心学思想引导百姓形成诚心向善的民风民俗，体现了其对人格的尊重，对当代社会有极大的借鉴价值。

宁波市文化旅游研究院副书记黄文杰，从王氏家族的文化背景和宁波的经济社会环境出发，揭示宁波商帮文化是阳明心学在民国时期与社会现实发展结合的最佳代表，并指出，阳明心学对实现精神的共同富裕、推动宁波区域文化的发展与变革具有重要的现实意义。宁波出版社社长袁志坚从自己的人生体悟出发，以新冠疫情对生命的冲击而引发思考，提出了如何认识自我生命的问题，畅谈对善恶的自我认识。他认为，相对于孟子等人的价值判断，王阳明所提出来的"良知"是一种意象。

宁波大学副教授贾庆军聚焦王阳明"法"的思想研究，从法的来源、法的内涵、法的功能和法的局限进行探讨，认为阳明之法体现了中国传统思想的特色，具有打通儒、释、道，打破世俗规范，不断突破创新的优越性，并指出王阳明对法"所托非人，法律废弛"等的局限性也有十分深刻的认识。宁波大学副教授邹建锋认为，文献是学术传承的载体。他向大家展示了不同时期、不同版本的阳明心学文献，分析了刻本的字体、刻字刀工等方面的差别，分享了自己和团队在相关领域多年耕耘后取得的成就。

浙大宁波理工学院教授蔡亮分析了王阳明在宁波的朋友圈，列举了王阳明与多位在宁波的伯乐、盟友、知己和诤友等的交往故事，引出王阳明对交友的重视："取善辅仁"是王阳明独特人格魅力与交友观的高度概括；"经世致用"的学说启迪了世人对实学的延伸与拓展，使人做事讲究落到实处。宁波财经学院副教授李锦旺以弘扬阳明学的育人观念为题，探究创新理念对阳明育人思想的发展，表明良知学作为阳明育人理念的核心内容，具有极大创新性；良知越行越智慧，人有光明的本心，阳明"以人为本"的育人风貌对宁波的人才培养具有极大的借鉴意义。

浙江万里学院科研部部长余丹以"不同时代文学作品对阳明形象的塑造"为题进行了发言。研讨会的最后，浙江万里学院教授张实龙讲述了自己用互动仪式链理论来研究阳明学派会讲的成果，表达了自己对宁波市阳明心学研究交流平台未来建设的期望。他希望多方专家学者能在研究成果互动交流中形成一个团体，形成一种符号，利用天时地利人和的机会，实现学术品格的提升。

（四十八）"第二届东南阳明学高峰论坛"在福建江夏学院举办①

2021年11月26日—27日，由福建江夏学院主办，福建省哲学学会、福建省闽学研究会协办的"第二届东南阳明学高峰论坛"在福州举办，来自全国各高校和科研机构的60余名专家学者在云端围绕"走向世界的阳明学"这一主题展开研讨，阐释阳明心学的传播与接受、影响与价值。福建江夏学院党委书记郑建岚在开幕式致辞指出，举办"第二届东南阳明学高

---

① 信息来源于《专家学者聚福州 论道"走向世界的阳明学"》，中国新闻网，2021年11月29日。

峰论坛",旨在进一步促进阳明学研究最新成果的分享、交流与切磋,推动阳明学在新时代的创造性转化与创新性发展。

本届论坛共举办2场特约学术报告、2场主旨报告和3场专题报告。中山大学教授陈立胜、福建江夏学院阳明学研究院负责人王永年、福建省哲学学会副会长林默彪、福建省闽学研究会副会长兼秘书长李永杰出席开幕式,北京大学教授张学智、浙江省社会科学院研究员钱明、复旦大学教授吴震、中山大学教授陈立胜等多位国内著名学者参加了研讨。

论坛共收到论文近30篇,研究主题涉及阳明学与近现代中国、阳明学与近世东亚、阳明学在欧美的传播、阳明学与人类命运共同体等,既有对阳明心学在海外传播脉络的宏观展示,也有对阳明"良知"系统层次的细微剖析,呈现了当前阳明学研究的最新动态。本届论坛还举办了闽江学者讲座教授聘任仪式、福建江夏学院阳明学研究院学术委员会主任聘任仪式等活动。

(四十九)"第五届中国阳明心学高峰论坛新闻发布会"在北京召开①

2021年11月28日,"第五届中国阳明心学高峰论坛新闻发布会"在北京召开。中国传媒大学阳明书院院长周月亮,中国传媒大学通识教育中心主任李有兵,四海孔子学院院长冯哲,中国亚洲经济发展协会副会长兼产业创新发展委员会会长申坤,推动力传媒集团董事长、轩辕书院理事长贾晓坤,北京大学经典与文明研究中心总干事徐治道,中国阳明心学高峰论坛组委会秘书长、三智书院理事长高斌等专家学者、新闻媒体及主办方、承办方负责人参加了本次发布会。

高斌介绍,本届论坛由中国传媒大学、中国文化书院、中国亚洲经济发展协会主办,为了落实疫情防控要求,第五届中国阳明心学高峰论坛

---

① 信息来源于《第五届中国阳明心学高峰论坛新闻发布会在北京圆满召开》,搜狐网,2021年11月29日。

采用现场研讨和在线直播网上"云论坛"相结合的形式，控制现场参加人数。同时介绍了中国阳明心学高峰论坛的缘起与发展历程，指出，中国阳明心学高峰论坛由第九、第十届全国人大常委会副委员长许嘉璐先生倡议发起，2016年以来已经成功举办了4届，经历了开创、传承、弘扬、传播四个阶段，成为国内规格最高、规模较大、影响最大、落地最响的阳明心学专题论坛，被第八届世界儒学大会评选为"2015—2017年儒学研究十大热点"之一。他还介绍了网络系列电影《儒侠王阳明》项目的相关情况，并指出网络系列电影《儒侠王阳明》于2021年12月18日第五届中国阳明心学高峰论坛召开之际正式启动并开始演员海选活动。

申坤表示，本次新闻发布会主要是向外界朋友及有关媒体介绍论坛的相关情况和重要意义，通过联合对外发声，共同营造中国阳明心学高峰论坛的浓厚氛围，聚集更多要素，积蓄更多能量。

贾晓坤介绍，"企业家精神与阳明心学"平行论坛旨在提倡阳明心学的实践应用，让更多的企业家从中汲取智慧与力量，开创更加美好的生活与事业，并通过其引领作用，增强社会公众对优秀传统文化的认同与信心。平行论坛立足于企业家的实践，整合、总结企业家在追求企业与自身卓越的过程中所积累的经验，丰富阳明心学的应用，通过专家学者与企业家的充分交流与讨论，激荡出精神的火花，为阳明心学真正深入社会、深入生活起到积极的推动作用。

冯哲讲道，"中华文化大一统与阳明心学"平行论坛有助于两岸共同推动阳明心学的发展。他认为，人一生的言行都要回到内心，儒家讲"吾日三省吾身"的修身也是指修心，人们要通过自身的言行来进行修心，每个人在每时每刻都要在内心对自己的言行做深刻的反省。每个人都需要修心，都需要心学工夫，然后从内心再出发。心学可以解决现实层面的社会问题，我们要加大加深修身修心学的研究。在新时代，我们要加强心学工夫的修养，尽心尽力让内心安定，在事事物物上有感，继承心学的法门。

徐治道介绍了"新时代青年与阳明心学"平行论坛的组织架构、时间地点、论坛主旨、论坛议题、论坛规模和论坛倡议等情况。"新时代青年与阳明心学"平行论坛,以"中华文明与世界未来"为主题,依据文明体系的结构,由宏观到微观、由外在到内在逐步推演,议题包括"天下""政治""经济""社会""生命""认知"六大版块。平行论坛面向全国招募有志于此的青年学子参会,与同道互参,与前辈互动,期望由此构建一个中华文明底层逻辑——"思维方法+价值观念+历史逻辑"的学术共同体平台。

周月亮教授介绍了"马克思主义与阳明心学"平行论坛的情况。他讲道,心学最大的魅力在于绝地反击。马克思主义与阳明心学的结合是历史的际会,符合当代社会的现实要求。"实践是检验真理的唯一标准",代表的人性回归是马克思主义和阳明心学的共同点。哲学解释世界,马克思主义改变世界,实践出真知,把马克思主义和阳明心学结合起来,是社会发展的巨大推动力。我们要重视实践,积极践行。

(五十)"龙南市王阳明研究会成立大会"在江西龙南桃川书院举行①

2021年12月1日,"龙南市王阳明研究会成立大会"在江西龙南桃川书院举行。龙南市委常委、宣传部部长陈柯到会致辞,并为龙南市王阳明研究会揭牌。会上,宣读了成立龙南王阳明研究会的批复和广东省和平县王阳明研究会的贺信,通过了《王阳明研究会章程》,选举产生了龙南市王阳明研究会理事、常务理事及会长,并为"王阳明与龙南"征文获奖代表颁奖。

"龙南市王阳明研究会成立大会"的召开,标志着龙南市王阳明研究有了更深厚的民间土壤,龙南的文史学者和阳明文化爱好者要持续打造"阳明论坛"学术品牌和"山水龙城、围屋之都"城市品牌,把龙南建设成为阳明文化乃至中国优秀传统文化的智慧涵养中心、文化提升中心;要以王阳明研究会为交流平台,与各地研究机构密切配合、广泛交流,讲好龙南故事,发出龙南声音;要静心抓学习、抓研究,在"立志、勤学、改

---

① 信息摘录自《龙南市王阳明研究会成立大会举行》,龙南市人民政府官网,2021年12月1日。

过、责善"中修好内功；要深入推动阳明文化创造性转化和创新性发展，提升阳明文化经济附加值，探索出一条优秀传统文化的传承创新之路。

据了解，龙南市王阳明研究会是龙南市研究王阳明哲学、教育、军事、文化思想等自愿组成并经龙南市民政局注册登记具有法人资格的非营利性、学术研究性社会团体。会员由龙南市本地国学教育、文史研究领域的80多位专家学者以及王阳明文化研究爱好者组成。

（五十一）"贵州省阳明学学会2021年年会暨年度学术交流会"在贵州修文龙冈书院举行①

2021年12月4日，由贵州省阳明学学会、贵州龙场王阳明研究院、修文龙冈书院共同举办的以"阳明心学的当下认识"为主题的"贵州省阳明学学会2021年年会暨年度学术交流会"在贵州修文龙冈书院举行。贵州省人大常委会原副主任、贵州省文史馆原馆长顾久，贵州省社科联副主席、贵阳学院副院长汪建初，修文县委常委、宣传部部长唐开文，修文县政协副主席杨杏，贵州省阳明学学会会员代表及相关专家、学者等参加会议。会议由贵州省阳明学学会会长王路平主持。

会上，唐开文致欢迎辞，欢迎各位专家学者的到来。汪建初以"阳明心学视域下的百年历史经验"为题，贵州省阳明学学会副会长、贵州大学教授龚晓康以"'无善无恶心之体'本体虚无与价值生成"为题，凯里学院教授赵广升以"我的孙应鳌研究四部曲"为题，贵州师范大学文学院副院长李俊教授以"王阳明诗歌文化旅游与乡村振兴"为题，贵州大学副教授张明以"王阳明黔中弟子陈文学考论"为题，分别做主旨发言，从不同的角度对"阳明心学的当下认识"进行深入探讨与论证。

顾久对各位专家学者的主旨发言进行了精彩的点评。他说道："在当下的时代背景，阳明先生会说什么，做什么？这应该是作为研究阳明心学的

---

① 信息来源于《贵州省阳明学学会2021年年会暨年度学术交流会在修文龙冈书院举行》，快资讯，2021年12月7日。

专家学者深思和探讨的一大问题。"随后，各位专家学者建言献策、共同谋划了贵州省阳明学学会下一步的工作方向。

（五十二）"中国共产党人'心学'与推进党的建设新的伟大工程高端智库建设专家咨询会"在贵州大学召开①

2021年12月11日，"中国共产党人'心学'与推进党的建设新的伟大工程高端智库建设专家咨询会"在贵州大学召开。据介绍，为深入研究和探讨中国共产党人"心学"与推进党的建设新的伟大工程的理论和实践问题，深入挖掘和转化贵州省本土文化资源，深入总结和探索贵州的实践经验和创新做法，促进贵州省哲学社会科学做好咨政服务工作，贵州大学组织15名国内权威专家、6名省内知名专家、20多名校内相关学科的骨干学者，以"中国共产党人'心学'与推进党的建设新的伟大工程高端智库"为名申报贵州省第二批新型特色智库，并成功入选。

贵州大学党委书记李建军致辞，他表示在中国共产党成立100周年的重要历史时刻，我们更应该在"中国共产党是什么、要干什么"这个根本问题上保持定力，永远保持马克思主义执政党的本色。他从"一个主攻方向""两个特色""三个聚焦领域""三个维度定位"等方面介绍了高端智库的建设构想，希望力争打造一个以中国共产党人"心学"为核心，集咨政研究平台、党建信息资源平台、党性教育培训平台为一体的新型特色智库，为推进新时代党的建设新的伟大工程提供高水平的咨政服务，提升贵州省哲学社会科学在全国的学术影响力。

中国共产党人"心学"与推进党的建设新的伟大工程高端智库首席专家、贵州大学哲学与社会发展学院名誉院长郝立新做主题发言。他从马克思主义与中华优秀传统文化相结合、传统"心学"的精髓、高端智库成立的背景及契机等角度，阐述了对中国共产党人"心学"这一主题的理解，

---

① 信息来源于《贵州大学召开中国共产党人"心学"与推进党的建设新的伟大工程高端智库建设专家咨询会》，人民网贵州频道，2021年12月17日。

并从价值观、认知论、实践论等层面介绍了共产党人的心学体系。同时，就高端智库建设提出两点构想：一要聚焦主题，服务党建，在深入研究党建理论和中华优秀传统文化的基础上，阐释好中国共产党人的"心学"。二要理论联系实际，及时推出一批有理论分量和现实感强的研究报告，在重要刊物上发表理论研究和宣传文章。

国际儒学联合会副理事长、贵阳孔学堂学术委员会执行主席徐圻做指导发言。他说，要研究中国共产党人"心学"就必须要把概念研究明白，中国共产党人"心学"这个概念应该是高端智库的首要研究任务，要深入研究中国共产党人"心学"与王阳明"心学"的联系与区别，研究如何将理论研究落实到现实生活，深入拓展共产党人"心学"与党建研究空间，将"心学"做好，落实、落地、落到人。

贵州绿色发展战略高端智库首席专家李裴就高端智库的职能职责做指导发言。他提出，高端智库的建设充分体现了贵州大学在服务贵州、助力发展中的责任担当。在建设过程中要组建有力团队，充实理论指导专家库，用活决策咨询专家库，充分挖掘专家学者的智慧与学识，形成有效的执行方式。

贵州省委党史研究室副主任余福仁在指导发言中提出，中国共产党人"心学"是推进党的建设新的伟大工程的关键环节，在推进党的建设新的伟大工程过程中要做到三点：一要坚决做到"两个维护"；二要坚守人民立场，长久保持共产党员先进性、纯洁性、高尚性；三要充分利用好贵州本土红色文化资源，推出理论研究成果。

贵州省委党校副校长、贵州省社会科学界联合会副主席罗凌以是否具有填补空白的意义，是否修正前人观点，是否补充丰富发展或深化了某种学术研究，是否对前人的研究成果进行了全面而深入的综合提升，是否对推动当前学术研究和学科建设做了启发性、开拓性和建设性的工作等问题，论述了中国共产党人"心学"这一主题的学术研究价值、现实意义和应用价值。

贵阳孔学堂文化传播中心党委书记、主任索晓霞在指导发言中分析了中国传统文化与中国共产党理想信念、党性教育的重要性，中国共产党人"心学"表明了对中国优秀传统文化的一种态度、践行。她提出"心学"高端智库应该关注三个关键词，即马克思主义、中华优秀传统文化、党的建设，要从国家、省、贵州大学三个层面来思考高端智库的定位与建设。

贵州省委宣传部常务副部长徐静做了讲话。她提出高端智库建设要有定位，要建设一个既有贵州地域特色又能衔接国家层面成果彰显的高端智库。她对高端智库的建设提出三点希望：一是在咨政功能的实现上要走在前面，服务于国家和地方经济社会发展大局；二是在聚智汇智育智功能的实现上要走在前沿，要以健全的管理制度和组织架构汇聚人才；三是在维护主流意识形态的主体功能上要走在前列，处理好学术与咨政的关系，通过学术探索实现咨政目标。

（五十三）"文化自信2021阳明心学深圳湾论坛"在广东深圳举办①

2021年12月16日，"文化自信2021阳明心学深圳湾论坛"在深圳文化创意园举办。本次论坛由深圳市传统文化研究会、至诚读书会、深圳文化创意图书馆、四合院教育发展（深圳）有限公司、百杰品牌机构主办，来自浙江稽山书院、贵州龙冈书院、河南省阳明学会、陕西省阳明学会、山东胶东阳明心学研究会、江西省王阳明研究会、惠州阳明研究会、贵州省阳明学研究会、广西阳明心学研究会、中国营销学会等全国各地阳明学研究学会、书院的负责人等参会，弘扬阳明心学智慧，并探讨了阳明心学如何在企业文化中融合与转化。

与会人员指出，"道"之根本在于心，是人生格局境界中向着光明的航行导向。王阳明有诗："人人自有定盘针，万化根源总在心。"人生之旅总要经历大大小小的顺境与逆境，很多时候都可以因心境改变而事事顺

---

① 信息摘录自《著名经济学家陈湛匀教授：心道与商道赋能企业价值》，凤凰网，2021年12月16日。

心，提升人生的智慧，走向成功的康庄大道。心道即良知，要从立志、勤学、改过、责善四件事中领悟与践行人生的要旨。立志，可以比作人生的航线，整个航程都沿着航线向前行进，立不立志，很大程度上决定了人是奋发图强还是随波逐流，关系着人生之路的平衡和方向。勤学，是建在航线上的灯塔，人要通过学习探知事物提升自我，才能在航行中不偏离志向的轨道，看到一个又一个的灯塔到达目的地。改过和责善，则是校正航行方向的罗盘，圣人与常人也难免有犯错的时候，区别在于能不能树立好态度，及时地修正错误；同时，也能够听从朋友、家人的劝告进而反思、改正、感恩。做好这四件事情，修炼心道，持续恒定地贯穿人生发展的全过程，就可以帮助我们更好地履行志向，向人生格局境界的目标直线前进。

与会人员纷纷表示，参加"文化自信 2021 阳明心学深圳湾论坛"是一次非常难得的体验，也是人生中难忘的一次研讨聚会。

（五十四）"第五届中国阳明心学高峰论坛"在福建福州举办[1]

2021 年 12 月 18 日—19 日，由中国传媒大学、中国文化书院、中国亚洲经济发展协会产业创新发展工作委员会联合主办的以"中国智慧与人类命运共同体——共创心时代"为主题的"第五届中国阳明心学高峰论坛"以现场研讨和网络云直播相结合的方式在福建福州市举办。十二届全国政协常委、副秘书长、民革中央原副主席何丕洁，中央统战部办公厅原副主任申占华，福州晋江商会会长陈锦阳，天地文化院执行理事长陈强，北京三智文化书院理事长高斌分别致辞。福耀玻璃工业集团股份有限公司董事长曹德旺和北京大学哲学系教授王守常进行了主题对话；南京大学教授徐小跃，复旦大学哲学学院教授吴震等嘉宾分别进行了主旨演讲。

何丕洁讲道，明代圣哲王阳明创立的阳明心学作为中华优秀传统文化的精髓，将中国儒释道思想融会贯通，参透世事人心，是跨越时空、超

---

[1] 信息摘录自《第五届中国阳明心学高峰论坛在福州开幕》，海外网，2021 年 12 月 20 日。

越国界、具有永恒魅力的中国传统智慧。连续举办"中国阳明心学高峰论坛"，是对中华优秀传统文化的挖掘和阐发，使中华民族最基本的文化基因与当代文化相适应、与现代社会相协调，这是我们当代人的重要使命。

申占华指出，2021年是中国共产党百年华诞，又是中华民族伟大复兴进程中"两个一百年"奋斗目标的历史交汇期，能在这样一个关键的历史节点举办"第五届阳明心学高峰论坛"意义重大、影响深远。陈锦阳认为，作为企业家，在知行合一的原则下脚踏实地做好自己，从根本上提升自己的认知水平与综合能力，是切实有效地亲近传统文化、应用传统智慧的门径。陈强谈道，阳明心学作为中国传统文化的精华，是构建人类命运共同体的重要工具。我们要发扬阳明心学，让阳明思想跨越时空，重现穿透历史的智慧光芒。

论坛开幕式上，分别举行了"传习塾启动仪式""轩辕塾揭牌仪式"和"阳明心学福州实训基地授牌仪式"。

曹德旺和王守常教授围绕"阳明心学的意义及当代价值"进行了对话，并回答了现场嘉宾的提问。曹德旺在"敬天爱人，知行合一"主旨演讲中表示，自己一直信仰"敬天爱人，信义至上"。"敬天爱人"是指要尊重所有的生命，敬畏自然。当代企业家应该以"敬天爱人，知行合一"的理念发展企业。王守常讲道，古圣皆认为万物都有生命，我们应该尊重万物的生长，遵循自然的规律。现代社会中，我们要把"万物一体之仁"的阳明思想进一步和马克思主义相融合，创造性发展符合现实情况的思想。曹德旺谈道，创业者都应该以王阳明"敬天爱人"的思想为主轴发展企业，企业家的成功最重要就是培养自胜能力，要对古代哲学思想有信仰，并在发展壮大企业后反哺社会。

徐小跃教授在"即心即理与即知即行——王阳明传习的圣人之道"主旨演讲中认为，心学就是要把每个人最根本的本体之性光明出来、保存起来、养护起来，在跑掉时想办法找回来。心学更为重要的意义，就是把人心中本存的道、本存的心、本存的理，即本存的精神投射到万物、给予万物、散给万物。吴震教授在"阳明学对人类命运共同体的思想建构"主旨演讲中指出，人类心灵中"一体之仁"是重建人类共同体重要的思想基础。我们有必要重温中国古人有关"万物一体"的观念，积极汲取阳明学基于"一体之仁"的理念以重建人类命运共同体哲学智慧。

本届论坛还设置了马克思主义与阳明心学、中华文化大一统与阳明心学、企业家精神与阳明心学、青年领袖与阳明心学4个平行论坛，来自不同领域的演讲嘉宾围绕平行论坛主题进行对话与探讨，旨在引领海峡两岸阳明心学研究与交流的潮流，推动阳明心学在企业文化、乡村振兴、青年思想教育等领域的实践应用。

（五十五）"纪念王阳明先生诞辰549周年暨阳明文化哲理画创作研讨会"在北京举行①

2021年12月26日，为了更好地传承弘扬阳明文化，由中国东方文化研究会阳明文化委员会举办的"纪念王阳明先生诞辰549周年暨阳明文化哲理画创作研讨会"在北京举行。70幅阳明文化哲理画是由李宪刚先生创作，每一幅作品均来源于阳明文化的内容，突出阳明心学的思想精髓。以哲理画的形式创作和展出阳明文化，让观众更深入、更形象地了解阳明心学，也是中国特色社会主义新时代弘扬阳明文化的有益补充。

王阳明先生第22世孙、中国东方文化研究会阳明文化委员会会长王梅林对本次哲理画创作给予了高度评价，号召更多的文化和艺术家参与到创作中来，积极响应和推动中华优秀传统文化的创造性转化、创新性发展，要做到在继承中发展、在发展中继承，以更好的方式传播中华优秀传统文化和阳明文化。

著名表演艺术家唐国强对本次阳明文化哲理画创作研讨会予以高度评价。他指出，王阳明的心学是中国传统文化中的精华，画家李宪刚的阳明文化哲理画人物形神兼备，水墨技巧成熟独到，图文并茂，非常易于理解

---

① 信息来源于《纪念王阳明先生诞辰549周年暨阳明文化哲理画创作研讨会在京举行》，网易网，2021年12月26日。

和传播。著名画家王仲认为，王阳明的哲学思想是中国传统文化中很重要的一部分，李宪刚用绘画的方式来探求和表达王阳明思想中含有哲理意义的内容，创造出了一种"阳明哲理画"，而且已经创作出了一批作品，这是一种很积极的文化作为。著名导演周明夫指出，古往今来，书画家用自己的笔墨传承着中国历史文化，阳明心学是中国传统文化中的精华，值得书画家们用手中笔去传播传承，画家李宪刚先生走在了前列，创作了阳明文化哲理画，文人画风独特，深入人心，深受欢迎。著名男高音歌唱家魏松认为，王阳明是中国历史上在立德、立功、立言方面有着显著作为的大家，李宪刚先生创作的哲理画生动形象地表现了阳明心学，开辟了当今阳明文化哲理画创作的先河。

参加本次研讨会的嘉宾还有中央党校（国家行政学院）教授高宏存，国际绿色产业合作组织执行主席胡石英，国家一级导演周明夫，著名画家邢俊勤，等等。

2021年阳明学研究论著索引

著作类

（一）阳明学文献

黎业明译注：《传习录》，上海古籍出版社2021年6月、11月版。

《美国普林斯顿大学图书馆藏〈王文成公全书〉（郭朝宾本）》（12册，影印本），巴蜀书社2021年12月版。

邹建锋主编：《王阳明家族关系家谱》（65册，影印本），北京燕山出版社2021年4月版。

邹建锋主编：《王阳明稀见版本辑存》（82册，影印本），广陵书社2021年4月版。

束景南、查明昊编：《王阳明全集补编》（增补本），上海古籍出版社2021年3月版。

欧阳祯人主编：《王阳明经典篇章导读》，武汉大学出版社2021年9月版。

［明］黄绾著、张宏敏编校：《石龙集》，上海古籍出版社2021年4月版。

［明］李材、邹元标著，郭诺明校注：《李材四书学著作四种 南皋邹先生语义合编》，江西教育出版社2021年8月版。

李晓方主编：《王阳明龙南史料辑录》，中国书店2021年8月版。

刘聪、王黎芳编著：《水西书院志》，宗教文化出版社2021年5月版。

［明］孙应鳌著：《孙山甫督学集》，孔学堂书局2021年1月版。

邹建锋、何俊主编:《日本阳明学文献汇编》(55册,影印本),北京燕山出版社2021年6月版。

(二)阳明学著作(包括论文集)

束景南:《王阳明:"心"的救赎之路》,复旦大学出版社2021年3月版。

李庆:《王阳明传:十五、十六世纪中国政治史、思想史的聚焦点》,上海古籍出版社2021年12月版。

李洪卫:《王阳明身心哲学研究:基于身心整体的生命养成》,上海三联书店2021年9月版。

李衍柱编著:《文艺复兴时代的王阳明》,人民出版社2021年10月版。

张校军、释净芳总纂:《山阴光相桥王氏宗谱》,广陵书社2021年10月版。

周月亮、程林评析:《王阳明家书》,长江文艺出版社2021年8月版。

浙江省稽山王阳明研究院、中华孔子学会阳明学研究会编:《中国心学》(第1辑),商务印书馆2021年4月版。

黄明同、黄时华:《重读阳明心学》,上海辞书出版社2021年11月版。

王胜军:《阳明学概论》,贵州大学出版社2021年11月版。

张宏敏编著:《2020阳明学研究报告》,浙江工商大学出版社2021年10月版。

鸿飞扬:《知行合一:王阳明心学的人生精进之道》,岳麓书社2021年3月版。

郭齐勇主编、欧阳祯人执行主编:《阳明学研究》(第5辑),人民出版社2021年10月版。

郭齐勇主编、欧阳祯人执行主编:《阳明学研究》(第6辑),人民出版社2021年10月版。

袁曜主编:《立志与成才:王阳明治学方略研习》,贵州人民出版社2021年8月版。

光明编注:《致良知是一种伟大力量:阳明先生语录中包含的非凡智

慧》，线装书局2021年5月版。

李旭：《心之德业：阳明心学的本体学研究》，上海文艺出版社2021年10月版。

郑宗义主编：《中国哲学与文化（第十九辑）王阳明哲学》，上海古籍出版社2021年10月版。

邹建锋、程维维：《崇仁学派与阳明心学的兴起》，上海三联书店2021年9月版。

焦堃：《阳明心学与明代内阁政治》，中华书局2021年10月版。

张君劢著、江日新译：《论王阳明》，上海人民出版社2021年6月版。

李梦云等：《阳明心学与企业家精神研究》，中国社会科学出版社2021年12月版。

杨德俊编著：《王阳明行踪遗迹》，贵州大学出版社2021年10月版。

吴从祥：《越地文化与阳明学》，中国社会科学出版社2021年7月版。

何善蒙、王静：《阳明祠祀与阳明心学的发展：浙、黔、苏、赣四地考论》，孔学堂书局2021年10月版。

张宏敏：《台州阳明学研究》，上海古籍出版社2021年4月版。

周建华、幸伟：《王阳明南赣后学研究》，江西高校出版社2021年8月版。

周建华、张贤忠编著：《阳明心韵》，江西人民出版社2021年8月版。

程海霞：《良知学的调适：王塘南与中晚明王学》，中国社会科学出版社2021年10月版。

张祥林：《王阳明在滁州》，黄山书社2021年1月版。

李德锋：《明中叶唐顺之的史学世界》，中华书局2021年11月版。

杨朝亮：《北方王门学案研究》，商务印书馆2021年11月版。

周群：《泰州学派研究》，南京大学出版社2021年6月版。

杨鑫：《王心斋家训译注》，上海古籍出版社2021年7月版。

王晓昕：《王阳明与黔中王学》，人民出版社2021年4月版。

〔日〕井上哲次郎著、付慧琴等译：《日本阳明学派之哲学》，中国社会科学出版社2021年9月版。

吴震、申绪璐主编：《中国哲学的丰富性再现：荒木见悟与近世中国思想论集》，上海古籍出版社2021年11月版。

施敏洁主编：《阳明心学在日本》，浙江大学出版社2021年6月版。

〔韩国〕崔在穆著，钱明译、〔韩国〕金明月校译：《比较阳明学——以中韩日三国为视域》，上海古籍出版社2021年12月版。

论文类

（一）王阳明研究

龙辉：《王阳明赴任庐陵知县始末》，《文史天地》2021年第11期。

袁田田、罗春洪：《从鬼神司疫到祛除疫鬼：王阳明庐陵抗疫思想的四个维度》，《南昌师范学院学报》2021年第1期。

路磊：《从王阳明为子取名看其学术思想与政治诉求》，《上饶师范学院学报》2021年第4期。

路磊：《王阳明精神气质新探》，《理论观察》2021年第10期。

萧伟光、徐佳希：《王阳明与王氏家风》，《公民与法》（综合版）2021年第3期。

邓国元、王大印：《王阳明"临终遗言"献疑与辨证——兼论〈阳明先生年谱〉嘉靖本与全书本的差异》，《现代哲学》2021年第2期。

赵秀丽、宋发娥：《王阳明功业评价与促成因素分析》，《长江师范学院学报》2021年第2期。

杜国华：《王阳明早期思想的转向探寻——从"二氏之学"到"龙场悟道"》，《西部学刊》2021年第7期。

赵平略：《王阳明在贵阳的悟道踪迹》，《贵阳文史》2021年第5期。

王世利：《致良知　强省会》，《贵阳文史》2021年第5期。

徐圻：《先贤的足迹——王阳明留给贵阳的精神遗产》，《贵阳文史》2021年第5期。

李小龙：《王阳明诗文中的贵阳》，《贵阳文史》2021年第5期。

王嘉宏、卓光平：《论新世纪王阳明题材戏剧中的"龙场悟道"书写》，《戏剧文学》2021年第5期。

张艺昊：《从杨一清与王守仁交游考看明代君子之交》，《对联》2021年第2期。

王学伟、杨德俊：《王阳明〈卧马冢记〉"怀来王公"考》，《贵州文史丛刊》2021年第1期。

廖明飞：《王阳明〈答陈文鸣〉私考》，《中国典籍与文化论丛》辑刊，2021年卷。

姜永帅、赵恒杰：《明郭诩江夏交游考及其〈江夏四景图〉》，《美术学报》2021年第3期。

刘利平、姚锦鸿：《明代袁州府推官陈辂墓表墓志考释》，《历史档案》2021年第2期。

杜颖超：《程敏政〈心经附注〉思想研究》，南昌大学硕士学位论文，2021年5月。

杨学娟、郭婉莹：《明代昆山"二方先生"家世考》，《宁夏师范学院学报》2021年第12期。

郭敏：《从王阳明葬娄妃观宸濠之变中的士人关系》，《上饶师范学院学报》2021年第1期。

陈立胜：《王阳明"四民异业而同道"新解——兼论〈节庵方公墓表〉问世的一段因缘》，《哲学研究》2021年第3期。

方尔加：《软知识——认识阳明心学的密钥》，《贵州社会主义学院学报》2021年第4期。

李承贵：《心理学视域中的王阳明心学研究》，《学术界》2021年第6期。

李辉、王亚波：《阳明心学中的喻象考察》，《云南社会科学》2021年第2期。

钟纯：《论王阳明心学思想中的"贵族性"——以"诚"与"圣贤"为中心》，《贵阳学院学报》（社会科学版）2021年第2期。

杨国荣：《心学的多重向度及其理论意蕴》，《船山学刊》2021年第2期。

蔡曙山：《阳明心学就是中国的认知科学》，《贵州社会科学》2021年第1期。

吴震：《王阳明的良知学系统建构》，《学术月刊》2021年第1期。

宁新昌：《王阳明的生命存在论阐释》，《贵州社会主义学院学报》2021年第4期。

胡水君：《儒家学脉中的王阳明》，《学术界》2021年第3期。

胡水君：《阳明学中的道体》，《学术探索》2021年第3期。

陈来：《王阳明晚年思想的感应论》，《现代儒学》辑刊，2021年卷。

张明娜：《浅析王阳明哲学思想及其现代价值》，《佳木斯职业学院学报》2021年第7期。

徐仪明：《试论王阳明的中医哲学思想》，《贵阳学院学报》（社会科学版）2021年第5期。

邵风：《论"意"在王阳明哲学中发挥的作用》，《攀枝花学院学报》（综合版）2021年第6期。

吴益生：《物不孤起与心相即——对王阳明心物观中"物"的探讨》，《中共宁波市委党校学报》2021年第6期。

姜波：《阳明心物关系解读的三重视野——以"岩中花树"章为中心》，《淮北师范大学学报》（哲学社会科学版）2021年第6期。

邓国元：《行为主体与存有本体——王阳明"心外无物"研究》，《哲学研究》2021年第4期。

汪学群：《王阳明的格物说》，《人文论丛》辑刊，2021年卷。

侯会会：《王阳明物论思想研究》，湖南师范大学硕士学位论文，2021年5月。

田雨可、文碧方：《从"诚意格物"到"致良知"：王阳明工夫论的困境与突破》，《山东青年政治学院学报》2021年第3期。

郑泽绵：《从朱熹的"诚意"难题到王阳明的"知行合一"——重构从

理学到心学的哲学史叙事》,《哲学动态》2021年第2期。

万百安、吴万伟、陈进花:《如好好色:中国哲学中的知与行》,《国际儒学》2021年第4期。

王金凤:《"知行合一"的两种语境及其互通——基于马克思主义中国化与中国哲学的探讨》,《贵阳学院学报》(社会科学版)2021年第5期。

何云岩、刘林燃、方海:《王阳明"知行合一"思想研究》,《理论观察》2021年第12期。

李承贵:《王阳明"知行合一"论五种旨趣》,《天津社会科学》2021年第1期。

张萍、唐倩:《王阳明"知行合一"思想语言研究》,《汉字文化》2021年第11期。

黄仕坤:《王阳明"知行合一"新论——基于心物一体存在视域的分析》,《河北大学学报》(哲学社会科学版)2021年第3期。

颜圣麟:《"体"与"时"——王阳明"知行合一"的现象学解读》,山东大学硕士学位论文,2021年5月。

霍娟娟:《马克思实践论视野下的王阳明"知行合一"解析》,《产业与科技论坛》2021年第12期。

霍娟娟:《王阳明"知行合一"与"致良知"学说的演进解析》,《产业与科技论坛》2021年第11期。

张黎:《王阳明"知行合一"思想及其价值研究》,南昌大学硕士学位论文,2021年5月。

李承贵:《"心即理"的奥义》,《社会科学战线》2021年第10期。

李承贵:《"心即理"的效应——兼及"心即理"的意识形态特性》,《社会科学研究》2021年第3期。

王海鹏:《王阳明"心即理"哲学内涵及文化价值》,《今古文创》2021年第2期。

严飞:《在整体的视域下论王阳明的"心学"思想》,《汉字文化》2021年第2期。

李禹阶：《论阳明心学的"心即理"与"心"非"理"——基于认识论的"心""理"关系再思考》，《重庆师范大学学报》（社会科学版）2021年第4期。

王修寰：《王阳明"心即理"哲学内涵及文化价值》，《文化创新比较研究》2021年第34期。

龚晓康、王斯诗：《理欲的对立与统合——基于阳明心学的考察》，《贵州社会科学》2021年第6期。

陆永胜：《道德·价值·信仰——当代文化语境中王阳明良知图式的三重向度》，《江苏行政学院学报》2021年第3期。

秦晋楠：《再论阳明学中良知的道德自身意识问题——以耿宁对王阳明"三个良知概念"的划分为中心》，《道德与文明》2021年第5期。

沈顺福、曾燚：《论王阳明的良知观》，《社会科学研究》2021年第5期。

全林强：《"良知"似"天理"》，《贵阳学院学报》（社会科学版）2021年第2期。

路传颂：《良知既非能力之知亦非动力之知——与郁振华、黄勇商榷》，《文史哲》2021年第6期。

黄勇、崔雅琴：《索萨的"完好之知"还不完好？——王阳明的良知与第三个柏拉图问题》，《华东师范大学学报》（哲学社会科学版）2021年第5期。

龚晓康：《"不滞"与"不离"：阳明心学视域下的良知与知识之辨》，《教育文化论坛》2021年第1期。

柳西：《知行合一致良知》，《文史春秋》2021年第12期。

单纯：《心与思：王阳明致良知中知识论问题》，《儒学与文明》辑刊，2021年卷。

吕本修：《王阳明"致良知"思想及其道德价值》，《湖南师范大学社会科学学报》2021年第1期。

朱贻强：《王阳明致良知学说的工夫次第论思想初探》，《社会科学动态》2021年第2期。

陈清春、蒋丽英：《王阳明"立圣人之志"的现象学探究》，《山西高等学校社会科学学报》2021年第5期。

周海春、徐艳萍：《成圣的不变之教：王阳明的立志说》，《湖北大学学报》（哲学社会科学版）2021年第6期。

李甡平：《从〈大学问〉看阳明学的"仁本体"建构》，《中国哲学史》2021年第6期。

乔建宇、沈顺福：《王阳明"万物一体"观探析》，《贵阳学院学报》（社会科学版）2021年第6期。

张明娜：《王阳明"万物一体"哲学思想的要义及当代启示》，《开封文化艺术职业学院学报》2021年第5期。

王爱红：《王阳明本体工夫合一思想研究》，西北师范大学硕士学位论文，2021年5月。

王思丹：《近十年王阳明心学工夫论研究的向度与新开展》，《贵阳学院学报》（社会科学版）2021年第1期。

蔡杰：《以知统行，察养合一——"察识""涵养"工夫论争的突破与统合》，《吉林师范大学学报》（人文社会科学版）2021年第1期。

钟纯：《王阳明"简易"工夫论发微》，《周易研究》2021年第2期。

李寄、马寄：《从"静"中用功转向"动"中用功——王阳明工夫之转向》，《贵阳学院学报》（社会科学版）2021年第5期。

傅锡洪：《王阳明晚年工夫论中的致知与诚意》，《现代哲学》2021年第3期。

李春强：《从"诚意"工夫到"悦之深"境界的跃迁——王阳明"博文约礼"诠解衍变论析》，《南京师范大学文学院学报》2021年第2期。

张震：《明代工夫课程的兴起与演变》，华东师范大学博士学位论文，2021年5月。

马寄：《工夫论视域下王阳明"无善无恶心之体"的再审视》，《江南大学学报》（人文社会科学版）2021年第6期。

张培高、吴喜双：《"至善者，心之本体"与"无善无恶心之体"的紧张及其和解——兼论佛、道对于阳明的不同影响》，《哲学动态》2021年第8期。

傅锡洪：《从体用论、工夫论与境界论看王阳明的"无善无恶"说》，《湖北大学学报》（哲学社会科学版）2021年第6期。

任国庆、王振东、汪凤炎：《为善去恶：王阳明的致良知之道及其生活德育启示》，《赣南师范大学学报》2021年第5期。

傅锡洪、张梦婷：《论"真诚恻怛"对王阳明思想的总结性意义》，《上饶师范学院学报》2021年第5期。

卢奇飞：《王阳明解心明经思想的规范性阐释》，《人文论丛》辑刊，2021年卷。

马寄、陆永胜：《明代心学经学诠释观的两种图式——以王阳明、湛甘泉为中心》，《学术研究》2021年第10期。

傅锡洪：《两种〈大学〉诠释，两种"四句教"》，《云南大学学报》（社会科学版）2021年第6期。

汪乃兵：《王阳明对〈大学〉心物关系的扬弃》，《贵阳学院学报》（社会科学版）2021年第1期。

许家星：《阳明〈中庸〉首章诠释及其意义》，《复旦学报》（社会科学版）2021年第1期。

李家奇：《王阳明对〈中庸〉首句的诠释研究》，《贵阳学院学报》（社会科学版）2021年第2期。

崔树芝、罗彬彬：《"正名"的第三种路径——评王阳明与宋儒的"正名"之争》，《贵阳学院学报》（社会科学版）2021年第6期。

叶立标：《心学之本乾坤易简》，《宁波通讯》2021年第21期。

钟纯：《论王阳明"良知即是易"中的体用关系》，《理论月刊》2021年第2期。

卢祥运：《王阳明"玩易"对其心学建构提供的方法论启示》，《贵阳学院学报》（社会科学版）2021年第4期。

王宏岩：《浅谈王守仁的政治生涯》，《辽宁师专学报》（社会科学版）2021年第6期。

刘晓民：《社会整合理论视阈中王阳明南赣治理的历史经验与借鉴》，《江西社会科学》2021年第8期。

陈海斌：《王阳明与南赣地方社会秩序的重建》，《赣南师范大学学报》2021年第2期。

杨国庆、吕文龙：《王阳明乡治思想的独特系统性及其对社会工作本土化的启示》，《社会福利》（理论版）2021年第1期。

胡发贵：《论王阳明"调摄为主"的柔性治理思想——以奏设崇义县为例》，《中原文化研究》2021年第2期。

伯洁：《王阳明的管理思想探析》，《贵阳学院学报》（社会科学版）2021年第1期。

张明、伍国苇、张寒梅：《"贵州经验"：论王阳明民族观的形成与实践》，《教育文化论坛》2021年第1期。

蒲艳芳：《王阳明民族教化思想的初步形成与实践研究》，《今古文创》2021年第3期。

诸凤娟：《王阳明的民族思想与阳明心学在少数民族地区的传播》，《浙江社会科学》2021年第12期。

苏其昉：《论安文新小说中王阳明的民族融合思想——以〈龙场悟道——王阳明与祖摩的故事〉为例》，《牡丹》2021年第22期。

蒲艳芳：《王阳明民族地区治理思想研究》，吉首大学硕士学位论文，2021年5月。

钟楚莹：《王阳明乡村治理思想及其实践研究》，西南大学硕士学位论文，2021年5月。

喻中：《德本法末：王阳明法理学的核心命题》，《贵州社会科学》2021年第1期。

徐瑾、项瑛：《王阳明廉政思想的主旨、局限性及当代借鉴》，《廉政文化研究》2021年第6期。

张山梁：《漳南战役：王阳明首战扬名》，《福建乡土》2021年第3期。

刘立祥：《王守仁的军事才能》，《文史天地》2021年第4期。

苏成爱：《日本尊经阁文库藏〈阳明兵策〉初探》，《孙子研究》2021年第4期。

鲁龙胜：《作为成圣实践的教与学：王阳明的教育思想研究》，《贵阳学院学报》（社会科学版）2021年第5期。

张山梁：《王阳明的讲学授课方法》，《赣南师范大学学报》2021年第2期。

简东：《王阳明书院教育思想新论》，《儒学与文明》辑刊，2021年卷。

黄琴：《王守仁儿童礼仪教育思想对当代儿童教育的启示——基于对〈训蒙大意示教读刘伯颂等〉的解读》，《文化创新比较研究》2021年第15期。

应娇红：《王阳明的儿童教育观》，《宁波通讯》2021年第17期。

王宇遥：《"致良知"：王阳明儿童教育观的逻辑起点》，《湖南科技学院学报》2021年第3期。

李福龙：《王阳明"务本"德育思想体系探究》，《哈尔滨学院学报》2021年第3期。

韩铁刚、王阿舒：《论王阳明的德性课程知识观》，《当代教育与文化》2021年第6期。

张小雨：《王阳明乐教思想探析》，《天津音乐学院学报》2021年第4期。

简东：《王阳明南赣文学活动述论》，《赣南师范大学学报》2021年第4期。

贾庆军、时秀娟：《王阳明"文以明道"与文学境界论再探》，《宁波大学学报》（人文科学版）2021年第3期。

夏颖婕：《王阳明诗歌中"鹤"的意象探微》，《名作欣赏》2021年第8期。

杨铭：《王守仁的诗歌创作风格探讨》，《作家天地》2021年第36期。

杨永涛：《王阳明〈重修山阴县学记〉主旨揭橥》，《名作欣赏》2021年第18期。

杨晓慧：《"道艺合一"视域下的王阳明书法艺术观探赜》，《人文天下》2021年第5期。

杨洋、汪柏江：《王阳明诗词中"寺庙"意象的层次分析》，《牡丹》2021年第22期。

吴强、彭佳慧：《"文旅融合"下王阳明赣州诗的旅游资源转化途径》，《赣南师范大学学报》2021年第1期。

印盛园：《王阳明散曲初探》，《南阳理工学院学报》2021年第5期。

董彬彬：《阳明思想与音乐实践教育》，《艺术家》2021年第6期。

张哲：《王阳明〈再辞封爵普恩赏以彰国典疏〉手稿赏析》，《艺术市场》2021年第11期。

赵坤：《王阳明〈上地方急缺官员疏〉手稿卷赏析》，《艺术品鉴》2021年第2期。

赵坤：《中国国家博物馆藏王守仁文稿尺牍（墨迹本）》，《书画世界》2021年第12期。

刘继平：《阳明心学美学对道家美学思想的融摄》，《贵阳学院学报》（社会科学版）2021年第2期。

李欢欢：《王阳明伦理思想研究》，哈尔滨工业大学硕士学位论文，2021年5月。

华建新：《王阳明军政伦理思想与社会治理的当代价值》，《贵阳学院学报》（社会科学版）2021年第1期。

贾志远：《阳明善恶思想及其问题略探》，山东大学硕士学位论文，2021年5月。

王进文：《此心光明，则诸恶潜消——知行合一视角下的阳明"恶"论疏义与展开》，《孔学堂》2021年第2期。

吕本修：《王阳明道德修养思想探析》，《理论学刊》2021年第3期。

王冠霖：《三教理论背景下王阳明对丧亲之痛的排遣》，《怀化学院学报》2021年第6期。

潘叶青：《王阳明融通三教思想研究》，西安电子科技大学硕士学位论文，2021年5月。

汪建初：《天泉证道与六祖坛经之比较研究》，《贵阳学院学报》（社会科学版）2021年第1期。

陈力祥、汪美玲：《王阳明融佛入儒思想再探》，《阜阳师范大学学报》（社会科学版）2021年第4期。

李建飞：《阳明心学知行合一学说的思想探析》，《品位·经典》2021年第9期。

贺超：《从心学到经世学：论明末清初浪漫主义书风的衰退》，《新疆艺术学院学报》2021年第3期。

张凯作：《明末清初天主教与阳明心学关于"灵魂"的论辩》，《北京行政学院学报》2021年第2期。

刘俊：《罗泽南〈姚江学辨〉的核心要旨及其思想史意义》，《东岳论丛》2021年第9期。

彭传华：《"真""俗"之间：章太炎批评王学的思想历程及真正动因》，《浙江社会科学》2021年第11期。

叶茂：《"知主行从"与"知难行易"——贺麟对王阳明"知行合一"观的批判与重构》，《顺德职业技术学院学报》2021年第4期。

赵连越：《"良知坎陷"与"心外无物"——论牟宗三对王阳明〈传习录〉"南镇看花"章的现代诠释》，《西安石油大学学报》（社会科学版）2021年第2期。

宋湨：《张君劢的新儒学思想与德国哲学》，《海峡人文学刊》2021年第3期。

刘兆伟、刘北芦：《中华道统和历史大潮中的王阳明学说》，《理论界》2021年第8期。

张菁洲：《从文本记述到戏剧表达——王阳明戏剧形象的场景塑造》，《电影评介》2021年第10期。

谢一丹：《王阳明"佞臣"形象的"实录"书写》，《现代传记研究》辑刊，2021年卷。

方志远：《盖棺未必论定：王阳明评价中的庙堂和舆论》，《清华大学学报》（哲学社会科学版）2021年第2期。

张亦辰：《顾宪成对阳明学良知当下论的改造——以〈当下绎〉为中心》，《中国哲学史》2021年第4期。

都兰雅：《试论冯从吾对于王阳明教说的诠释》，《许昌学院学报》2021年第6期。

赵永翔：《宗其原而应之变：论明代心学与儒学学统的建构问题》，《暨南学报》（哲学社会科学版）2021年第12期。

陈立胜：《全球化时代下的阳明学的意义》，《孔学堂》2021年第4期。

方礼刚：《阳明心学的核心思想与当代意义》，《原道》辑刊，2021年卷。

王剑：《论阳明文化平等观及其当代启示意义》，《铜仁学院学报》2021年第6期。

李孟林：《浅谈王阳明思想对当代贵州发展的意义》，《汉字文化》2021年第16期。

吴光、张宏敏：《论共产党人的"心学"：一个阳明学的视角》，《贵阳学院学报》（社会科学版）2021年第3期。

方尔加：《汲取阳明学精华，构建共产党员"心学"》，《邯郸学院学报》2021年第3期。

彭彦华：《论党性修养对阳明心学合理内核的融摄》，《山东省社会主义学院学报》2021年第1期。

张俊义、张艳清：《论王阳明心学身体观及其启示》，《医学与哲学》2021年第9期。

李承贵：《心理学视域中的王阳明心学研究》，《学术界》2021年第6期。

戴真真：《心学"知行合一"思想的思政教育价值》，《黑河学院学报》2021年第6期。

邬红波：《"知行合一"视阈下的大学生思政教育探究》，《浙江工商职业技术学院学报》2021年第1期。

陶琴：《王阳明"知行合一"观对新时期青年思政教育的启示》，《文教资料》2021年第15期。

陈慧枫：《高职院校新时代劳动教育的价值与路径探究——基于王阳明"知行合一"思想视角》，《现代交际》2021年第7期。

袁轩：《用"知行合一"思想将公共知识转化为个人知识探析》，《延边教育学院学报》2021年第1期。

杨欣：《王阳明"知行合一"思想在成人思政教育中的渗透》，《科教导刊》2021年第32期。

侯勇：《王阳明"知行观"的当代德育价值》，《四川教育》2021年第10期。

张黎：《浅析王阳明知行思想的价值启示》，《西部学刊》2021年第10期。

李春强：《良知论启示下高校教师核心素养提升路径探析》，《盐城师范学院学报》（人文社会科学版）2021年第2期。

姜虹亦：《王阳明"致良知"思想及其对高校思想政治教育的启示》，《汉字文化》2021年第23期。

杨永清、程诗韵：《致良知视域下的当代公民道德建设》，《理论观察》2021年第2期。

高歌：《王阳明"致良知"思想对研究生德育的启示研究》，《大学》2021年第13期。

何杨勇：《王阳明的"致良知"对劳动教育的启示》，《劳动哲学研究》辑刊，2021年卷。

孙双华：《"良知说"对罪犯教育改造工作的启发》，《犯罪与改造研究》2021年第5期。

胡剑：《王阳明幼儿教育思想及其当代价值》，《滁州学院学报》2021年第6期。

宋颉：《基于心学理论的成人英语在线教学探索》，《校园英语》2021年第50期。

王文琦：《探寻与开发教育之外的教养及教化功能——以王阳明的教育观为例》，《科教导刊》2021年第34期。

钱海峰、陈章：《论编辑在出版中的引领作用——以"王阳明教育思想"系列选题的开发为例》，《出版广角》2021年第23期。

张长念、县彦宗：《论阳明心学与太极拳思想之契合》，《武术研究》2021年第6期。

史余强、蒋福军：《论王阳明心学对高职生思想政治教育的启示》，《和田师范专科学校学报》2021年第1期。

尹超超：《王阳明知行合一思想及其对高校德育的启示》，浙江大学硕士学位论文，2021年5月。

韩榕：《阳明学说及其在企业管理中的应用》，《经济研究导刊》2021年第19期。

马晓静、李莉：《阳明心学思想：企业超理性管理的内驱力》，《经济管理文摘》2021年第6期。

李佳威、王永昌：《用阳明心学涵养浙商精神》，《浙江学刊》2021年第4期。

吴兴志：《论王阳明心学的当代教育意义》，《汉字文化》2021年第6期。

陶颜、张玉阔：《靡故匪新：近二十年阳明学知识图谱与研究展望》，《中国文化与管理》辑刊，2021年卷。

任健、罗梅：《影视传媒视角下的阳明文化传播及其价值展望》，《电影评介》2021年第12期。

黄小华、邵月云：《基于城市文化符号视角下的阳明文化创造性转化路径研究》,《艺术与设计》(理论)2021年第5期。

陈代湘、李恩润:《朱熹与王阳明诠释〈大学〉"新民、亲民"内涵的共通性》,《船山学刊》2021年第1期。

乐爱国:《王阳明"乐是心之本体"与朱熹"唯仁故能乐"之比较》,《贵阳学院学报》(社会科学版)2021年第4期。

王春梅:《朱熹、王阳明对天理的理解——从二人对"子入太庙,每事问"的解释来看》,《学术探索》2021年第3期。

鲍金金:《朱熹、王阳明"人欲"问题之比较》,《合肥学院学报》(综合版)2021年第6期。

李洪卫:《阳明论变化气质及其教化论——兼及阳明与朱子教化方式的比较》,《国际儒学》2021年第3期。

米文科:《朱子学与阳明学儒佛心性之辨之比较》,《上饶师范学院学报》2021年第5期。

乐爱国:《王阳明"良知只在声色货利上用功"之内涵——兼与朱熹"仁义未尝不利"比较》,《江西社会科学》2021年第3期。

邱维平、徐涓:《王阳明论朱子、朱子学与"四学"》,《福建江夏学院学报》2021年第3期。

李迎新:《王阳明"心学"与朱熹"理学"的本质区别》,《丝绸之路》2021年第1期。

孙浩铭:《论朱、陆学说的政治分野与阳明心学的调和》,《西部学刊》2021年第22期。

潘叶青:《融合与互动:宋明时期心性变化与三教关系的演变发展》,《山东农业大学学报》(社会科学版)2021年第3期。

马寄、毕天航:《王阳明是否与陈白沙一脉相承?——对束景南〈阳明大传——"心"的救赎之路〉"乙丑之悟"的检讨》,《五邑大学学报》(社会科学版)2021年第1期。

黄明同:《甘泉心学及其与阳明心学之关涉》,《贵阳学院学报》(社会科学版)2021年第6期。

吴祖松：《论"甘泉四句"——湛甘泉对王阳明"四句教"的改造》，《哲学研究》2021年第6期。

赵嫦：《论"造化"的实在性——以王阳明、张载造化思想为例》，《贵阳学院学报》（社会科学版）2021年第5期。

易倩怡：《阳明心学与普罗提诺灵魂学说对比研究》，《经济研究导刊》2021年第2期。

唐锦锋：《王阳明的"良知"与康德的"自由意志"之比较研究》，湖北大学博士学位论文，2021年5月。

帅萌：《王阳明与海德格尔"良知"比较》，《西部学刊》2021年第7期。

梁子晴：《胡塞尔现象学视阈下王阳明认识论再阐释》，《名家名作》2021年第4期。

索乐琪：《马基雅维利与王阳明道德观异同比较研究》，《今古文创》2021年第40期。

游柱然、胡英姿：《王阳明与杜威德育思想比较研究：基于本体论和认识论的视角》，《绍兴文理学院学报》（人文社会科学版）2021年第2期。

张炎兴：《王阳明故居之碧霞池、天泉桥再考》，《绍兴文理学院学报》（人文社会科学版）2021年第1期。

张明：《明代阳明心学在黔南地区的传播及其影响》，《赣南师范大学学报》2021年第4期。

张克伟：《王阳明谪黔之史迹文踪》，《地方文化研究》辑刊，2021年卷。

向晓钟：《追思大儒王阳明与古邑沅陵的奇遇——山水南来亦胜　游杖蔾一过虎溪头》，《前进论坛》2021年第3期。

李晓方、陈劲松：《江西阳明文化的理论创新与开发利用》，《赣南师范大学学报》2021年第2期。

王剑波：《民间文献中的王阳明事迹与意图——以大余县杨梅村〈王氏族谱〉为例》，《地方文化研究》辑刊，2021年卷。

张山梁：《力争毫厘间　万里或可勉——〈王阳明与福建〉值得商榷的

若干问题》，《闽台文化研究》2021年第2期。

张山梁：《阳明学与南靖》，《贵阳学院学报》（社会科学版）2021年第6期。

张山梁：《漳州阳明学发展阶段探析》，《教育文化论坛》2021年第1期。

周梅清：《〈左江道修复王文成公敷文书院碑〉内容及其考释》，《河池学院学报》2021年第2期。

吴孝斌：《王阳明在广西来宾》，《文史春秋》2021年第12期。

樊恩纳：《王阳明在广西的教化实践探究》，广西大学硕士学位论文，2021年5月。

周曦：《论〈传习录〉中的精英儒学》，《新纪实》2021年第7期。

潘玉爱：《王阳明与当代教育的对话——以〈传习录〉为例》，《贵阳学院学报》（社会科学版）2021年第4期。

侯钧才：《心学"成圣"视域下"三言"修仙故事的主旨分析》，《咸阳师范学院学报》2021年第5期。

（二）阳明后学研究

彭丹：《阳明学道统思想研究》，山东大学博士学位论文，2021年5月。

王凯、成积春：《儒家的突围与失落：阳明心学之发生及其狂禅化问题探究——以制度与文化为视角》，《学术探索》2021年第8期。

黄琳：《"人病"抑或"法病"？——形上形态建构下的阳明后学》，《中国哲学史》2021年第4期。

孙德仁：《阳明后学的复卦诠释进路及其走向——以王畿、颜钧、罗汝芳为中心》，《周易研究》2021年第6期。

邱高兴、黄成蔚：《晚明浙江阳明心学的儒佛会通》，《社会科学战线》2021年第2期。

王玉明：《钱绪山哲学思想研究》，河北大学硕士学位论文，2021年5月。

张实龙、张星：《坚守与妥协：钱德洪编辑阳明文稿的智慧》，《中国出版》2021年第4期。

汪学群：《王畿先、后天之学的蕴义》，《贵阳学院学报》（社会科学版）2021年第2期。

董甲河：《王畿与江右王门工夫论之比较》，《武陵学刊》2021年第5期。

邝妍彬：《王龙溪"见在良知"思想研究》，南京师范大学硕士学位论文，2021年5月。

张文婷：《王龙溪心学视野下的易学思想研究》，安徽大学硕士学位论文，2021年5月。

王为、李明杰：《〈测圆海镜〉版本源流考》，《图书情报研究》2021年第3期。

曲兆华：《周述学测望知识初探》，《自然科学史研究》2021年第2期。

姜洁：《阳明心学对徐渭艺术风格的影响》，《今古文创》2021年第37期。

周关洪：《强心铁骨似狂实真——王阳明心学影响下的徐渭书法浅谈》，《书法赏评》2021年第1期。

江兴祐：《徐渭与胡宗宪》，《西泠艺丛》2021年第8期。

李嘉文：《苦辣甜酸遍尝，嬉笑怒骂平生——徐渭：侠客、酒神与局外人》，《美术文献》2021年第7期。

郑志群：《书写徐渭——以明清传记为中心》，《传记文学》2021年第11期。

邹自振：《论徐渭对汤显祖的影响与启迪——纪念徐渭诞辰500周年》，《绍兴文理学院学报》（人文社会科学版）2021年第4期。

牛丽芳：《徐渭"真我说"及在文学创作中的体现》，浙江师范大学硕士学位论文，2021年5月。

李俊贤：《试析徐渭书法的历史文化价值》，《明日风尚》2021年第3期。

刘正成：《不破不立有新法：徐渭对挂轴书法的视觉形式创造》，《中国书法》2021年第10期。

杨二斌：《徐渭"本色"观念的书法美学价值阐释》，《中国书法》2021年第10期。

胡宸：《徐渭书法对传统的拓延》，《中国书法》2021年第10期。

申旭庆：《徐渭的佯狂与狂狷书风》，《中国书法》2021年第10期。

刘颖：《浅析徐渭绘画美学思想》，《明日风尚》2021年第14期。

袁文婧：《基于尼采美学理论解读徐渭艺术创作的思想》，《中国包装》2021年第8期。

赵铃：《徐渭的绘画美学思想及其现代性意蕴研究》，《文物鉴定与鉴赏》2021年第22期。

安晶：《徐渭戏曲思想中的"自然人性论"——以〈四声猿〉为例》，《中国音乐》2021年第6期。

柳晓丹：《清寂暗入直方地，梦笔夺神未可知——论徐渭与董其昌的艺术特征与哲学精神》，《美术文献》2021年第11期。

高玉海、徐凡哲：《徐渭研究在俄罗斯》，《绍兴文理学院学报》（人文社会科学版）2021年第6期。

陈鹏、聂毅：《许孚远心性论辨析》，《中国哲学史》2021年第3期。

曾莹莹：《许孚远思想的实学特征研究》，云南师范大学硕士学位论文，2021年5月。

刘丽莎、文碧方：《论许孚远的"克己"思想》，《人文论丛》辑刊，2021年卷。

严蔚冰：《养生养性袁了凡》，《中医健康养生》2021年第7期。

齐畅：《万历朝鲜战争初期袁黄朝鲜行迹新考》，《外国问题研究》2021年第2期。

林志鹏：《从"良知之教"到"立命之学"——由袁了凡其人其学看儒学转向及阳明心学的世俗化、民间化》，《云南大学学报》（社会科学版）2021年第6期。

蔡丽娜、吴世彩：《从修身与养生论袁黄〈祈嗣真诠〉求子观》，《中华中医药杂志》2021年第2期。

李钦才：《袁了凡调息静坐养生研究》，江西中医药大学硕士学位论文，2021年5月。

朱和双、曹晓宏：《作为"阳明后学"的陶希皋、陶珽与陶珙交游新证》，《楚雄师范学院学报》2021年第1、2期。

张立文、董凯凯：《永嘉学视野中的理体学与心体学——项乔的理气心性论》，《浙江工商大学学报》2021年第6期。

牛磊：《试论江右王门的宗族伦理建构——以王阳明、罗洪先、聂豹、邹守益为例》，《中共宁波市委党校学报》2021年第1期。

牛磊：《归寂致知：聂豹的易学思想》，《宁波大学学报》（人文科学版）2021年第2期。

冯小平：《罗念庵良知思想研究》，西南大学硕士学位论文，2021年5月。

魏志远：《"识仁择术"：刘元卿对耿定向心学思想的继承与发展》，《井冈山大学学报》（社会科学版）2021年第3期。

杨曼丽：《〈月令广义〉医药养生研究》，江西中医药大学硕士学位论文，2021年5月。

刘桂娟、吴航：《邓元锡〈皇明书〉研究综述》，《职大学报》2021年第5期。

王小虎：《"崇奢"还是"隆礼"——"新子学"视域下郭子章：〈奢俭论〉的辩证逻辑》，《湖南工程学院学报》（社会科学版）2021年第2期。

周永平：《郭子章〈黔记〉研究》，西华师范大学硕士学位论文，2021年5月。

赵巍巍：《征播之役战争书写研究》，河北师范大学硕士学位论文，2021年5月。

何姝睿：《郭子章佛教思想研究》，武汉大学硕士学位论文，2021年5月。

贺玉洁、杨遇青：《黄省曾文学复古观诠论——以其与王阳明、李梦阳的思想交涉为中心》，《新疆大学学报》（哲学·人文社会科学版）2021年第4期。

芮赵凯：《疾病与人情——再论唐顺之晚岁之出》，《历史教学问题》2021年第6期。

杨骁勰、马勇：《论唐顺之〈荆川先生精选批点史记〉》，《玉溪师范学院学报》2021年第5期。

李德锋：《明唐顺之〈左氏始末〉刍议》，《南开学报》（哲学社会科学版）2021年第2期。

徐勇、欧阳康：《经纬文武的大家——试论唐顺之在蓟镇核查军务与诗文创作》，《孙子研究》2021年第6期。

刘尊举：《从观念到文本：唐顺之古文与八股文的文体互动》，《西北大学学报》（哲学社会科学版）2021年第4期。

刘梦琦、胡淑娟：《论徐阶诗歌的内蕴——以〈少湖文集〉为例》，《文教资料》2021年第9期。

杨朝亮、胡志娟、宫新越：《试论明中后期东昌王学学术特征》，《运河学研究》辑刊，2021年卷。

李敬峰：《阳明心学在关中地区的传播与接受》，《北京理工大学学报》（社会科学版）2021年第2期。

钟治国：《河洛王学的"万物一体之仁"说通论》，《西南民族大学学报》（人文社会科学版）2021年第4期。

钟治国：《论河洛王门学者孟化鲤的一体、安分之学》，《现代哲学》2021年第6期。

刘鑫：《南大吉"致良知"思想的当代高校美育习得透视》，《科学咨询》（教育科研）2021年第7期。

胡鑫栏：《南大吉诗歌辑佚与研究》，西北大学硕士学位论文，2021年5月。

唐明贵：《鹿善继〈论语说约〉的诠释特色》，《齐鲁学刊》2021年第2期。

陈寒鸣：《〈鹿善继学谱〉自序并后记》，《衡水学院学报》2021年第6期。

吕昀瞳：《鹿善继的四书学研究》，中央民族大学硕士学位论文，2021年5月。

黄黎星、唐君涵：《明代名宦吴文华与王阳明心学关系探析》，《闽江学院学报》2021年第3期。

侯张岭：《马明衡〈尚书疑义〉研究》，曲阜师范大学硕士学位论文，2021年5月。

杨国荣：《以事行道——基于泰州学派的考察》，《文史哲》2021年第6期。

王慧林：《阳明心学与晚明文学平民化》，《哈尔滨职业技术学院学报》2021年第1期。

童伟：《任道与任情共生——审美现代性视域下泰州学派的"身""道"两难》，《江苏社会科学》2021年第1期。

刘霞：《论泰州学派的精神内核及当代价值》，《长沙航空职业技术学院学报》2021年第3期。

钱晔：《泰州学派文化传播与流行原因考察》，《汉字文化》2021年第10期。

钱成：《论泰州学派"平民儒学观"对通俗文艺思潮之影响》，《常州大学学报》（社会科学版）2021年第2期。

郑文宝：《学术破局与实践拥趸：泰州学派村治伦理的二元进路》，《武陵学刊》2021年第6期。

焦若水、马治龙：《历史叙事中的国家与社会关系再审思——以泰州学派为考察》，《暨南学报》（哲学社会科学版）2021年第3期。

朱义禄：《论泰州学派对日本明治维新思想的影响——以梁启超〈节本明儒学案〉为中心的考察》，《贵州文史丛刊》2021年第1期。

舒丽娟、周群：《王艮的"途之人皆明师"与全民教育》，《学海》

2021年第6期。

张爱萍：《论王艮身本工夫的中正之道特质》，《延安职业技术学院学报》2021年第3期。

赵立庆：《以身为本：王艮儒学思想研究》，山东大学博士学位论文，2021年5月。

崔海东：《王艮义理的两重结构与道家化倾向》，《贵阳学院学报》（社会科学版）2021年第6期。

朱义禄：《论王艮的"大成学"及其接续者颜钧的"大成仁道"说》，《贵阳学院学报》（社会科学版）2021年第1期。

桑东辉：《颜钧忠孝思想钩沉》，《武陵学刊》2021年第6期。

颜炳罡：《明代乡村教化与当代乡村义明建设》，《乡村论丛》2021年第3期。

童伟：《叙事有序如何可能——何心隐道统叙事的先验法则》，《湖南大学学报》（社会科学版）2021年第4期。

王苗苗：《何心隐心性论研究》，新疆师范大学硕士学位论文，2021年5月。

盛珂：《"从无入有"：罗近溪"孝弟慈"说对阳明良知学的修正与发展》，《中国哲学史》2021年第4期。

耿加进：《泰州后学罗近溪工夫思想的真精神》，《汉字文化》2021年第10期。

梁美玲：《罗汝芳德性思想研究》，新疆师范大学硕士学位论文，2021年5月。

石霞：《罗近溪心性思想研究》，山东大学硕士学位论文，2021年5月。

王学路：《浙东阳明学"功过格"的思想与实践——以周汝登、陶望龄、陶奭龄为例》，浙江大学硕士学位论文，2021年5月。

兰军：《万历年间周汝登的书院讲学实践》，《南昌师范学院学报》2021年第5期。

魏志远：《"识仁择术"：刘元卿对耿定向心学思想的继承与发展》，《井冈山大学学报》（社会科学版）2021年第3期。

木斋：《略论金瓶梅的作者及其写作缘起》，《哈尔滨师范大学社会科学学报》2021年第1期。

木斋：《〈金瓶梅〉主要人物原型论》，《哈尔滨师范大学社会科学学报》2021年第3期。

木斋：《论李贽写作〈金瓶梅〉始于〈水浒传〉评点》，《哈尔滨师范大学社会科学学报》2021年第2期。

木斋：《论佛学思想对李贽及〈金瓶梅〉的影响——以李贽诗中"波罗忍辱"和"婆须蜜多"为中心》，《哈尔滨师范大学社会科学学报》2021年第4期。

木斋：《论袁宏道对〈金瓶梅〉手稿的早期传播》，《甘肃社会科学》2021年第2期。

董恩林、吴帆：《李贽之死新探——以黄麻士绅纠葛为中心的讨论》，《黄冈师范学院学报》2021年第2期。

林曼萍：《从文艺美学的角度看李贽"童心说"的局限性》，《广东石油化工学院学报》2021年第5期。

柳文华：《李贽"童心说"的内涵及影响》，《凯里学院学报》2021年第4期。

龚建伟：《私欲与是非——对李贽"童心说"伦理意蕴的二重思考》，《学理论》2021年第8期。

郗佩佳：《李贽"童心"思想及其教育价值研究》，山东师范大学硕士学位论文，2021年5月。

张馨雨：《李贽"真人"人格思想内在逻辑探析》，《现代交际》2021年第5期。

刘亚娟：《1949—2020年李贽文论研究综述》，《开封文化艺术职业学院学报》2021年第3期。

胡小剪：《李贽教育思想及其当代启示》，《才智》2021年第8期。

龚建伟、周青龙：《对李贽个体主义道德观的文化反思》，《边疆经济与文化》2021年第5期。

张英：《李贽思想"异端性"的三重表现》，《今古文创》2021年第45期。

王宝峰：《狄百瑞"儒家个人主义"视域下的李贽思想研究》，《周易研究》2021年第4期。

孙君恒、韩兆笛：《李贽的君子观审视》，《黄河科技学院学报》2021年第6期。

曹姗姗、李艳红：《李贽历史人物评价标准的新路径》，《广西社会科学》2021年第12期。

王相如：《李贽〈藏书〉评宋代人物探析》，《扬州教育学院学报》2021年第4期。

陈刚：《忠义缘何在水浒？——李贽的豪杰观与〈忠义水浒传序〉之再解读》，《求是学刊》2021年第6期。

戴允晖：《李贽〈藏书〉的史学思想研究》，云南师范大学硕士学位论文，2021年5月。

张雨晴：《启蒙视域下的李贽〈庄子解〉研究》，大连理工大学硕士学位论文，2021年5月。

王敏：《从焦竑女性碑铭文看其新儒学文化观念》，《开封文化艺术职业学院学报》2021年第6期。

陈伟：《〈四库全书总目〉对〈国史经籍志〉的利用与考订》，《图书馆研究》2021年第5期。

邱晔：《焦竑〈老子翼〉〈庄子翼〉研究》，南京师范大学硕士学位论文，2021年5月。

王静：《补益王化中西会通——晚明时期徐光启的政治设想与实践》，《文史知识》2021年第6期。

史习隽：《明末清初上海天主教会与徐光启一族的田房交易——以〈敬一堂志〉为中心》，《宗教学研究》2021年第4期。

丁家善：《译者的译材选择与翻译策略——徐光启翻译活动研究》，《海外英语》2021年第14期。

李腾龙：《明清科技翻译之思想史意义发微——兼论徐光启和傅兰雅的翻译思想》，《上海翻译》2021年第1期。

李镝：《徐光启：睁眼看世界》，《同舟共进》2021年第1期。

易劲鸿：《从〈几何原本〉的翻译、传播看人类命运共同体的构建》，《佛山科学技术学院学报》（社会科学版）2021年第3期。

向仲敏：《管志道〈大学〉改本研究》，《孔子研究》2021年第1期。

丁芳：《阳明心学儒佛之辨对汤显祖及其创作的影响》，《四川戏剧》2021年第1期。

罗伽禄：《汤显祖与谢兆申交谊述略》，《东华理工大学学报》（社会科学版）2021年第3期。

陈莹：《探析汤显祖作品与采茶戏、宜黄戏、临川的关系》，《福建茶叶》2021年第12期。

蔡雅茹：《论汤显祖〈牡丹亭〉中的生死观》，《齐齐哈尔师范高等专科学校学报》2021年第5期。

谭舒予：《试论汤显祖的戏剧美学》，《中国文艺家》2021年第6期。

郑艳玲、李林洁：《汤显祖〈邯郸记〉的语言艺术》，《濮阳职业技术学院学报》2021年第3期。

冯英善、孙来法：《汤显祖与莎士比亚涉梦作品比较》，《大庆师范学院学报》2021年第4期。

杨宁：《汤显祖在韩国的研究》，《戏剧之家》2021年第28期。

张玲：《汪榕培的汤显祖戏剧英译的海外传播》，《外国语文研究》2021年第1期。

邓琳：《晚明文人佛教结社研究——以公安三袁为中心》，华中师范大学硕士学位论文，2021年5月。

韩东：《袁宏道"性灵"文学观在朝鲜文坛的接受与变异》，《延边大学学报》（社会科学版）2021年第5期。

贺莉莉：《论公安三袁诗文创作的共性互承》，《云南师范大学学报》（哲学社会科学版）2021年第2期。

李玉晗：《浅析袁宏道"性灵说"的内涵与影响》，《汉字文化》2021年第15期。

朱舒扬：《论袁宏道以"小说"为传体文》，《运城学院学报》2021年第4期。

郝艳燕：《论袁中道的〈导庄〉思想》，《邢台学院学报》2021年第4期。

张明：《明代阳明心学在黔南地区的传播及其影响》，《赣南师范大学学报》2021年第4期。

王路平、石祥建：《明代江门学派在贵州的传播》，《贵州民族大学学报》（哲学社会科学版）2022年第1期。

王路平、石祥建：《黔中王门大师李渭门下弟子考录》，《贵州民族大学学报》（哲学社会科学版）2021年第1期。

唐燕飞：《明代文人李渭心学理论及其诗文创作探析》，《名作欣赏》2021年第18期。

张新民：《孙应鳌及其传世著述考论》，《孔学堂》2021年第1期。

唐明贵：《孙应鳌〈论语近语〉的诠释特色》，《贵阳学院学报》（社会科学版）2021年第5期。

廖荣谦：《明代"理学名儒"孙应鳌的交游与黔中王门的建构》，《内江师范学院学报》2021年第11期。

赵广升、赵蕙：《性情之文本色至真——孙应鳌〈与李文麓求亡弟应豖圹铭〉浅析》，《名作欣赏》2021年第35期。

刘恒武、陈名扬：《王阳明文明书院讲学史实考辨——以席书致王阳明系列书简为中心》，《浙江社会科学》2021年第7期。

陈名扬：《杨名年谱》，《蜀学》辑刊，2021年卷。

毛建威：《赵贞吉诗中的"刘怡溪"考订》，《内江师范学院学报》2021年第9期。

王超:《赵贞吉〈望紫柏山〉与诸次韵考述及文学意蕴》,《陕西理工大学学报》(社会科学版) 2021 年第 2 期。

(三)海外阳明学研究

黄逸:《江户日本阳明学派的"诗言志、文载道"》,《现代教育论坛》2021 年第 1 期。

李家辉:《试论幕末日本人中国观的转变》,延边大学硕士学位论文,2021 年 5 月。

李莹:《三轮执斋的"心术工夫"解〈易〉》,《日语学习与研究》2021 年第 1 期。

申绪璐:《佐藤一斋及其心学思想》,《孔学堂》2021 年第 2 期。

欧阳祯人、陈微:《论山井涌的阳明学研究》,《周易研究》2021 年第 3 期。

欧阳祯人、张旭:《冈田武彦对王阳明〈大学〉观的阐释与发展》,《孔子研究》2021 年第 3 期。

李想:《冈田武彦与唐君毅论朱王关系之异同》,《周易研究》2021 年第 3 期。

王维清:《沟口雄三的中国学初探》,东北师范大学硕士学位论文,2021 年 5 月。

李亚:《梁启超对日本阳明学的诠释和借鉴》,《贵州文史丛刊》2021 年第 3 期。

李伟:《李栗谷对王阳明"心学"思想之融合性传承》,《宁波大学学报》(人文科学版) 2021 年第 2 期。

〔日本〕井上厚史:《李退溪的"诚"与王阳明的"诚"——以二人思想之异同为中心》,《贵州文史丛刊》2021 年第 2 期。

谭佳欣:《浅谈壬辰倭乱中的文化东渐》,《文学教育》2021 年第 4 期。

翟奎凤、王杏芳:《仁爱与近现代东亚世界的大同思想——以康有为、朴殷植、小岛祐马为核心的讨论》,《国际儒学》2021 年第 2 期。

石丽荣：《阳明学在西方的译介、思想与理论研究》，《内蒙古师范大学学报》（哲学社会科学版）2021年第2期。

杨春蕾、〔俄罗斯〕科布杰夫：《阳明学在俄罗斯不同社会意识形态下的传播轨迹——从主观唯心主义到主观自然主义的认知流变》，《浙江学刊》2021年第2期。

秦晋楠：《再论阳明学中良知的道德自身意识问题——以耿宁对王阳明"三个良知概念"的划分为中心》，《道德与文明》2021年第5期。

〔美国〕成中英、潘松：《成中英先生谈阳明学在北美》，《吉林师范大学学报》（人文社会科学版）2021年第1期。

潘松、文炳：《阳明学在美国的早期传播：论亨克对阳明学的译介与诠释》，《浙江学刊》2021年第2期。

钱明：《一部西方人写的西方阳明学研究史的研究》，《贵阳学院学报》（社会科学版）2021年第6期。

吴文南：《王阳明〈传习录〉中的哲学术语英译研究》，《龙岩学院学报》2021年第4期。

方显：《翻译目的论视角下的陈荣捷〈传习录〉英译本研究》，北京外国语大学硕士学位论文，2021年5月。

汤佳雯、胡朋志：《阳明学的英译及传播情况研究》，《宁波工程学院学报》2021年第4期。

后　记

　　《2021阳明学研究报告》，由中共余姚市委宣传部、余姚市社会科学界联合会委托浙江省社会科学院哲学所组织编辑，系对2021年阳明学界关于阳明学研究论著、学术活动的全面梳理与系统总结。

　　编写框架与体例：（1）总结梳理出当代中国"阳明学热"的10大标志，对当代阳明学研究状况进行概述，作为本"阳明学研究年度报告"的"导言"；（2）主体部分，设上、中、下三篇介绍2021年度"王阳明与阳明心学研究""阳明后学研究""海外阳明学研究"的学术成果；（3）"附录"两种，"2021年阳明学主题会议综述""2021年阳明学研究论著索引"。

　　本报告在编写过程中，通过"中国知网"检录了与"王阳明""阳明学"有关的大量论文，摘录有学界同仁关于"阳明学"研究的理论与观点，为保护论文作者的知识产权，本报告在正文及"2021年阳明学研究论著索引"中均一一标识说明。同时，"2021年阳明学主题会议综述"的摘编，更是参考了不少新闻媒体、学术网站的新闻报道，为保护新闻撰稿人、学术动态编写者的知识产权，本报告以"页下注"的形式一一标注了相关会议讯息、学术动态的来源与出处。在此，我们谨对阳明学界同仁以及新闻理论工作者的辛苦努力，表示诚挚的感谢！你们的辛苦付出，才是这部《2021阳明学研究报告》完成的保证。论文作者与新闻记者朋友，如需本报告出版物，请您与本书编者张宏敏联系，他的电子邮箱是zhanghongmin2008@126.com。

　　本报告的出版资助由中共余姚市委宣传部立项支持；本报告在编写

后 记◎

过程中，得到了浙江省儒学学会会长吴光先生，华东师范大学哲学系资深教授陈卫平先生、杨国荣先生的学术指导，还得到了余姚市委常委、宣传部部长沈小贤女士、常务副部长董朝晖先生，余姚市社科联专职副主席黄士杰先生、秘书长谢建龙先生的审阅、校对；本报告在编辑出版过程中，得到浙江工商大学出版社责任编辑张晶晶女士及该社领导的业务指导。在此，谨对上述女士、先生的悉心帮助，表示衷心的感谢！

由于编者的学力、精力有限，近来正常的阳明学研究受到非学术因素的严重干扰，故而本报告在编写上难免存有疏忽，敬请读者朋友谅解。

编　者

记于2022年4月8日